Tutte l

d

Luigi Pir...

D1757362

Luigi Pirandello

La giara

a cura di Simona Costa

Arnoldo Mondadori Editore

© 1992 Arnoldo Mondadori Editore S.p.A., Milano

I edizione Oscar Tutte le opere di Pirandello agosto 1992

ISBN 88-04-35904-8

Questo volume è stato stampato
presso Arnoldo Mondadori Editore S.p.A.
Stabilimento Nuova Stampa – Cles (TN)
Stampato in Italia – Printed in Italy

Ristampe:

2 3 4 5 6 7 8 9 10 11 12

1994 1995 1996 1997 1998 1999

Introduzione

Una serie di quadri siciliani apre questa raccolta, equamente divisa, del resto, tra i due poli geografici cari alla pagina pirandelliana, Roma e la Sicilia. Una Sicilia che, come sempre, coincide più o meno esplicitamente con Girgenti e il territorio che la circonda, come, subito, nella *Giara*, ambientata nel podere delle Quote a Primosole. Nella trasposizione teatrale, cioè nell'omonimo atto unico del 1917, che ricalcherà puntualmente il narrato ricucendone però, per esigenze sceniche, le spezzate unità di tempo e di luogo, la didascalia d'apertura ci porterà infatti nell'oggi della campagna siciliana. Qui due personaggi, uno protagonista e l'altro antagonista, don Lollò e Zi' Dima, si fronteggiano alla presenza di un anonimo coro di contadini, solidali, ovviamente, con Zi' Dima, dato il temperamento rissoso di don Lollò, mezzo rovinato dalla proterva consuetudine di intentar causa a chiunque per ogni nonnulla.

Due personaggi affidati a connotati di immediato rilievo visivo, nel gusto di una tipologia comune ricorrente in queste novelle: il cappellaccio bianco, gli occhi lupigni, il gesto abituale e meccanico di stropicciarsi le gote raschiose, per don Lollò; il corpo deforme, storpio e nodoso «come un ceppo antico d'olivo saraceno», il grosso fazzoletto di cotone rosso e gli occhiali accomodati con lo spago, per Zi' Dima. E così, secondo l'analogia uomo-animali imperante in questo universo contadino, Zi' Dima, imprigionato nella giara, sarà un «gatto inferocito», mentre il beffato e infuriato don Lollò andrà incontro alla propria sconfitta «come un toro inferocito».

A guardare dall'alto questi piccoli casi umani è, come

sempre, la luna, presenza tutelare su questi scenari campestri che da lei paiono ricevere segrete regole e arcani influssi: «una luna che pareva fosse raggiornato» parrà, infatti, esser lì apposta a illuminare, per l'irriso don Lollò, lo spettacolo dei contadini ubriachi in festa intorno alla giara.

La luna, ancora, una luna nuova, illumina per il protagonista di *La cattura* lo scenario della sua inopinata prigionia, i piani e i monti intorno a Girgenti, le cui luci, nell'opalino chiaror lunare, appaiono «come sprazzi di lucciole». E luna e stelle varranno a ridimensionare e slontanare la tragicità dell'evento, le cui valenze slittano dal brigantesco fatto di cronaca – un rapimento a scopo di estorsione – all'avventura esistenziale, preludio a una purificante rigenerazione in vista della morte.

Lo scenario su cui si apre il racconto, l'interminabile e polveroso stradone che il Guarnotta percorre ogni sera sulla sua asinella per tornare dal suo podere quasi affacciato al mare su alle decrepite case della cittaduzza-Girgenti, altro non è che correlato oggettivo dello stato d'animo del personaggio, oppresso, come il paesaggio, «da una vana pena infinita». I mesi trascorsi nella prigionia montana, in attesa della morte liberatrice, diventano allora momento di sospensione, fuori dal tempo, in grado di far recuperare al personaggio un avvertimento epifanico dell'esistere.

I paragoni uomo-animali che, in sintonia col mondo contadino rappresentato, costellano tutto il racconto, assimilando i tre assalitori a bestie e gufi e lo stesso Guarnotta, via via, a un «cane pacifico», o a un verme, una lucertola o un pecoro, cedono infatti, nel finale, dando posto alla nuova analogia vecchio-fanciullo. Il Guarnotta, pronto a pestare i piedi «come un bambino», morirà, infatti, giocando con i figli dei suoi carcerieri, «come un ragazzino anche lui»: le valenze purificatorie della sua prigionia saranno, del resto, indirettamente alluse nella stessa convinzione dei tre rapitori di avergli già loro fatto scontare, su quella montagna, il purgatorio.

Sotto il nome di Montelusa (in realtà antico feudo del territorio di Girgenti), toponimo sostitutivo di Girgenti anche nel trittico delle *Tonache di Montelusa* (1909; 1911; 1915) e in *Lo storno e l'Angelo Centuno* (1910), Girgenti torna scenario di *La Lega disciolta*, atto di denuncia, come del resto *La cattura*, delle grame e dure condizioni di vita dei contadini siciliani, spinti dalla miseria al brigantaggio.

«Nessun profitto si ricava a voler restare galantuomini», riconosceva il Guarnotta a scarico di coscienza per i tre contadini suoi improvvisati rapitori. Così, in *La Lega disciolta*, Bòmbolo, tornato al paese dopo aver fatto fortuna nel Levante, crede di poter ripristinare la giustizia sociale non certo perseguendo vie legali – data l'endemica sfiducia siciliana, diffusa in ogni classe, verso la legge costituita – ma mettendosi a capo di un'organizzazione clandestina, tra brigantesca ed assistenziale, che persegua il tetto di un più equo salario per tutti (tre lire al giorno).

Raggiunta la meta prefissa, Bòmbolo crede di poter non solo lasciare ma, addirittura, far tacere ogni lotta, illudendosi di aver composto un equilibrio sociale. Ma la sua rivendicazione salariale, condotta sempre, come ha notato Alonge, nel sacro rispetto delle differenze di classe e nella mistica del lavoro, pur massacrante e sfruttato («Il lavoro è la legge!»), si rivela minimale all'interno di tensioni di ben più esplosivo potenziale e, in fondo, si scopre funzionale all'ottica dei padroni: pagare meglio per aver più che mai i contadini «sottomessi al lavoro e obbedienti».

L'ingranaggio, una volta messo in moto, continuerà dunque a funzionare anarchicamente, quando Bòmbolo, abdicando al suo ruolo regale, avrà disciolto la lega. Ma meravigliato e indignato rimarrà solo lui, Bòmbolo, convinto della potenza demiurgica della sua azione di giustizia sociale: la via dell'esilio, per questo re senza più trono, resta allora l'unica soluzione praticabile alla caduta delle sue paternalistiche illusioni.

Più intimistica la vicenda che si svolge, in *La morta e la viva*, a Porto Empedocle, complice la beffa orchestrata dalla morte ai danni di padron Nino Mo, scontroso e solitario navigante ritrovatosi, a uno dei suoi ritorni a terra, in condizione di bigamia. Siamo qui a uno dei contrasti tipici della pagina pirandelliana tra legge degli uomini e legge di Dio, intesa, quest'ultima, come dettato di un'integra coscienza. Così padron Nino e le sue due mogli, tra loro fra l'altro sorelle, da tutti conosciuti per «l'onestà fino allo scrupolo, il timore di Dio, gli esemplari costumi», troveranno all'imprevedibile caso una soluzione, equa per tutti, al di fuori di ogni norma codificata, appellandosi a quella volontà divina riconosciuta in ogni accadimento, per quanto anomalo, del loro scabro quotidiano.

A rappresentare la sconfitta del mondo dei codici e dei pregiudizi ratificati, varrà, figura in questo senso emblematica, l'ufficiale di stato civile, spiazzato anche nei suoi punti di riferimento burocratici dalla noncuranza legalitaria di padron Nino che, del resto, la solitudine marina ha abituato all'insofferenza per ogni schiamazzo umano.

Florini e Lindori, Pulcinelli, paladini di Francia e piccoli Pasquini sono gli spettatori, tra attoniti e partecipi, della vicenda presa a trama per *La paura del sonno*, novella di chiara ambientazione siciliana e, anzi, ancora agrigentina, se il «camposanto, situato in alto, in cima al colle che sovrasta la cittaduzza» (come in *Prima notte*, 1900), è per il lettore pirandelliano segnale di riconoscimento topografico, inserito, quasi a preciso segnale denotativo e affettivo, in una seconda stesura (mentre nella prima, intitolata *L'albero di fico* e risalente al 1896, il cimitero era situato in basso, «nella vallata che s'apriva a piè della cittaduzza fino al mare»).

Sono qui di scena, ancora, le beffe della morte, capaci di portar scompiglio nell'ordinato mondo dei vivi, tanto da ordire, si sa, lo sdoppiamento di un Mattia Pascal in un Adriano Meis. Stavolta, però, non siamo di fronte a un vivo dato per morto, come anche in *La morta e la viva*, ma a un caso di morte apparente – o risurrezione, a detta dell'ingenua fede popolare – e tuttavia sovvertitrice della tranquillità presto ricomposta dei vivi. Una tranquillità già suggerita dalle cadenze di quella veglia funebre che ricorda, in minore, un racconto tutto incentrato sul comportamento dei vivi davanti alla morte, *Visitare gl'infermi* (1896); e ne è riprova, nel finale, la raccomandazione, fatta dal marito ai portantini, di tener lontana la morta dalle fronde di quell'albero di fico che già una volta ebbe a risuscitarla.

Ma il testo, eventuale allegoria, anche, di vita coniugale, si presenta suscettibile di più livelli di lettura. Al piano dell'azione, indicato e privilegiato dal titolo – la paura di oltrepassare, nel sonno, quella soglia già una volta sfiorata nella morte apparente –, se ne affianca infatti un altro, potenzialmente sovrapponibile. Ed è, questo, il rapporto tra la folla di burattini appesi ai fili, coinvolta nello stesso svolgimento narrativo, e il loro creatore, detto, non a caso, il *Mago*, in una prospettiva ad ampio raggio prefiguratrice del personaggio di Cotrone nell'incompiuto *I giganti della montagna*.

La figura del *Mago* si staglia qui, infatti, come simbolo della creatività artistica («realmente aveva la passione del suo mestiere, e tanto impegno, tanto studio e tanto amore poneva nel fabbricare le sue creaturine, quanto forse il Signore Iddio nel crear gli uomini non ne mise») e della paternità da questa indotta come più duratura di quella fisiologica («È facile che un bambino, fattura di Dio, muoja; ma questi che faccio io càmpano cent'anni, parola d'onore! La ragione c'è: figli non ne ho avuti, mi capite? I miei sono sempre stati questi qua»).

Se riandiamo a una novella pubblicata nel 1898 su «Ariel» e mai compresa in raccolta, *La scelta*, ritroviamo un Pirandello bambino che, accompagnato dall'aio Pinzone alla fiera paesana dei giocattoli, finiva sempre per fermarsi alla baracca delle marionette, «ch'eran la *sua* passione». Il parallelismo, instaurato dal narratore dell'oggi, fra quelle marionette e gli attuali eroi, nient'altro che «miseri, inani, affliggenti fantocci», offerti alla sua scrittura dalla fiera odierna, molto allora ci può dire, di rimando, su *La paura del sonno* e il rapporto tra il *Mago delle fiere* e i suoi amati burattini.

Il ruolo comprimario svolto in questo racconto dal popolo di marionette che, «appeso su i cordini di ferro», pare assistere dall'alto all'evolversi dell'azione «con gli occhi immobili nell'ombra della camera», è sottolineato non solo dall'ininterrotto far capo a loro della narrazione, ma anche dal contaminar essi, con la propria natura lignea e l'automatismo dei gesti, l'unica figura, al di là del loro creatore, stretta a loro in sodalizio. La moglie del *Mago*, «piccola di statura, stecchita, come di legno», consuma infatti le proprie giornate in un continuo appisolarsi (inavvertito trapasso verso l'ultima soglia), «con l'ago sospeso in una mano che pian pianino le si abbassava in grembo»: una meccanicità gestuale, allora, che la apparenta ai Florindi e ai Lindori tra cui vive e ne fa una delle tante, possibili marionette che mimano, in questo universo narrativo, i gesti di una sempre eguale, monotona esistenza.

Vera e propria marionetta, mossa da un invisibile burattinaio e «esposta come uno sconcio pupazzo da fiera», sarà la signora Perella (Petella, nella novella) sul palcoscenico di *L'uomo, la bestia e la virtù* (1919), commedia ironico-grottesca tratta da *Richiamo all'obbligo*. In una cittadina di mare, che nella didascalia d'apertura della commedia sarà «una città di mare, non importa quale», il tema dell'onore si intreccia a quello della beffa, beffa ai danni di un marito tradito sì, ma anche inadempiente ai suoi obblighi coniugali. È così aggirato il rischio di una soluzione tragica, da cavalleria rusticana: lo stratagemma messo in atto dal «trasparente» professor Paolino – *l'uomo*, nell'allusione del testo teatrale – avrà la meglio sull'ottusa arroganza del capitano Petella, più volte detto «bestione», e poi infatti divenuto *la bestia* della commedia. Nuova presenza in scena, la signora Perella (non più Petella) sarà allora, nel copione teatrale, *la virtù*: una chiave ironico-allegorica rivisita, a più di un decennio di distanza, il canovaccio narrativo, traendone rinnovate potenzialità espressionistiche, sulla suggestione del contemporaneo filone del teatro del *grottesco*, tra cui era anche un testo da Pirandello stimato, quel *Marionette, che passione!* dell'amico (e siciliano) Rosso di San Secondo.

Pretesto a innestare un meccanismo metanarrativo, sono, in *Guardando una stampa*, i due sconci mendicanti che il narratore anima traendoli da una vecchia stampa di maniera e accompagnandoli con un terzo mendicante, tratto però dalla realtà: dimostrazione del corrispondersi di finzione artistica e realtà vitale nella creazione di analoghe tipologie. Un meccanismo, questo, costruito a posteriori, se, in prima stesura, la novella si limitava a narrare – e molto più ampiamente rispetto alla versione che ora ne leggiamo – la storia di tre mendicanti qualunque, seguiti in una loro peregrinazione sanguinosamente conclusasi su toni, quasi, da verismo dannunziano.

Nella nuova redazione del 1928, dal titolo anche mutato (*Allegri!* diviene, infatti, *Guardando una stampa*), il racconto – accorciato – della vicenda occorsa ai tre si snoda in via solo ipotetica sulla suggestione che il narratore, appunto, riceve guardando una vecchia stampa. Ma, nella sua ostentata qualità di gratuita invenzione, la narrazione si fa anche svogliata: mutata focalizzazione, quanto interessa alla data della revisione del 1928 – e lo rivela la chiusa stessa che riconosce il soggetto inadeguato a un investimento fantastico – è denudare il congegno narrativo e la potenziale identità e mescolanza tra personaggi *falsi* e *veri*. Rimane, invece, della primitiva stesura, uno spunto "filosofico" offerto dalla presenza di Marco, il mendicante cieco e dotato di poetico eloquio: occasione, al narratore, di dimostrare, per bocca di un cieco, la soggettività del reale, i cui volti si moltiplicano all'infinito a seconda degli occhi che vi si posano.

Ma il vero personaggio filosofo di questa raccolta è certo Perazzetti, protagonista di *Non è una cosa seria*. I suoi stravaganti ragionamenti, intesi a demistificare la maschera sociale dietro cui ogni individuo si nasconde, costituiscono infatti un sintetico breviario a disposizione di più di un personaggio pirandelliano. Così, l'individuazione, da parte sua, di un «antro della bestia» latente in ognuno di noi, è fattore di risonanza, oltre che nella stessa scrittura pirandelliana, densa, al di là di suggestioni veriste, di analogie uomo-animali, anche presso la voce narrante del *Signore della nave* (1916), nell'analogia uomo-porco da lui rilevata. E certo Ciampa del *Berretto a sonagli* (1916) – diversificata filiazione teatrale dei vari Quacquèo e Tararà delle novelle –, nel discorso delle tre corde, *seria, civile* e *pazza*, che ognuno di noi ha in testa, allusivamente da lui tenuto a Beatrice, denuncia i propri debiti verso un Perazzetti consapevole di come l'uomo «a toccarlo, a solleticarlo in questo o in quello strato, risponde con inchini, con sorrisi, porge la mano, dice buon giorno e buona sera, dà magari in prestito cento lire; ma guaj ad andarlo a stuzzicare laggiù, nell'antro della bestia: scappa fuori il ladro, il farabutto, l'assassino».

Perazzetti, tipico strambo di questo universo novellistico, afflitto da incoercibili risate da anatra suscitategli dal buffo e grottesco spettacolo dell'esistenza, ha un suo progenitore in Biagio Speranza, protagonista di *La signora Speranza*, racconto lungo edito nel 1903 nel volume *Beffe della morte e della vita*, e non più ripubblicato. Nel passaggio al taglio breve di *Non è una cosa seria*, non solo cade l'impalcatura narrativa che sorregge le nozze contratte per burla, ma si metamorfosa anche il protagonista, tramutandosi da innocuo dongiovanni e allegro buontempone, trascinato dalla goliardia degli amici, qual è in fondo Biagio Speranza, nel ben più caustico e consapevole Perazzetti.

Un seguito, a questi rimaneggiamenti, si avrà sul palcoscenico di *Ma non è una cosa seria* (1918), dove Perazzetti lascerà il posto a un duplicato di Biagio, mutato stavolta in Memmo Speranza, la cui vicenda si riaccosta a quella originaria, ricalcandone anche l'edulcorato finale. Così, le nozze per scherzo diventeranno serie con la nascita imprevista dell'amore, mentre per Perazzetti il rischio del lieto fine è abilmente stornato grazie alla sostituzione della grassa, ma buona e, soprattutto, illibata Carolina della primitiva novella (e poi Gasparina della commedia) con Filomena, una povera scema, dai risvolti grotteschi, tolta dalla strada.

Perazzetti, dunque, si propone personaggio-chiave di questo universo narrativo, come portatore al massimo grado di quella *stramberia* che sola permette di approdare alla visione dell'*uomo interiore*. Ma altri personaggi anomali, in contrasto con la passiva accettazione degli usuali stereotipi, si muovono in queste novelle, come il settantenne professore Agostino Toti di *Pensaci, Giacomino!*.

Anch'egli, ne siamo subito avvertiti, «è filosofo»; di qui la comprensione delle altrui ragioni e, nel contempo, l'indifferenza per il giudizio della gente, assuefatta – e risuonano qui le teorizzazioni già del saggio pirandelliano su *L'umorismo* (1908) – a avvertire solo il comico, il grottesco di una situazione, senza penetrare il sentimento che l'ha dettata (salto di comprensione che, appunto, è alla base dell'*umorismo* e della sua distanza dal più superficiale *comico*). Da questo più sottile scandaglio psicologico, nasce, allora, la necessità, per il protagonista, di rifondare una propria morale, libera da pregiudizi.

È proprio tale consapevole necessità a rendere più aggressivo e dialettico il nuovo professor Toti che, nel 1916, calcherà le scene nella commedia tratta dalla novella e ugualmente intitolata. Nell'oggi di una «cittaduzza di provincia», questo doppio teatrale del vecchio professore si troverà di fronte più antagonisti, secondo uno schema ricorrente nel teatro pirandelliano che vede spesso il protagonista isolato contro un coro ostile e sprezzante delle sue ragioni. Fra tali antagonisti non può mancare anche una figura ecclesiastica, certo padre Landolina, su cui si appunta la polemica dell'autore: polemica del resto già sperimentata nelle novelle, sui vari Monsignori Partanna e Landolina delle *Tonache di Montelusa*, o su don Ravanà di

«*In corpore vili*» (1895) e don Marchino di *Benedizione* (1910).

Padre Landolina diverrà dunque bersaglio privilegiato nella denuncia dell'ipocrita morale dominante, tanto da far calare il sipario proprio sulla vibrante invettiva finale pronunciata contro di lui dal protagonista. «Vade retro! Distruttore delle famiglie! Vade retro!», gli griderà infatti il professor Toti, riportando con sé un Giacomino ormai persuaso a seguire la legge della coscienza e non quella di una società falsa quanto perbenista. E al tentativo di ribattere dell'altro («Giacomino, io credo...»), pronta scatterà, e senza appello, la battuta finale: «Che crede? Lei neanche a Cristo crede!».

La demistificazione delle maschere sociali perseguita da Perazzetti, come dal dialettico professor Toti della commedia, è alla base di altri racconti di questa raccolta, come *L'illustre estinto* e *Tirocinio*. Torniamo, nel primo, alle beffe della morte, sovvertitrice, in questo caso, dei ruoli sociali: per uno scambio di vagoni mortuari – quasi prevedibile, però, data la funzionalità delle ferrovie italiane, ammicca il narratore –, le esequie magnificamente apprestate per l'onorevole Costanzo Ramberti dal suo paese natale, verranno tributate a tale Feliciangiolo Scanalino, giovane e oscuro seminarista di Avezzano (e i nomi, si sa, sono i primi contrassegni ironici di questi personaggi).

Ma questo è quanto accade nella seconda parte del racconto; una prima parte è invece intesa a registrare le ultime ore e gli ultimi pensieri di un personaggio ormai *sulla soglia*, tenuto ancora appeso alla sua parte da un filo esilissimo: quell'allampanato cav. Spigula-Nonnis, suo segretario particolare, la cui sollecita assistenza lo richiama alla vanità dei ruoli terreni, che tuttavia gli si richiede fino all'ultimo di rappresentare.

La messa in scena funebre, prefigurata dall'onorevole Ramberti alla vigilia della morte, avrà allora un imprevisto, beffardo finale, ma larghegerà, rispetto alle previsioni, in visite di colleghi deputati, ministri, sotto-segretari di Stato, presidenti della Camera e del Consiglio: insomma, tutto quel mondo parlamentare scarsamente rispondente alle simpatie dell'autore di un romanzo come *I vecchi e i giovani*. E quell'improvviso «borboglìo, lugubre, squacquerato» emesso dal ventre del cadavere ad accogliere tanti illustri visitatori – episodio censurato per la prima pubblicazione della novella in rivista – testimonia il superiore sprezzo di ogni convenzione da parte della morte, ma anche l'intenzionale demistificazione dello scrittore verso le maschere sociali del potere e dell'autorità.

In *Tirocinio*, il ruolo assegnatogli – l'irreprensibile e intemerato padre di famiglia – è impersonato con tale rigorosa osservanza da Michelangelo Castiglione (il cui stesso nome pare garante di autorevole serietà), da ritorcersi, vendicativamente, verso chi gliel'ha proposto: la moglie e il di lei antico amante. Nella commedia della vita, la parte che spetta ad ognuno deve essere interpretata fino in fondo, e col massimo scrupolo: una lezione, questa, ben compresa da Carlino Sgro, attualmente in prova presso casa Castiglione per l'ambito (e non solo da lui) ruolo di vecchio amico di famiglia. Perché poi, superato tale tirocinio, il titolo darà certo agio alla frequentazione, anche post-matrimoniale, della bella Medea, cui l'onestissimo padre (putativo) impone oggi rigida condotta.

Un ordine previdente e insistito fino alla ricercata simmetria è il nume tutelare dell'esistenza del piccolo borghese pirandelliano, in cerca di piccole, rassicuranti certezze. Eccoci, allora, in *Due letti a due*, di fronte all'avvocato Gàttica-Mei e al suo edificante progetto di tombe per coniugi senza prole: una concezione che ha contagiato anche l'amico Zorzi, persuadendolo a costruirsi anche lui un «letto a due» per sé e la moglie. Ma qualcosa, caso o diavolo che sia, sempre interviene, in questo beffardo universo narrativo, a scompigliare le vite più minuziosamente protette e organizzate: una doppia morte, in questo caso, e, in più, l'ostinazione di una viva (poiché è sempre l'elemento femminile il più renitente ai progetti d'ordine) a non rispettare i posti preordinati in quei due letti gemelli.

A cedere sarà l'avvocato Gàttica-Mei, ma pagandone alto prezzo: la disillusione lo avvierà e accompagnerà fino alle soglie della morte, amareggiata dal disordine inutilmente creato nelle sue programmate rispondenze funebri. A una vedova dalle sicure risorse inventive spetterà l'ultimo atto: sbrogliare l'intricata matassa, ovvero ricreare simmetria negli scompaginati letti a due.

Siamo ormai trapassati dalla campagna alla città, e dalla Sicilia a Roma: città, questa, capace di attrarre e di perdere chi si lascia catturare nelle sue reti, come ci dice un testo di transizione fra i due mondi, *Un'altra allodola*, storia di due immigrati destinati alla sconfitta e alla miseria. Molto più lungo si presentava il racconto in una prima (e seconda) redazione, che comprendevano una parte iniziale tutta centrata sul versante siciliano e sul grottesco personaggio di Luca Pignolo (divenuto poi Luca Pelletta), ironicamente colto nelle sue ingenue presunzioni di successo, alla vigilia della partenza per la capitale.

Roma, ancora, è lo sfondo di *Il guardaroba dell'eloquenza*, racconto lungo incentrato su alcuni temi di fondo della pagina pirandelliana: la delusione post-risorgimentale; la sfiducia verso le soluzioni politiche dell'Italia unitaria e un accentramento che potenzia ogni possibile corruzione; la polemica, per dirla col Pirandello saggista, verso uno stile di parole e non di cose.

Se Bonaventura Camposoldani, squallida figura di avventuriero senza scrupoli, rappresenta la flagrante corruzione della Roma capitale e del suo proliferante sottobosco, il vecchio Geremia, disilluso reduce garibaldino, amaramente sopravvissuto alla deflagrazione dei propri ideali, è incarnazione della risentita polemica pirandelliana verso l'Italia post-unitaria. E con lui, altre figure sfilano in corteo, muovendosi tra la fine del secolo e i primi anni del nuovo: Ciunna di *Sole e ombra* (1896), Momo di *Notizie del mondo* (1901), don Paranza di *Lontano* (1902), Sciaramé di *Le medaglie* (1904), personaggi ugualmente partecipi di un passato la cui dimensione illusoria sia per tutti emblematizzata nell'irridente vanità delle medaglie, e quindi, in varia misura e su esiti diversi, sofferenti di una dis-locazione nel proprio presente.

È proprio tale vicenda generazionale, qui personificata da Geremia, a dare l'antefatto, il contesto storico-sociale da cui nasce la precarietà del personaggio pirandelliano, la cui emarginazione contagerà anche quanti lo circondano: la sconfitta dei vecchi, insomma, deciderà la sorte dei giovani. Così Tudina, la figliastra di Geremia, – personaggio cui è dato rilievo e spazio solo a partire dalla seconda stesura del 1915 – abituata a vedere andare il patrigno «sempre vagando quasi per aria, smarrito, dietro a faccende vane, con quel ronzìo di parole senza senso su le labbra tra i risolini e le lagrime», ne ricava l'idea «dell'irrealtà di lui, non solo, ma anche di se stessa e di tutto». E del resto, quale realtà può toccare Tudina «se attorno e dentro di lei tutto era instabile e incerto, se non aveva niente né nessuno a cui appoggiarsi?».

A Concetto Sbardi, aggrondata figura di provinciale, onesto ma sprovvisto di eloquio a sostener le sue idee – o *ideghe*, come lui le chiama –, spetta dar corpo alla polemica contro, appunto, «la guardaroba dell'eloquenza», *passe-partout* per ogni *ideguccia*, per sporca che sia: una polemica più volte e sempre eticamente affrontata, in variati contesti, da uno scrittore che ha improntato la propria ricerca lessicale e stilistica a un'istanza antiretorica maturata in antagonismo, anche provocatorio, con l'immaginifico verbo dannunziano.

In *I vecchi e i giovani*, il romanzo da Pirandello dedicato (negli anni che comprendono anche questa novella) alla disillusione post-risorgimentale in Sicilia e alla corruzione della Roma parlamentare, don Cosmo Laurentano, personaggio-filosofo, cercava conforto alle amarezze della storia nella contemplazione del cielo stellato. E la visione delle stelle «chiodi del mistero com'egli le chiamava» poteva ben essere monito ad allontanare e disperdere «nella vanità del tempo tutte le contingenze amare e fastidiose della vita».

Forse non a caso, allora, voltando pagina in questa raccolta, troviamo, dopo i toni senza riscatto di *Il guardaroba dell'eloquenza*, una novella come *Pallottoline*, uno dei testi sottolineati dalla critica per l'esemplarità del richiamo pirandelliano al Leopardi sia lirico che prosatore: qui si intersecano, infatti, suggestioni dall'*Infinito*, da *La ginestra* e dalle *Operette*, e, specie per queste, come ha notato Gilberto Lonardi, dal *Dialogo d'Ercole e d'Atlante*, in cui la terra è detta, appunto, *pallottola*.

Rimpicciolire le vicende terrene rapportandole a un universo incommensurabile, è l'unico modo per metterne a tacere i risvolti tragici o meschini che siano. Comunque, è l'unico conforto concesso al personaggio pirandelliano, costretto, altre volte, a ricorrere, come il dottor Fileno di *I tragedia di un personaggio* (1911), a un cannocchiale rovesciato che gli consenta, per sopravvivere, di guardare il presente dalla lente più grande attraverso la piccola, perché tutto, subito, gli appaia già piccolo e lontano.

Pirandello ha sempre scritto novelle, e aveva già pubblicato una novella (*Capannetta*) nel 1884, quando, soggetto ancora in disponibilità, si avviava a tentare per altre strade la propria vocazione, passando attraverso gli studi filologici e confidando, per il domani, nel ruolo di poeta («Fino a tutto il 1892 non mi pareva possibile che io potessi scrivere altrimenti, che in versi», lasciò scritto lui stesso in alcune righe autobiografiche).

Nel 1894 pubblica la sua prima raccolta, comprensiva di tre novelle poi rifiutate (*L'onda*, *La signorina*, *L'amica delle mogli*) riunite sotto il titolo *Amori senza amore*, allusive a una struttura chiaroscurale, una dialettica di opposti che si integrano e illuminano a vicenda. E questo atteggiarsi del reale su poli complementari quanto antinomici tornerà a ispirare altri titoli dei successivi volumi di novelle, come *Beffe della morte e della vita* e *Bianche e nere* (apparse, insieme a *Quand'ero matto...*, fra il 1902 e il 1904) e poi *Erma bifronte* (1906), dove, su parole dell'autore, in un intricato labirinto in cui s'aggira senza uscita l'anima nostra, un'erma «da una faccia ride, o piange dall'altra», fino al parodistico *Il carnevale dei morti* (1919).

Nel corso di un nuovo registro tutto narrativo, con punte saggistiche, la novella si è ormai imposta quale ineludibile, immediato terreno di confronto dello scrittore con la propria inesausta e rinnovabile capacità di *fictio*. Fermare una situazione, un personaggio, un'idea, bloccarli una volta per tutte nello spazio della pagina vorrà dire ricorrere in prima istanza a questa misura narrativa, tentata più o meno diffusamente e su variati registri. La novella, allora, come serbatoio prezioso e ineliminabile di temi, di motivi, come incunabolo a personaggi che si insinueranno poi tra le righe di un romanzo o, più spesso, andranno a calcare le tavole di un palcoscenico. La novella, ancora, come ideale asse unitario in un lungo itinerario soggetto a scarti e impennate (filologia-poesia-narrativa-saggistica-teatro-cinema, per non parlare dell'hobby della pittura), un itinerario da cui infine prepotentemente emerge quella vena drammaturgica accarezzata, guarda caso, fin dalla prima fanciullezza, e destinata a consacrare davvero, e a livello internazionale, il non più giovane autore.

Cadono, sotto la piena luce dei riflettori, le pareti di quel "mondo di carta" in cui Pirandello si era sempre aggirato e l'uomo, finora relegato dal demone della scrittura al passivo ruolo di spettatore della vita, si trasforma nel "viaggiatore senza bagagli" che rincorre per il mondo il successo delle sue opere. Eppure la novella non muore, anzi, proprio allora, lo scrittore si accinge a ricomporre tutte quelle sue creature – quelle già edite in vari volumi e altre ancora – in un corpo solo, a riorganizzarle, dopo una revisione spesso minuta, in un unico organismo narrativo che accompagni per un intero anno il quotidiano del lettore. *Novelle per un anno*, infatti, le titolò, dicendo che il modesto titolo era forse troppo ambizioso, per i suoi rimandi a un'antica tradizione novellistica modellata sulla misura di *notti* o di *giornate*. E avrebbe voluto, per loro, un volume solo, «di quei monumentali che da gran tempo ormai per opere di letteratura non usano più»: quasi fisico pegno, per il lettore che le avesse maneggiate, di come quel variegato prisma di volti, simultaneamente in pianto e in riso, si atteggiasse unitariamente a restituirci l'inafferrabile caleidoscopio del nostro esistere.

L'«indole e le necessità del tempo nostro» lo convinsero a frazionare quel progettato volume in ventiquattro libri, ognuno di quindici novelle; il fortuito e il contingente degli eventi – quella breve malattia da lui inizialmente vissuta, su parole di Alvaro, con impazienza, sul filo del contrattempo – eluse il protrarsi della scrittura.

Tra il 1922 e il 1928 escono, presso Bemporad, i primi tredici volumi delle *Novelle per un anno* e nel 1934, presso Mondadori, esce il quattordicesimo. Il quindicesimo volume, *Una giornata*, appare postumo nel 1937: dodici delle quindici novelle qui raccolte appartengono all'ultima stagione del narratore, tornato, dopo un intervallo databile fra il '26 e il '31, a pubblicare su periodici (e sul «Corriere della Sera» in particolare). Prendeva così man mano forma un nuovo volto della novella pirandelliana, distesa, su toni rarefatti, lungo un affioramento dell'inconscio e un'acuita sensibilità al sovrareale: un ulteriore giro di vite, insomma, in una dimensione surreale o metafisica.

La novella, restata congeniale terreno di più pudica e privata misura su cui fiduciosamente saggiare, negli anni, la propria scrittura, tornava allora prepotentemente di scena ad affermare una vitalistica capacità di rinnovarsi in una lunga fedeltà al genere: la fedeltà di chi si sapeva, e si sentiva, oltre al successo dell'uomo in palcoscenico, scrittore di novelle, da affidare, con amorosa e meditata cura, ai lettori del domani.

Cronologia

1867

«Io dunque sono figlio del Caos; e non allegoricamente, ma in giusta realtà», diceva Pirandello in quel *Frammento d'autobiografia* dettato, nell'estate 1893, all'amico Pio Spezi, che lo pubblicò molti anni dopo sulla «Nuova Antologia» (16 giugno 1933). L'allusione è alla rustica casa, detta "il Caos", nella campagna intorno a Girgenti (divenuta, nel 1927, Agrigento), dove Luigi nacque il 28 giugno, durante un'epidemia di colera che aveva indotto, appunto, la madre ad abbandonare la città, insieme alla primogenita, la piccola Rosalina (Lina).

Nella famiglia Pirandello era particolarmente viva la componente patriottica: Stefano, il padre, di origine ligure, aveva combattuto con Garibaldi e, nel novembre 1863, aveva sposato la sorella di un commilitone, Caterina Ricci Gramitto, il cui padre, Giovanni, era stato acceso antiborbonico e perciò, dopo la rivoluzione del '48, esiliato a Malta.

1870-1881

Gli anni della formazione "siciliana" di Luigi, lo vedono alle prese con il locale patrimonio folcloristico di superstizioni e leggende (mediato da una domestica di casa Pirandello, Maria Stella), con un'educazione religiosa ben presto ripudiata per le ipocrisie traumaticamente individuatevi, e con episodi di amore e morte intravisti all'interno di una torre-*morgue*.

A integrare alla meglio l'esigua biblioteca paterna, Luigi si rivolge al cartolaio locale, da cui acquista, fra l'altro, due opere del Pellico, *Le mie prigioni* e una tragedia, l'*Eu-*

femio da Messina. Da questa viene anche, a lui dodicenne, lo stimolo a scrivere una tragedia, andata perduta, da rappresentare coi coetanei: una suggestione, inoltre, di quei "pupi" siciliani che, come racconterà lui stesso, aveva, sin da piccolo, molto amato.

Dopo una prima istruzione elementare impartitagli in casa da un precettore, Luigi è iscritto dal padre, commerciante di zolfo, alle scuole tecniche. Il registro della prima classe, da lui frequentata nel '78-79, documenta che superò gli esami finali con una media di settanta su cento. Ma l'attrazione per gli studi classici è forte: complici la madre e lo zio, prepara l'esame integrativo di latino e passa al ginnasio, dove ottiene l'iscrizione alla seconda classe. Sfida così l'ira paterna, a evitar la quale racconterà, nel *Frammento d'autobiografia*, di esser fuggito fino a Como: inattendibile fuga, da lui stesso, del resto, poi smentita.

1882-1887

In seguito al rovescio economico del padre, la famiglia si trasferisce (nel 1882, secondo la testimonianza del quartogenito, Innocenzo) a Palermo, dove Luigi porta a termine gli studi liceali. Rimasto solo in città dopo il successivo spostamento dei suoi a Porto Empedocle, Luigi si innamora, durante l'ultimo anno di liceo, di una cugina di qualche anno maggiore di lui, Paolina (Lina). Per lei continua gli studi a Palermo, iscrivendosi, nel 1886, alla Facoltà di Lettere e a quella di Legge, dove entrerà in contatto con quella generazione di giovani fra cui si formeranno i dirigenti dei Fasci siciliani.

Pressioni da parte della famiglia di Lina lo inducono a tentare un veloce inserimento nel mondo lavorativo: nasce così, nell'estate 1887, un periodo di lavoro accanto al padre nelle zolfare di Porto Empedocle. Dell'autunno è il fidanzamento ufficiale, momento da cui, tuttavia, inizia ad affievolirsi l'amore. Deciso ad abbandonare la carriera commerciale e a riprendere gli studi, Luigi sceglie non più Palermo ma Roma, alla cui Facoltà di Lettere si trasferisce nel novembre 1887, abitando prima presso uno zio materno, Rocco Ricci Gramitto, poi in una pensione. È dispensato dal servizio militare, che si assume in sua vece il fratello Innocenzo.

1889-1891

Nel 1889, pubblica a Palermo, presso la Libreria Internazionale L. Pedone Lauriel di Carlo Clausen, la sua prima raccolta poetica, dall'antinomico titolo *Mal giocondo*.

Nel novembre 1889, si iscrive all'Università di Bonn, dove era stato indirizzato, con una lettera di presentazione per il professor Wendelin Foerster, da Ernesto Monaci, docente di Filologia romanza. Molla al trasferimento era stato uno scontro avuto da Pirandello con il professore di latino, Onorato Occioni.

Il 21 marzo 1891 si laurea in Filologia romanza a Bonn, con una tesi su *Laute und Lautentwickelung der Mundart von Girgenti* (*Suoni e sviluppi di suono della parlata di Girgenti*). Al periodo di Bonn risale l'amore per Jenny Schulz-Lander, la ragazza tedesca cui dedica la seconda raccolta di versi, *Pasqua di Gea*, pubblicata, al ritorno in Italia, dalla Libreria Editrice Galli di Milano nel 1891.

Dopo un breve rientro in Sicilia, ottenuto dal padre un assegno mensile, è di nuovo a Roma: qui, a metà agosto 1891, scrive una lunga lettera al padre a giustificare la necessità di rompere l'ormai logorato fidanzamento con Lina.

1892-1896

Tramite, dapprima, l'amicizia con Ugo Fleres, entra in contatto con l'ambiente letterario della capitale e, grazie alle sollecitazioni di Luigi Capuana, tenta la via della prosa. Nasce così, nel 1893, durante un soggiorno a Monte Cavo, il primo romanzo, *Marta Ajala*, pubblicato solo nel 1901 col titolo *L'esclusa*.

Il 27 gennaio 1894 sposa, a Girgenti, Maria Antonietta Portulano, figlia di un socio del padre, e si stabilisce quindi definitivamente a Roma con la moglie. Nel giugno 1895 nascerà il primo figlio, Stefano.

Al 1894 risale la prima raccolta di novelle, *Amori senza amore* (Roma, Stabilimento Bontempelli Editore), che raccoglie tre testi, *L'onda*, *La signorina*, *L'amica delle mogli*, esclusi poi dalle successive raccolte. Sempre nel 1894 pubblica il poemetto *Pier Gudrò* (Roma, Enrico Voghera), primo saggio di una tematica risorgimentale, ripubblicato poi, in una nuova stesura, sulla «Riviera ligure» del luglio 1906.

Intensa, frattanto, la sua collaborazione a giornali e riviste («La Tavola rotonda», «La Nazione letteraria» di Firenze, «Rassegna settimanale universale», «Il Folchetto», «Roma letteraria», «La Critica» di Gino Monaldi, «La Tribuna illustrata», «Roma di Roma» ecc.), su cui pubblica articoli, saggi, poesie, novelle. Dal novembre 1896 avvia, anche, la collaborazione al fiorentino «Marzocco» dei fratelli Orvieto.

Al 1895 risale la stesura del secondo romanzo, *Il turno*, e la pubblicazione delle *Elegia renane* (Roma, Unione Cooperativa Editrice), composta negli anni di Bonn, sulla scia della traduzione, allora avviata, delle *Elegie romane* di Goethe, pubblicate, a Livorno da Giusti, nel 1896.

1897-1902

Sostituisce Giuseppe Màntica nell'insegnamento della lingua italiana all'Istituto Superiore di Magistero di Roma, diretto da Giuseppe Aurelio Costanzo.

Nel giugno 1897 nasce la figlia Rosalia (Lietta), cui seguirà, nel giugno 1899, il figlio Fausto.

Verso la fine del 1897, avvia le sue pubblicazioni «Ariel», la rivista di titolo shakespeariano diretta da Carlo Italo Falbo e nata nel cenacolo letterario intorno a Giuseppe Màntica, cui partecipavano altri amici di Pirandello, come Ugo Fleres, Italo Palmarini, Luigi Capuana, Nino Martoglio e Giustino Ferri. Fra le varie collaborazioni di Pirandello alla rivista – che chiude le pubblicazioni nel

1898 – è, nel numero 14, un atto unico, *L'epilogo*, ripubblicato nel 1914 col titolo *La morsa*.

Nel 1901, oltre al volume di liriche *Zampogna* (Roma, Società Editrice Dante Alighieri), appare a puntate su «La Tribuna», tra il giugno e l'agosto, il romanzo *L'esclusa*, pubblicato poi in volume da Treves nel 1908. Nel 1902 escono *Il turno* (Catania, Giannotta) e due raccolte di novelle, *Beffe della morte e della vita* (Firenze, Francesco Lumachi) e *Quand'ero matto...* (Torino, Streglio). Inizia a collaborare, nel gennaio 1902, alla «Nuova Antologia», di cui è redattore capo Giovanni Cena.

1903-1907

La seconda serie di *Beffe della morte e della vita* esce, nel 1903, presso l'editore Lumachi di Firenze.

Nello stesso anno precipita la situazione economica e familiare di Pirandello: nell'allagamento di una grande miniera di zolfo, il padre Stefano perde il suo patrimonio nonché la dote, lì investita, della nuora Antonietta. È per quest'ultima, già fragile di nervi, il tracollo nervoso che le comporterà una paresi alle gambe, durata sei mesi, e, quindi, una mai sanata forma di paranoia. Per far fronte a tale precaria condizione, Luigi ricorre a lezioni private, chiede compensi alle sue collaborazioni letterarie e, dietro un anticipo dato da Cena, pubblica a puntate sulla «Nuova Antologia», tra l'aprile e il giugno 1904, *Il fu Mattia Pascal*, poi apparso in estratto. Il successo del romanzo, tradotto nel 1905 in tedesco, gli aprirà le porte dell'importante casa editrice Treves di Milano. Nel 1904, aveva pubblicato, a Torino da Streglio, la raccolta di novelle *Bianche e nere*; la nuova raccolta, *Erma bifronte*, uscirà appunto da Treves nel 1906.

Nel corso del 1906, appaiono sulla «Rivista di Roma» la prima e seconda parte del poemetto *Laòmache* (in versione integrale nel 1916), e il poemetto drammatico *Scamandro* (in volume nel 1909).

1908-1909

In vista del concorso a cattedra pubblica due importanti volumi di saggi, *Arte e scienza* (Roma, W. Modes Libraio-Editore) e *L'umorismo* (Lanciano, Carabba), dedicato «Alla buon'anima di Mattia Pascal bibliotecario». La cattedra di «lingua italiana, stilistica e precettistica e studio dei classici, compresi i greci e i latini nelle migliori versioni» nel primo biennio dell'Istituto superiore di Magistero di Roma, sarà da lui mantenuta dal 1908 al 1922, nonostante le riserve avanzate sulla stessa materia d'insegnamento, la stilistica, non ben definibile dai più, e nonostante il dichiarato peso di tale incarico. Spesso, infatti, si trovò a richiedere congedi al direttore dell'Istituto, Costanzo, che, oltre a essergli amico, ne apprezzava la vivacità delle lezioni.

Fra il gennaio e il novembre 1909 appare, sulla «Rassegna contemporanea», la prima parte del romanzo *I vecchi e i giovani*, pubblicato integralmente da Treves nel 1913. Nell'ottobre 1909 avvia la collaborazione al «Corriere della Sera», su cui continueranno ad apparire sue novelle fino al 9 dicembre 1936, giorno precedente la sua morte.

1910-1914

Su sollecitazione del commediografo siciliano Nino Martoglio, direttore della Compagnia del Teatro Minimo, trae, dall'omonima novella del 1900, l'atto unico *Lumìe di Sicilia*, messo in scena il 9 dicembre 1910 insieme a *La morsa* (titolata, nel 1898 su «Ariel», *L'epilogo*).

Escono, da Treves, la raccolta di novelle *La vita nuda* e *Il fu Mattia Pascal*: del romanzo si ha, nello stesso anno, una traduzione francese, apparsa prima a puntate sul «Journal de Genève», poi in volume a Parigi da Calmann-Lévy.

Nel 1911 esce il romanzo *Suo marito* (Firenze, Quattrini), la cui diffusione fu quindi limitata dall'autore stesso per non offendere Grazia Deledda che nella vicenda si era riconosciuta, e che poi, nel 1941, fu ripubblicato postumo da Stefano Pirandello, nella parziale revisione operatane dal padre, col titolo *Giustino Roncella nato Boggiòlo*.

Esce, nel 1912, da Treves, la raccolta di novelle *Terzetti*, mentre il suo ultimo volume di versi, *Fuori di chiave*, appare a Genova da Formìggini.

Il 20 giugno 1913 la Compagnia del Teatro per Tutti, diretta da Lucio d'Ambra e Achille Vitti, mette in scena a Roma l'atto unico *Il dovere del medico*, tratto da una novella del 1902, *Il gancio*.

Esce, nel 1914, a Firenze da Quattrini, la raccolta di novelle *Le due maschere* (poi, col titolo, *Tu ridi*, Milano, Treves, 1920).

1915
La sua prima commedia in tre atti, *Se non così*, va in scena a Milano il 19 aprile, sotto la direzione di Marco Praga e con Irma Gramatica come protagonista. La commedia, divenuta nel 1921 *La ragione degli altri*, risaliva a una prima idea del 1896, *Il nibbio*.

Un nuovo romanzo, *Si gira...*, appare a puntate, tra il giugno e l'agosto, sulla «Nuova Antologia»: nel '16 è in volume da Treves, e, nel 1925, ne uscirà una nuova edizione, dal titolo *Quaderni di Serafino Gubbio operatore*, presso Bemporad. Escono due altre raccolte di novelle, *La trappola*, da Treves, e *Erba del nostro orto* (Milano, Studio Editoriale Lombardo). Nel dicembre, va in scena a Roma l'atto unico *Cecè*, scritto nel 1913.

Con l'intervento in guerra dell'Italia, il figlio Stefano parte volontario; il 2 novembre cade prigioniero ed è internato a Mathausen da cui passerà (dopo Caporetto) a Plan in Boemia. A Girgenti muore la madre Caterina, mentre più pesante si fa la situazione familiare per l'aggravarsi della malattia mentale della moglie, sotto forma di morbosa gelosia.

1916-1918
Persuaso dall'amico Nino Martoglio, contribuisce al repertorio del famoso attore siciliano Angelo Musco che, nel

1916, porta in scena due testi pirandelliani, entrambi in dialetto siciliano: *Pensaci, Giacomino!*, tratto dall'omonima novella del 1910, e *Liolà*. L'anno seguente, Musco rappresenta, sempre in dialetto, la commedia in due atti *Il berretto a sonagli*, tratta da due novelle del 1912, *Certi obblighi* e *La verità*, e l'atto unico *La giara*, derivato dall'omonima novella del 1909.

Ma il 1917 è anche anno di svolta per il teatro pirandelliano: nel giugno, la Compagnia di Virgilio Talli mette in scena a Milano *Così è (se vi pare)*, tratta dalla novella *La signora Frola e il signor Ponza, suo genero*; nel novembre la Compagnia di Ruggero Ruggeri rappresenta a Torino *Il piacere dell'onestà*, il cui spunto deriva da una novella del 1905, *Tirocinio*.

Continuano, intanto, ad apparire, presso Treves, altri volumi di novelle: del 1917 è la raccolta *E domani, lunedì...*, che comprende anche il "mistero profano" in un atto *All'uscita*, scritto e apparso in rivista nel 1916; del 1918 è la raccolta *Un cavallo nella luna*.

Fra il novembre e il dicembre 1918 altre due prime importanti: Emma Gramatica rappresenta a Livorno *Ma non è una cosa seria*, tratta dalle novelle *La signora Speranza* (1903) e *Non è una cosa seria* (1910); Ruggero Ruggeri e Vera Vergani interpretano a Roma *Il giuoco delle parti*, tratto dalla novella del 1913, *Quando s'è capito il giuoco*.

Nel novembre, torna dalla prigionia il figlio Stefano.

1919-1920

La sempre più grave situazione familiare trova doloroso sbocco nell'internamento di Antonietta in casa di cura. La soluzione, pur sofferta da Pirandello, ormai legato alla moglie da una catena di vincoli morbosi, permette il tranquillo rientro in casa della figlia Lietta, dovutasi allontanare per la paranoica gelosia della madre che sospettava passioni incestuose. Di lì a poco (nel 1921) Lietta sposerà un cileno e, quindi, si trasferirà nella patria del marito: per il padre, sarà il vuoto intorno.

Durante il primo semestre del 1919, vanno in scena *L'innesto* (a Milano, per la Compagnia Talli), l'atto unico *La patente*, tratto, già nel 1917, dall'omonima novella del 1911 e, ora, in scena a Roma nella versione siciliana per Musco, e *L'uomo, la bestia e la virtù* (a Milano, per la Compagnia di Antonio Gandusio), tratto da una novella del 1906, *Richiamo all'obbligo*.

Escono, nel corso del 1919, altri due volumi di novelle: *Berecche e la guerra* (Milano, Facchi) e *Il carnevale dei morti* (Firenze, Battistelli).

Nel 1920 si registra il primo incontrastato successo teatrale: dopo la prima, nel marzo a Roma, di *Tutto per bene*, tratto dall'omonima novella del 1906 e interpretato da Ruggero Ruggeri, il 24 marzo, al Teatro Goldoni di Venezia, la Compagnia Ferrero-Celli-Paoli incontra pieno successo con *Come prima, meglio di prima* (tratto da una novella del 1904, *La veglia*).

Nel novembre, a Roma, Emma Gramatica interpreta *La signora Morli, una e due*. Del 1920 è anche il passaggio dalla casa editrice Treves a Bemporad, che pubblicherà, sino al 1929, sia una seconda raccolta delle opere teatrali (*Maschere nude*), che l'intero *corpus* delle novelle, ora titolato *Novelle per un anno*. Sempre nel 1920, si ha la prima versione cinematografica di una sua opera: Mario Camerini gira l'adattamento di *Ma non è una cosa seria*.

1921-1922

È, il 1921, l'anno dei *Sei personaggi in cerca d'autore*: la commedia cade clamorosamente al Teatro Valle di Roma il 10 maggio, con la Compagnia di Dario Niccodemi. Il 27 settembre, al Teatro Manzoni di Milano, è il pieno successo. L'anno successivo, i *Sei personaggi* saranno rappresentati a Londra e a New York: ha inizio la fortuna pirandelliana all'estero.

Ancora del 1921 è la ristampa, presso Bemporad, de *Il fu Mattia Pascal*, con aggiunta, un'*Avvertenza sugli scrupoli della fantasia*. Si infittiscono, intanto, gli adattamenti cinematografici, da novelle come *Il viaggio*, *La rosa* e *Lo scaldino*.

Il 24 febbraio 1922 segna, al Teatro Manzoni di Milano, il trionfo dell'*Enrico IV*, interpretato da Ruggero Ruggeri. Altre prime del 1922 sono: *All'uscita* (1916), l'atto unico *L'imbecille*, tratto dall'omonima novella del 1912, e *Vestire gli ignudi*, portato al trionfo, nel novembre, al Teatro Quirino di Roma da Maria Melato.

1923-1924

A seguire la fortuna internazionale delle sue commedie, Pirandello parte per l'estero: nell'aprile 1923 è a Parigi, dove George e Ludmilla Pitoëff portano al successo, presente l'autore, i *Sei personaggi* nella versione di Benjamin Crémieux: famosa è la trovata registica per cui i sei personaggi sono calati dall'alto sulla scena con un montacarichi. Le pareti del "mondo di carta" cedono ormai per lo scrittore investito dal successo e che si ritroverà, dopo lunghi anni vissuti fra oppressive pareti domestiche, a spostarsi da un paese all'altro, «viaggiatore senza bagagli», come lui stesso ebbe poi a definirsi.

Tra il dicembre 1923 e il gennaio 1924 è in America, invitato a New York dalla direzione del Fulton Theatre che istituisce una stagione pirandelliana, mutando nome per l'occasione, in Pirandello's Theatre: tra l'ottobre '23 e il gennaio '24 vi si rappresentano i *Sei personaggi*, *Come prima, meglio di prima*, *Enrico IV*. Del 1923 è anche la traduzione, sia inglese che americana, de *Il fu Mattia Pascal*.

Mentre continuano, sempre con successo, messe in scena pirandelliane in moltissime città straniere (e non solo europee), si hanno altre prime italiane: nel 1923, l'atto unico *L'uomo dal fiore in bocca* (tratto da una novella del 1918, *Caffè notturno*, poi *La morte addosso*), *La vita che ti diedi*, e l'atto unico *L'altro figlio* (tratto dall'omonima novella del 1905). Ispirato a un episodio di *Si gira...* è *Ciascuno a suo modo*, messo in scena nel maggio 1924 dalla Compagnia Niccodemi a Milano.

Prima di partire per l'America, aveva avuto una convocazione a Palazzo Chigi da Mussolini, cui seguiva un'intervista su «L'Idea Nazionale» (23 ottobre). Sul medesimo giornale di Enrico Corradini, il 28 ottobre appariva la sua firma nel numero dedicato al *Primo annuale della marcia su Roma*. Il 19 settembre 1924 «L'Impero» pubblicava una sua lettera a Mussolini con la richiesta di iscrizione al partito fascista: in un'intervista a caldo, dava spiegazione al suo gesto «con una sola parola: "Matteotti"».

1925

Anno importante, questo, per Pirandello, che assume la direzione di quel Teatro d'Arte nato, verso la fine del '24, sotto la spinta del figlio Stefano, di Orio Vergani, Massimo Bontempelli e altri. La stagione si inaugura, nel riammodernato ma piccolo teatro di Palazzo Odescalchi, il 4 aprile con un atto unico dello stesso Pirandello, la *Sagra del Signore della nave*, tratto da una novella del '16, *Il Signore della nave*: un testo che ben si prestava, per potenzialità scenografiche, a una eccezionale messinscena, quale in realtà ebbe.

Ma l'interesse dominante in Pirandello regista è la recitazione: "calarsi" nel personaggio è la parola d'ordine per i suoi attori, su suggerimenti riconducibili al Théâtre libre di Antoine, col suo principio di "obbedienza" naturalistica dell'attore, e alla scuola di regia russa, all'insegnamento di Stanislavskij che puntava sulla "identificazione" col personaggio.

Il programma della Compagnia comprende: *Gli dei della montagna* di Lord Dunsany, *Il pellegrino* di Charles Vildrac, *Il calzolaio di Messina* di Alessandro De Stefani, *La storia del soldato* musicata da Stravinsky su libretto di Ramuz, *Nostra Dea* di Massimo Bontempelli, *Paulette* di Eugenio Giovannetti, *Ciò che più importa* di Nikolaj Evreinov, autore, quest'ultimo, che molto interessò Pirandello per le sue teorie sulla teatralizzazione della vita.

Per *Nostra Dea*, Pirandello scrittura Marta Abba, giovane attrice che aveva appena dato buona prova di sé a Milano con Talli ne *Il gabbiano* di Čechov. L'incontro è felice: divenuta prima donna della compagnia, Marta Abba sarà anche, d'ora in poi, l'ispiratrice del teatro pirandelliano.

In giugno la Compagnia (che conta, fra gli altri, Ruggero Ruggeri e Lamberto Picasso) inizia le tournée all'estero: prima tappa Londra, poi in luglio Parigi e, fra ottobre e novembre, varie città della Germania. Continuano, intanto, nei teatri di tutto il mondo rappresentazioni pirandelliane; a Parigi Marcel L'Herbier gira il film *Il fu Mattia Pascal*.

1926-1928

Di ritorno dalla Germania, i propositi di creare un teatro stabile di stato sono ben presto frustrati da difficoltà economiche. La compagnia, divenuta di giro, rimarrà in vita grazie anche alle sovvenzioni del suo capocomico. Nel 1926 mette in scena *La signora Morli, una e due* (col nuovo titolo *Due in una*), nel '27 presenta all'Eden di Milano la tragedia *Diana e la Tuda* – la cui prima mondiale, in tedesco, era stata data nel novembre '26 a Zurigo –, e, in prima assoluta, all'Argentina di Roma, *L'amica delle mogli*, commedia tratta dall'omonima novella del 1894. Dopo una lunga tournée, nel '27, in Argentina e in Brasile, la Compagnia raccoglie l'ultimo successo con la prima, nel marzo '28, all'Argentina di Roma, del "mito" *La nuova colonia*; la stagione si prolunga stancamente per concludersi nell'agosto a Viareggio, con lo scioglimento del Teatro d'Arte.

Nel frattempo, altre compagnie avevano rappresentato, nel '27, l'atto unico *Bellavita*, tratto da una novella del '14, *L'ombra del rimorso*, e nel '28 il poemetto drammatico *Scamandro* (risalente al 1898-99), e la pantomima *La salamandra*, scenario di Luigi Pirandello (probabilmente del '24), musica di Massimo Bontempelli.

Nel 1926 è uscito in volume da Bemporad l'ultimo suo romanzo, *Uno, nessuno e centomila*, avviato probabilmente già dal 1909, e apparso a puntate sulla «Fiera letteraria» tra il dicembre '25 e il giugno '26.

1929-1933

Nel marzo 1929 è nominato Accademico d'Italia. Dello stesso anno, è il passaggio da Bemporad a Mondadori che concluderà la pubblicazione delle raccolte *Maschere nude* e *Novelle per un anno*, e sarà il suo definitivo editore.

Nel novembre '29 si rappresenta a Torino *O di uno o di nessuno*, tratto dall'omonima novella del '15, e nel dicembre Marta Abba, con la sua compagnia, mette in scena il secondo "mito", *Lazzaro*, la cui prima assoluta era stata, nel luglio, in inglese, a Huddersfield.

Nel febbraio 1930, ancora Marta Abba rappresenta *Come tu mi vuoi*, da cui la Metro Goldwyn Mayer trarrà un film con Greta Garbo e Erich von Stroheim: a seguirne le riprese, Pirandello è chiamato, alla fine dell'anno, a Hollywood.

Nell'aprile del '30, una compagnia appositamente costituita e diretta da Guido Salvini mette in scena a Torino *Questa sera si recita a soggetto*, la cui prima, in tedesco, era stata nel gennaio a Koenigsberg. La commedia, la cui esile trama deriva dalla novella *Leonora, addio!* del 1910, sarà riunita in volume nel '33 (uscendo una nuova raccolta Mondadori di *Maschere nude*) coi *Sei personaggi* e *Ciascuno a suo modo*, formando così la trilogia del "teatro nel teatro".

Altre prime degli anni trenta sono: l'atto unico *Sogno (ma forse no)*, rappresentato, nel settembre '31, a Lisbona in portoghese, in una serata in suo onore, e due commedie messe in scena da Marta Abba: *Trovarsi* (1932) e *Quando si è qualcuno* (1933), la cui prima era tuttavia già stata a Buenos Aires in spagnolo.

Agli inizi del '31 si ha una ripresa della novellistica: in febbraio esce *Uno di più* su «La lettura» e, nel luglio su «Pegaso», *Soffio*. La collaborazione al «Corriere della Sera», interrotta nel '26 con la novella *Pubertà*, riprenderà dal '32 fino alla morte, segnando una nuova stagione novellistica, sotto il segno del surreale.

1934-1936

Il 1934 è l'anno del premio Nobel per la letteratura, consegnatogli il 10 dicembre a Stoccolma dal re di Svezia. Al gennaio dello stesso anno risale la prima, in tedesco, de *La favola del figlio cambiato* (scritta nel '32), musicata da Malipiero: del marzo è la rappresentazione a Roma in versione italiana.

In occasione del Quarto Convegno della Fondazione Volta sul «teatro drammatico», da lui presieduto nell'ottobre '34, mette in scena la dannunziana *Figlia di Iorio* all'Argentina di Roma, con Marta Abba e Ruggero Ruggeri.

Per il suo ultimo lavoro teatrale, *Non si sa come* – dato a Praga nel dicembre '34 in lingua ceca e poi, nel dicembre '35, all'Argentina di Roma da Ruggero Ruggeri –, si parla di freudismo pirandelliano. La commedia, che l'autore si affretta a sottrarre a tale paternità, risale del resto a una novella sì del '32, *Cinci*, ma anche ad altre due cronologicamente lontane, *Nel gorgo* ('13) e *La realtà del sogno* ('14). È così testimoniata la persistenza di un'introspezione psicologica (sulla scia, fra l'altro, degli studi di Alfred Binet) certo ora approfondita nella dimensione dell'inconscio, come dimostrano le prove, sia novellistiche che teatrali, degli ultimi anni.

Nel 1936, alle ultime riprese, cui assiste a Cinecittà, di un nuovo adattamento cinematografico del *Fu Mattia Pascal*, per cui ha curato i dialoghi, si ammala di polmonite. Muore la mattina del 10 dicembre nella sua casa di via Antonio Bosio a Roma. Secondo le sue ultime volontà, è cremato e il funerale si svolge in totale povertà, senza accompagnamento alcuno. Lascia incompiuto l'ultimo dei "miti" teatrali, il mito dell'arte, *I giganti della montagna* che, l'anno successivo la sua morte, sarà rappresentato a Firenze, al Giardino di Boboli, con la direzione di Renato Simoni.

Le sue ceneri sono ora tumulate sotto il pino della "Villa del Caos" ad Agrigento.

Bibliografia

BIBLIOGRAFIA
DELLE OPERE PIRANDELLIANE

Le opere di Pirandello sono state pubblicate da Mondadori nella collana «I classici contemporanei italiani» in sei volumi: due per le *Novelle per un anno* (prima ed. 1956-57, con prefazione di C. Alvaro), uno per *Tutti i romanzi* (prima ed. 1957), due per i testi teatrali, con esclusione di quelli in dialetto (*Maschere nude*, prima ed. 1958, con prefazione di S. d'Amico), e uno per i *Saggi, poesie, scritti varii* (prima ed. 1960, a cura di M. Lo Vecchio Musti; seconda ed. accresciuta 1965).

L'esigenza di una revisione filologica dell'intera opera pirandelliana trova oggi riscontro nella nuova edizione critica, diretta da Giovanni Macchia, delle *Opere di Luigi Pirandello*, attualmente in corso presso Mondadori nella collezione «I Meridiani». Sono qui apparsi, finora, i due volumi di *Tutti i romanzi* (1973), a cura di G. Macchia e M. Costanzo e con prefazione di Macchia; tre volumi, ciascuno in due tomi, delle *Novelle per un anno* (1985; 1987; 1990) a cura di M. Costanzo e con prefazione di G. Macchia, e il primo volume delle *Maschere nude* (1986), a cura di A. d'Amico, con prefazione di G. Macchia. All'edizione critica dei saggi attende A. Barbina.

Manca un'edizione completa dell'epistolario, di cui, oltre a nuclei di lettere apparsi in varie sedi, sono usciti alcuni volumi, due a cura di S. Zappulla Muscarà: Pirandello-Martoglio, *Carteggio inedito*, Pan, Milano 1979 [ma *copyright* 1980], (seconda ed., C.U.E.C.M., Catania 1985) e L. Pirandello, *Carteggi inediti con Ojetti-Albertini-Orvieto-Novaro-De Gubernatis-De Filippo*, Bulzoni, Roma

1980; due volumi a cura di E. Providenti: L. Pirandello, *Lettere da Bonn (1889-1891)*, Bulzoni, Roma 1984, e L. Pirandello, *Epistolario familiare giovanile (1886-1898)*, Le Monnier, Firenze 1986.

EDIZIONI DELLE NOVELLE

1. *Prime edizioni in volume, anteriori a «Novelle per un anno»*

Amori senza amore, Bontempelli, Roma 1894

Beffe della morte e della vita, Lumachi, Firenze 1902

Beffe della morte e della vita, seconda serie, Lumachi, Firenze 1903

Quand'ero matto..., Streglio, Torino 1902 (ma a p. 3 la data è 1903); n. ed. riv., Treves, Milano, 1919, Collezione «Le Spighe», n. 17

Bianche e nere, Streglio, Torino 1904

Erma bifronte, Treves, Milano 1906 (rist.: 1908, 1912, 1918)

La vita nuda, Treves, Milano 1910 (rist.: 1917)

Terzetti, Treves, Milano 1912 (rist.: 1913, 1915)

Le due maschere, Quattrini, Firenze 1914; n. ed. riv., con il titolo *Tu ridi*, Treves, Milano 1920

La trappola, Treves, Milano 1915

Erba del nostro orto, Studio Editoriale Lombardo, Milano 1915; Facchi, Milano 1919

E domani, lunedì..., Treves, Milano 1917

Un cavallo nella luna, Treves, Milano 1918, Collezione «Le Spighe», n. 5

Berecche e la guerra, Facchi, Milano 1919

Il carnevale dei morti, Battistelli, Firenze 1919; La Nuova Italia, Venezia 1928 (ristampa contro la volontà dell'autore)

2. Edizioni di «Novelle per un anno»

I. Raccolta in 15 volumi, di cui i primi 13 pubblicati da Bemporad e poi da Mondadori, gli ultimi due editi direttamente da Mondadori (raccolta Bemporad-Mondadori)

Scialle nero, Bemporad, Firenze 1922 (rist.: 1922, 1923, 1925); Mondadori, Milano 1932; n. ed. riv., Mondadori, Milano 1938

La vita nuda, Bemporad, Firenze 1922 (rist.: 1923, 1925); Mondadori, Milano 1935

La rallegrata Bemporad, Firenze 1922 (rist.: 1928); Mondadori, Milano 1934

L'uomo solo, Bemporad, Firenze 1922 (rist.: 1929); Mondadori, Milano 1934

La mosca, Bemporad, Firenze 1923; Mondadori, Milano 1932 (rist.: 1935)

In silenzio, Bemporad, Firenze 1923; Mondadori, Milano 1932 (rist.: 1935)

Tutt'e tre, Bemporad, Firenze 1924 (rist.: 1925, 1926); Mondadori, Milano 1935

Dal naso al cielo, Bemporad, Firenze 1925 (rist.: 1925); Mondadori, Milano 1933; n. ed. riv., Mondadori, Milano 1938

Donna Mimma, Bemporad, Firenze 1925; Mondadori, Milano 1934

Il vecchio Dio, Bemporad, Firenze 1926 (rist.: 1929); Mondadori, Milano 1934

La giara, Bemporad, Firenze 1928 (ma a p. IV, il *copyright* e la data di stampa sono del 1927, mentre la data 1928 è a p. III); Mondadori, Milano 1934

Il viaggio, Bemporad, Firenze 1928; Mondadori, Milano 1934

Candelora, Bemporad, Firenze 1928; Mondadori, Milano 1934

Berecche e la guerra, Mondadori, Milano 1934

Una giornata, Mondadori, Milano 1937

Si segnalano le principali edizioni successive:

II. Collezione «Omnibus»

Novelle per un anno, vol. I, Mondadori, Milano 1937 (comprende i primi otto volumi dell'edizione Bemporad-Mondadori)

Novelle per un anno, vol. II, Mondadori, Milano 1938 (comprende i volumi dal IX al XV dell'edizione Bemporad-Mondadori)

Per questa raccolta in due volumi, Pirandello aveva iniziato un'ulteriore, accurata revisione di tutte le novelle, revisione interrotta dalla morte dopo soli cinque volumi, non cronologicamente ordinati, che corrispondevano al terzo (*La rallegrata*), quarto (*L'uomo solo*), quinto (*La mosca*), nono (*Donna Mimma*) e dodicesimo (*Il viaggio*). Aveva, inoltre, corretto, ma solo in parte, una novella da lui molto amata, *Pena di vivere così*, della raccolta *In silenzio*.

In appendice a ciascuno dei due volumi «Omnibus», Angelo Sodini riportava un apparato variantistico, limitato tuttavia solo alle principali modifiche definitivamente apportate dall'autore.

Le raccolte *Scialle nero* e *Dal naso al cielo* – prima e ottava dell'edizione Bemporad-Mondadori – erano qui accolte, nel primo volume, secondo l'ultima (ma solo lievemente variata) revisione licenziata per la stampa da Pirandello: cfr., sopra, delle due citate raccolte, le nuove edizioni rivedute del 1938.

Inoltre, in appendice al secondo volume «Omnibus», erano aggiunte, a cura di Manlio Lo Vecchio Musti, ventun novelle non incluse nell'edizione Bemporad-Mondadori: nove «da antichi volumi anteriori al 1922» – fra cui, quindi, l'intero volume *Amori senza amore* –, undici pubblicate «in rassegne e giornali» e una inedita (*Sgombero*).

Tra il 1947 e il 1949 appare una nuova edizione «Omnibus», divisa stavolta in quattro volumi.

III. Collezione «I classici contemporanei italiani»

Novelle per un anno, Prefazione di C. Alvaro. *Cronologia della vita e delle opere di Luigi Pirandello* a cura di M. Lo Vecchio Musti, vol. I, Mondadori, Milano 1956 (coincide con il primo volume della collezione «Omnibus»)

Novelle per un anno, vol. II, Mondadori, Milano 1957 (coincide col secondo volume della collezione «Omnibus»)

Dopo alcune ristampe, la sesta edizione ne «I classici contemporanei italiani» (1966) arricchisce l'appendice già di ventun novelle estravaganti con altri sei racconti recuperati da Manlio Lo Vecchio Musti. L'ottava edizione (1969) aggiunge, sempre all'appendice, ancora tre novelle ritrovate dal medesimo curatore.

IV. Collezione «I Meridiani»

Novelle per un anno, a cura di M. Costanzo. *Premessa* di G. Macchia, vol. I, tomi 2, Mondadori, Milano 1985 (comprende le raccolte *Scialle nero, La vita nuda, La rallegrata, L'uomo solo, La mosca*)

Novelle per un anno, a cura di M. Costanzo. *Introduzione* di G. Macchia, vol. II, tomi 2, Mondadori, Milano 1987 (comprende le raccolte *In silenzio, Tutt'e tre, Dal naso al cielo, Donna Mimma, Il vecchio Dio*)

Novelle per un anno, a cura di M. Costanzo. *Premessa* di G. Macchia, vol. III, tomi 2, Mondadori, Milano 1990 (comprende le raccolte *La giara, Il viaggio, Candelora, Berecche e la guerra, Una giornata,* e un'*Appendice* di 26 racconti esclusi dal *corpus* delle *Novelle per un anno*)

Una dettagliata storia testuale delle novelle pirandelliane è ricostruita nell'*Avvertenza* di Mario Costanzo in *Novelle per un anno*, vol. I, t. II, pp. 1055-1061. Nel medesimo tomo, alle pp. 1071-1094, sono riprodotte *Prefazioni, Note, Avvertenze* dell'autore o di curatori, presenti in precedenti edizioni di *Novelle per un anno*, mentre alle pp. 1095-1108, sono raccolte *«Tracce» di novelle incompiute* e due ulteriori racconti estravaganti: *Pianto segreto*, pubblicata in «Il Marzocco», 12 luglio 1903, e *I muricciuoli, un fico, un uccellino*, pubblicata in «Corriere della Sera», 18 ottobre 1931. Quest'ultima, tuttavia, come avverte lo stesso Costanzo in una *Giunta* all'apparato nel secondo tomo del terzo volume, sarebbe stata scritta, probabilmente su una traccia datagli dal padre, da Stefano Pirandello: la testimonianza, sulla base di lettere familiari, è del figlio di Stefano, Andrea.

Altre edizioni di *Novelle per un anno* sono nelle collezioni mondadoriane «B.M.M.» e «Oscar», in volumi singoli.

Da segnalare, inoltre, nella serie «Oscar oro», la recente edizione del volume *Amori senza amore*, a cura e con introduzione di G. Macchia, Mondadori, Milano 1989. Sono stati qui infatti raccolti i racconti sparsi, esclusi dalle *Novelle per un anno*, estendendo a tutti il titolo tratto dalla prima raccolta pirandelliana del 1894, poi non riunita nel *corpus*.

Gli stessi racconti sono ora anche raccolti nella citata *Appendice* al terzo volume, tomo II, di *Novelle per un anno* nell'edizione per «I Meridiani», con l'esclusione di *Giorno di pioggia* e *L'uomo di tutte le donne*, già compresi nel primo volume, tomo II, nella sezione *«Tracce» di novelle incompiute*, e di *Pianto segreto* e *I muricciuoli, un fico, un uccellino* che compaiono nello stesso volume e tomo tra i *Testi estravaganti*.

3. *Prime edizioni delle novelle di «La giara» (1928)*

La giara: in «Corriere della Sera», 20 ottobre 1909; in *Terzetti*, 1912.

La cattura: in «Aprutium», 1918 (numero straordinario dedicato alle Armate di Terra, del Cielo e del Mare); in *Il carnevale dei morti*, 1919.

Guardando una stampa: in «Rivista di Roma», a. IX, n. XXIV, 25 dicembre 1905 e a. XI, n. II, 25 gennaio 1906 (col titolo *Allegri!*). Il nuovo titolo, *Guardando una stampa*, appare nella nuova stesura della novella per la raccolta del 1928.

La paura del sonno: in «Psiche», 19 gennaio 1896 (col titolo *L'albero di fico*); in «Roma letteraria», 25 marzo 1900 (col titolo definitivo *La paura del sonno*); in *Beffe della morte e della vita*, 1902.

La Lega disciolta: in «Corriere della Sera», 6 giugno 1910 (col titolo *La lega disciolta*); in *Terzetti*, 1912. La maiuscola nel titolo (*Lega*) appare nella redazione della novella per la raccolta del 1928.

La morta e la viva: in «Rassegna contemporanea», novembre 1910; in *Terzetti*, 1912.

Un'altra allodola: in «La Tribuna», 17 luglio 1897; in *Quand'ero matto...*, 1902.

Richiamo all'obbligo: in «Il Ventesimo», 10 giugno 1906; in *Terzetti*, 1912.

Pensaci, Giacomino!: in «Corriere della Sera», 23 febbraio 1910; in *Terzetti*, 1912.

Non è una cosa seria: in «Corriere della Sera», 7 gennaio 1910; in *Terzetti*, 1912.

Tirocinio: in «Il Marzocco», 22 ottobre 1905.

L'illustre estinto: in «La lettura», novembre 1909; in *Terzetti*, 1912.

Il guardaroba dell'eloquenza: in «Rassegna contemporanea», febbraio 1908; in *Erba del nostro orto*, 1915 (col nuovo titolo *Il commesso pensatore o La guardaroba dell'eloquenza*). Il titolo ritorna a essere *Il guardaroba dell'eloquenza* nella redazione per la raccolta del 1928.

Pallottoline!: in «L'illustrazione italiana», 6 marzo 1898; in *Quand'ero matto...*, 1902.

Due letti a due: in «Il Marzocco», 3 gennaio 1909; in *Terzetti*, 1912.

Dalla novella *La giara* Pirandello ha tratto l'atto unico dall'omonimo titolo, andato in scena per la prima volta, in dialetto siciliano e col titolo *'A giarra*, il 9 luglio 1917 per la Compagnia Angelo Musco al Teatro Nazionale di Roma. Dalla commedia è stato tratto anche un balletto, su musica di Alfredo Casella, messo in scena a Parigi, al Théâtre des Champs-Elysées, dalla Compagnia dei "Balli svedesi", il 19 novembre 1924.

Sempre da *La giara*, Giorgio Pàstina sceneggia e dirige l'episodio, dallo stesso titolo, del film *Questa è la vita* (1953-54), costruito tutto su novelle pirandelliane.

La giara, *La cattura* e *La Lega disciolta* sono tre delle tredici novelle che costituiscono il filmato televisivo *Il mondo di Pirandello* (1967-68), per la regia di Luigi Filippo d'Amico (cfr., in proposito, F. Càllari, *Pirandello e il cinema*, Marsilio, Venezia 1991, pp. 377-387, e p. 109 per la segnalazione di un progetto cinematografico di Alberto Lattuada da *La cattura* e *La Lega disciolta*).

Ancora *La giara* ispira un mediometraggio di produzione sovietica, *Kuvsin* (cfr. F. Càllari, *op. cit.*, p. 388), e l'omonimo episodio del film *Kaos* (1983-84) dei fratelli Paolo e Vittorio Taviani, con Ciccio Ingrassia nella parte di don Lollò e Franco Franchi in quella di Zi' Dima.

Da *Richiamo all'obbligo*, l'autore ha tratto *L'uomo, la bestia e la virtù*, «apologo in tre atti» rappresentato, per la prima volta, il 2 maggio 1919, al Teatro Olimpia di Milano dalla Compagnia Antonio Gandusio. Una riduzione cinematografica della commedia si ha, nel 1953, per la regia di Steno e la sceneggiatura di Steno e Vitaliano Brancati, con l'interpretazione di Totò, Orson Welles e Viviane Romance. Per altre opzioni cinematografiche sulla commedia, cfr. F. Càllari, *op. cit.*, p. 106.

Da *Pensaci, Giacomino!*, Pirandello ha ricavato la commedia dall'omonimo titolo, messa in scena per la prima volta, in dialetto siciliano, al Teatro Nazionale di Roma, il 10 luglio 1916 dalla Compagnia Angelo Musco. Per l'adattamento di Guglielmo Giannini e la regia di Gennaro Righelli, dalla commedia è stato quindi tratto il film dallo stesso titolo (1936-37), interpretato ancora da Angelo Musco.

Da *Non è una cosa seria*, unitamente alla novella *La signora Speranza*, che ne è la prima, diversa, e molto più ampia redazione, e che, apparsa nella seconda serie delle *Beffe della morte della vita* (1903), non fu più ripubblicata, Pirandello ha tratto la commedia *Ma non è una cosa seria*, data, in prima rappresentazione, il 22 novembre 1918, al Teatro Rossini di Livorno dalla Compagnia Emma Gramatica.

Dalla commedia è stato quindi tratto, nel 1920, per l'adattamento di Arnaldo Frateili, il film *Ma non è una cosa seria*, diretto da Augusto Camerini. Del 1935-36 su adattamento di Mario Camerini, Mario Soldati e Ercole Patti, e sempre per la regia di Camerini, è una nuova versione cinematografica di *Ma non è una cosa seria*, interpretato da Elisa Cegani e Vittorio De Sica. Una versione tedesca dello stesso film, dal titolo *Der Mann, der nicht nein sagen kann* (*L'uomo che non sa dire di no*) si ha nel 1937-38, con interpreti tedeschi e la supervisione, ma solo pro-forma, di Camerini. Nel 1964, per la regia e l'adattamento di Gianfranco Bettetini, è stato girato il film televisivo *Ma non è una cosa seria*, interpretato da Valentina Fortunato, Giulio Bosetti e Turi Ferro.

Alla commedia si interessò anche, nell'estate 1930, Joe May, regista viennese d'operette. Per queste, e altre notizie, cfr. F. Càllari, *op. cit.*, pp. 93-94, pp. 294-297, pp. 326-332 e pp. 374-376.

La novella del 1903, *La signora Speranza*, si può ora leggere, tra l'altro, nell'*Appendice*, a cura di Mario Costanzo, dell'edizione per «I Meridiani» di *Novelle per un anno*, vol. III, t. II, o nel già citato volume di novelle sparse, edito nel 1989 da Mondadori e curato da Giovanni Macchia, col titolo *Amori senza amore*.

Per il personaggio di Perazzetti della novella *Non è una cosa seria*, si veda anche la novella del 1914, *Zuccarello distinto melodista*, compresa nella raccolta *Candelora*.

Da *Tirocinio*, Pirandello ha ricavato la commedia *Il piacere dell'onestà*, rappresentata per la prima volta il 27 novembre 1917, al Teatro Carignano di Torino dalla Compagnia Ruggero Ruggeri. Per le opzioni cinematografiche sulla commedia e per una sceneggiatura del 1939 conservata nell'Archivio Pirandello, cfr. F. Càllari, *op. cit.*, p. 99.

BIBLIOGRAFIA CRITICA

1. Biografia

F.V. Nardelli, *L'uomo segreto. Vita e croci di Luigi Pirandello*, Mondadori, Milano 1932, e ora, col titolo *Pirandello l'uomo segreto*, con prefazione di M. Abba, Bompiani, Milano 1986.

G. Giudice, *Luigi Pirandello*, Torino, Utet, 1963.

E. Lauretta, *Luigi Pirandello. Storia di un personaggio «fuori di chiave»*, Mursia, Milano 1980.

M. L. Aguirre d'Amico, *Vivere con Pirandello*, Mondadori, Milano 1989 (ma alla stessa Aguirre d'Amico, nipote di Pirandello, si deve inoltre la cura di un'ampia iconografia pirandelliana: *Album di famiglia di Luigi Pirandello*, con una nota di L. Sciascia, Sellerio, Palermo 1979).

2. Bibliografia e storia della critica

Per la bibliografia della critica:

A. Barbina, *Bibliografia della critica pirandelliana 1889-1961*, Le Monnier, Firenze 1967.

C. Donati, *Bibliografia della critica pirandelliana 1962-1981* [ma con un'appendice relativa agli anni 1982-1984], La Ginestra, Firenze 1986.

Per aggiornamenti critici, si vedano oltre alla *Nota bibliografica* al volume di P. Mensi, *La lezione di Pirandello*, Le Monnier, Firenze 1974 (pp. 120-152) e alla *Bibliografia*, relativa agli anni 1982-1990, curata da Mario Costanzo per l'edizione di *Novelle per un anno* nei «Meridiani» (vol.

III, t. II, pp. 1495-1504), le *Schede bibliografiche* presenti nella «Rivista di studi pirandelliani», semestrale del Centro nazionale di studi pirandelliani di Agrigento, diretta da N. Borsellino e pubblicata a Palermo da Palumbo, e il *Taccuino pirandelliano* che appare nella rivista di drammaturgia «Ariel», quadrimestrale dell'Istituto di studi pirandelliani e sul Teatro italiano contemporaneo di Roma, diretta da A. Barbina e pubblicata a Roma da Bulzoni.

Per la storia della critica:

S. Monti, *Pirandello*, Palumbo, Palermo 1974.
G. Ferroni, *Luigi Pirandello*, in *I classici italiani nella storia della critica*, a cura di W. Bini, III, La Nuova Italia, Firenze 1977.

3. *Volumi e saggi monografici di inquadramento generale*

A. Leone de Castris, *Storia di Pirandello*, Laterza, Bari 1962.
G. Macchia, *Luigi Pirandello*, in *Storia della letteratura italiana*, IX, *Il Novecento*, Garzanti, Milano 1969, una cui stesura accresciuta è in *La caduta della luna*, Mondadori, Milano 1973 e, poi, in *Pirandello o la stanza della tortura*, ivi, 1981, che comprende altri interventi pirandelliani di Macchia, quasi tutti datati 1980.
L. Lugnani, *Pirandello. Letteratura e teatro*, La Nuova Italia, Firenze 1970.
R. Alonge, *Pirandello tra realismo e mistificazione*, Guida, Napoli 1972.
J. M. Gardair, *Pirandello, fantasmes et logique du double*, Larousse, Paris 1972 (ed. ital.: *Pirandello e il suo doppio*, Abete, Roma 1977).
N. Borsellino, *Ritratto di Pirandello*, Laterza, Bari 1983.
E. Gioanola, *Pirandello la follia*, Il Melangolo, Genova 1983.

S. Costa, *Pirandello*, in *Storia letteraria d'Italia*, nuova ed. a cura di A. Balduino, *Il Novecento*, a cura di G. Luti, t. I, Vallardi, Milano 1989.

4. *Formazione e cultura*

F. Rauhut, *Der junge Pirandello oder das Werden eines existentiellen Geistes*, C. H. Beck, München 1964.

G. Andersson, *Arte e teoria. Studi sulla poetica del giovane Luigi Pirandello*, Almqvist & Wiksell, Stockholm 1966.

M. Pomilio, *La formazione critico-estetica di Pirandello*, Liguori, Napoli 1966, poi Ferri, L'Aquila 1980.

R. Barilli, *Pirandello e la culturologia* [1970], in *Pirandello. Una rivoluzione culturale*, Mursia, Milano 1986.

C. Vicentini, *L'estetica di Pirandello*, Mursia, Milano 1970; nuova ediz. aggiornata, ivi, 1985.

G. Ferroni, *Il comico nelle teorie contemporanee*, Bulzoni, Roma 1974.

Pirandello e la cultura del suo tempo, a cura di S. Milioto ed E. Scrivano, Mursia, Milano 1984 (che raccoglie gli atti del convegno di Agrigento del dicembre 1983).

Pirandello e la Germania, a cura di G. Pennica, Palumbo, Palermo 1984 (che raccoglie gli atti del convegno di Palermo dell'aprile 1984).

5. *Lingua e stile*

M. Guglielminetti, *Il soliloquio di Pirandello*, in *Struttura e sintassi del romanzo italiano del primo novecento*, Silva, Milano 1964; nuova ediz. ampliata, col titolo *Il romanzo del Novecento italiano. Strutture e sintassi*, Editori Riuniti, Roma 1986.

B. Terracini, *Le «Novelle per un anno» di Luigi Pirandello*, in *Analisi stilistica. Teoria, storia, problemi*, Feltrinelli, Milano 1966.

G. Contini, *Luigi Pirandello*, in *Letteratura dell'Italia unita 1861-1968*, Sansoni, Firenze 1968.

A. Pagliaro, *Teoria e prassi linguistica di Pirandello*, in «Bollettino del centro studi filologici e linguistici siciliani», X, 1968.

G. Sinicropi, *L'espressione pre-grammaticale in Pirandello*, in «Lingua nostra», XXXIV, 1973.

G. Nencioni, *Parlato-parlato, parlato-scritto, parlato-recitato*, in «Strumenti critici», X, 1976, n. 29, e *L'interiezione nel dialogo teatrale di Pirandello*, in «Studi di grammatica italiana», VI, 1977, poi in *Tra grammatica e retorica. Da Dante a Pirandello*, Einaudi, Torino 1983.

M. L. Altieri Biagi, *La lingua in scena: dalle novelle agli atti unici*, in *Gli atti unici di Pirandello (tra narrativa e teatro)*, Atti del V Convegno internazionale di studi pirandelliani, a cura di S. Milioto, Edizioni del Centro nazionale di studi pirandelliani, Agrigento, 1978, poi, con il titolo *Pirandello dalla scrittura narrativa alla scrittura scenica*, in *La lingua in scena*, Zanichelli, Bologna 1980.

F. Pavone, *Italiano regionale in Pirandello novelliere*, in *Il «Gulli e Pennisi» (1885-1985)*, Galatea Editrice, Acireale, 1986.

S. C. Sgroi, *Per la lingua di Pirandello e Sciascia*, con *Prefazione* di G. Nencioni, Sciascia, Caltanissetta-Roma, 1990.

6. *Le novelle*

Per la cronologia delle novelle, si veda la *Bibliografia* curata da Manlio Lo Vecchio Musti nel volume pirandelliano di *Saggi, poesie, scritti varii*, cit., pp. 1295-1309.

Precisazioni e integrazioni provengono da A. Navarria, *Giunte alla bibliografia di Pirandello*, in «Siculorum Gymnasium», n. s., 1950, n. 1-2; dalla bibliografia delle opere pirandelliane apprestata da Franz Rauhut nel suo *Der junge Pirandello*, cit., pp. 443-472, e dalle *Note di bibliografia sulle opere giovanili di Luigi Pirandello* di Elio Providenti, in «Belfagor», 1968, n. 6.

Inoltre, l'apparato variantistico curato da Mario Co stanzo, per l'edizione delle *Novelle per un anno* nella collana «I Meridiani», ricostruisce la mappa delle prime pubblicazioni.

Interventi e saggi critici specificamente dedicati alle novelle o di particolare interesse per lo spazio e i riferimenti riservati al Pirandello novelliere:

L. Russo, *Luigi Pirandello*, in *I narratori*, Fondazione Leonardo, Roma 1923 (III ediz. ampliata, Principato, Milano-Messina 1958): a questo profilo, in cui si dava maggior credito al novelliere rispetto al drammaturgo, si aggiungano *Il noviziato letterario di Luigi Pirandello* [1946], in *Ritratti e disegni storici*, serie IV, Laterza, Bari 1953, e *Pirandello e la provincia metafisica*, in «Belfagor», 1960, n. 4.

A. Janner, *Pirandello novelliere*, in «Rassegna nazionale», giugno 1932, e il paragrafo su *Le novelle* nel suo *Luigi Pirandello*, La Nuova Italia, Firenze 1948.

A. D'Andrea, *Pirandello novelliere*, in «Leonardo», settembre 1937.

L. Cremonte, *Pirandello novelliere*, in «La Nuova Italia», 20 settembre e 20 dicembre 1935.

G. Petronio, *Pirandello novelliere e la crisi del realismo*, Lucentia, Lucca 1950.

C. Alvaro, *Prefazione* a L. Pirandello, *Novelle per un anno*, vol. I, Mondadori, Milano 1956.

L. Sciascia, *Pirandello e la Sicilia*, Sciascia, Caltanissetta-Roma 1961.

E. Pesce, *La faccia della luna nelle novelle di Pirandello*, in «Nuova Antologia», 1962, n. 484.

R. Barilli, *Le novelle di Pirandello*, in *La barriera del naturalismo*, Mursia, Milano 1964, poi in *Pirandello. Una rivoluzione culturale*, cit.

N. Jonard, *L'amour, la femme et la société dans l'œuvre narrative de Pirandello*, in «Revue des Etudes Italiennes», 1966, n. 1.

Atti del Congresso internazionale di studi pirandelliani (2-5 ottobre 1961), Le Monnier, Firenze 1967 (fra cui, oltre all'intervento d'apertura di S. Battaglia, *Pirandello narratore*, sono da vedere, per le novelle, F. Fido, *Una novella «siciliana» di Pirandello e i suoi rapporti col verismo*; G. Grana, *De Roberto e Pirandello*; E. Mazzali, *Nota sulla struttura della novella pirandelliana*; F. Puglisi, *Il dialetto siciliano nella lingua di Pirandello*; L. Sciascia, *Dialettalità di Pirandello*; B. Terracini, *Considerazioni sullo stile delle novelle di Pirandello*; J. H. Whitfield, *La metamorfosi della novella*).

Z. Tillona, *La morte nelle novelle di Pirandello*, in A. Hommage to Pirandello in the First Centennial of His Birth, in «Forum Italicum», 1967, n. 4.

C. Perrus, *Les nouvelles de Pirandello*, in *Pirandello 1867-1967*, a cura di G. Genot, Minard Lettres Modernes, Paris 1968.

E. Siciliano, *Per alcune novelle di Pirandello*, in «Nuovi Argomenti», luglio-settembre 1968, poi, con il titolo *L'abuso del novelliere: Pirandello*, in *Autobiografia letteraria*, Garzanti, Milano 1970.

G. Piroué, *Pirandello conte▪▪*. Introduzione a L. Pirandello, *Nouvelles pour une année*, vol. I, Gallimard, Paris 1972, e *Pirandello, sicilien de naissance*. Introduzione a L. Pirandello, *Nouvelles pour une année*, vol. II, ivi, 1973.

E. Mirmina, *Pirandello novelliere*, Longo, Ravenna 1973.

G. Guglielmi, *Mondo di carta*, in *Ironia e negazione*, Einaudi, Torino 1974.

E. Villa, *La sintesi nvellistica*, in *Dinamica narrativa di Luigi Pirandello*, Liviana, Padova 1976.

G. Luti, *Il ruolo degli atti unici nel teatro di Pirandello*, in *Gli atti unici di Pirandello (tra narrativa e teatro)*, cit., poi in *Letteratura e società tra Otto e Novecento*, Vita e Pensiero, Milano 1979.

Le novelle di Pirandello, Atti del VI Convegno internazionale di studi pirandelliani, a cura di S. Milioto, Edizioni del Centro nazionale di studi pirandelliani, Agrigento, 1980 (con interventi di E. Lauretta; J. Moestrup; A. Illiano; G. Andersson; L. Klem; C. Van der Voort; F. Firth; M. Strong Cincotta; R. S. Dombroski; F. Zangrilli; A. Alessio; S. Zappulla Muscarà; G. Petronio; U. Schulz Buschhaus; M. Rossner; L. Lugnani – L. Carotti – S. Delaimo – G. Goggi – A. Ricciardi – A. L. Turrini; M. Baratto).

G. Pirodda, *Il relativismo pirandelliano nelle «Novelle per un anno». Ideologia e forma narrativa*, in *Letteratura e società. Scritti di italianistica e di critica letteraria per il XXV anniversario dell'insegnamento universitario di Giuseppe Petronio*, tomo II, Palumbo, Palermo 1980.

A. M. Scarcella, *Pirandello novelliere e l'antico*, in «Rivista di studi pirandelliani», 1980, n. 6.

R. Salsano, *Pirandello novelliere e Leopardi*, Lucarini, Roma 1980.

I. Nardi, *Animali allegorici e animali simbolici nelle novelle di Pirandello*, in «Inventario», 1981, n. 2.

S. Costa, *L'arte crudele del saltimbanco*, in *Ricerche su Pirandello*, a cura di G. Luti, Gutenberg, Verona 1982.

G. Cerina, *Pirandello e la scienza della fantasia. Mutazioni del procedimento nelle «Novelle per un anno»*, ETS, Pisa 1983.

N. Mineo, *La dissoluzione dell'«ordinario» e il progetto nella prima novellistica pirandelliana*, in *Indagini otto-novecentesche. Miscellanea di studi in onore di Vittore Branca*, V, Olschki, Firenze 1983.

F. Zangrilli, *L'arte novellistica di Pirandello*, Longo, Ravenna 1983.

F. Càllari, *Pirandello soggettista e sceneggiatore di cinema*, in *Pirandello e la cultura del suo tempo*, cit., e, sempre di F. Càllari, *Pirandello e il cinema. Con una raccolta com-*

pleta degli scritti teorici e creativi, Marsilio, Venezia 1991.

C. Van der Voort, *Il racconto rifiutato*, Amsterdam, Università di Amsterdam, 1984.

S. Blazina, *L'epilogo e la novella: Verga, D'Annunzio, Pirandello*, in Teoria e storia dei generi letterari, vol. I, *Metamorfosi della novella*, a cura di G. Bárberi Squarotti, Bastogi, Foggia 1985.

A. M. Golfieri, *Religione e no nelle «Novelle per un anno» di Pirandello*, ivi.

P. Grossi, *L'iperbole e l'enfasi: note sulla novellistica di Pirandello*, ivi.

E. Bonora, *Le «Novelle per un anno»*, in «Cultura e scuola», luglio-settembre 1986, poi, col titolo *Sulle «Novelle per un anno»*, in *Montale e altro novecento*, Sciascia, Caltanissetta-Roma, 1989.

L. Lugnani, *L'infanzia felice e altri saggi su Pirandello*, Liguori, Napoli 1986 (ma a Lugnani già si doveva una sistematica indagine sul *corpus* novellistico, testimoniata dal lavoro di gruppo da lui diretto, *Dalla raccolta al corpus*, nel citato volume di atti del 1980, *Le novelle di Pirandello*).

A.P. Mundula, *Pirandello e le violazioni del proibito. Studio sulla novellistica pirandelliana*, Lucarini, Roma 1986.

G. Cappello, *Quando Pirandello cambia titolo: occasionalità o strategia?*, Mursia, Milano 1986.

N. Borsellino, *Su. testo delle «Novelle per un anno»: redazioni e variazioni*, in *Pirandello 1986*, Atti del Simposio internazionale (Università di California, Berkeley, 13-15 marzo 1986), a cura di G. P. Biasin e N. J. Perella, Bulzoni, Roma 1987.

S. C. Trovato, *Per una tipologia della toponomastica agrigentina nelle «Novelle per un anno» di Luigi Pirandello*, in «Siculorum Gymnasium», gennaio-dicembre 1987.

F. Zangrilli, *La composizione della novella pirandelliana*, in «Letteratura italiana contemporanea», settembre-dicembre 1987.

P. Agostini, *Lo spazio della notte. Pirandello: le novelle, il simbolo*, Cesati, Firenze 1988.

G. Bárberi Squarotti, *La lezione di Amleto: la poesia come specchio di se stessa*, in *Il sogno della letteratura*, Angeli, Milano 1988.

Giornata di studi nel primo cinquantenario della morte di Luigi Pirandello. 7 maggio 1987. II Università di Roma, Regione Lazio, 1988 (con, tra l'altro, un saggio sulla titolazione delle novelle di F. Fido, *Un autore in cerca di titoli: tattiche e suggestioni titolistiche nelle «Novelle per un anno»*, e un intervento sulla poetica pirandelliana di R. Salina Borello, *Le soddisfazioni dell'arte*).

B. Basile, *Oltre la morte, con Pirandello*, in «Filologia e critica», maggio-agosto 1989.

P. D. Giovanelli, *La forma inquieta del corpo come inciampo dell'anima in Pirandello*, in «Filologia e critica», settembre-dicembre 1989, e *Segni della lingua, segni del corpo nella poetica pirandelliana*, in «Il Castello di Elsinore», 1990, n. 7.

M. Guglielminetti, *L'interpretazione delle «Novelle per un anno»*, in *Benvenuto Terracini nel centenario della nascita*, Atti del Convegno Torino, 5-6 dicembre 1986, a cura di E. Soletti, Edizioni dell'Orso, Alessandria 1989.

«Le forme e la storia», n.s., I (1989), n. 1 (con i seguenti saggi sulle novelle pirandelliane: M. Tropea, *Intrecci e temi della novellistica di Pirandello: dal 1884 al 1902*; F. Gioviale, *Alle origini della novella pirandelliana: "Amori senza amore"*; N. Mineo, *Interpretazione di "Marsina stretta"*; G. Ferroni, *"Beffe della morte e della vita": all'origine della novella pirandelliana*).

G. Macchia, *Introduzione* a L. Pirandello, *Amori senza amore*, Mondadori, Milano 1989 (ma di Macchia si vedano anche le citate introduzioni ai tre volumi di *Novelle per un anno* nella collezione «I Meridiani»).

S. Micheli, *Pirandello in cinema. Da "Acciaio" a "Káos"*, Bulzoni, Roma 1989.

«Rivista di studi pirandelliani», terza serie, giugno 1989,

n. 2. (con i seguenti saggi sulle novelle pirandelliane: D. Della Terza, *Pirandello dalla novella al teatro: tecniche del racconto e itinerario della rappresentazione scenica*; P. Milone, *Dire il silenzio. La bi-logica delle "Novelle per un anno"*; L. Brandi, *Vaghezza e tecnicità della parola in Pirandello: il caso della derivazione*; C. Barbarulli-A. Benedetti-U. Ceccoli, *Il mondo dello zolfo nelle «Novelle per un anno»: tra lessico e forma*; C. Cazalé Bérard, *Tempo, Azione, Idendità: costanti narrative nella raccolta «Scialle nero»*, e, relativo anche alle novelle, il breve intervento di L. Sedita, *Censimenti pirandelliani: preti & monache*).

P. Tuscano, *Le «Novelle per un anno»*, in *L'identità impossibile. L'opera di Luigi Pirandello*, Loffredo, Napoli 1989.

7. *Bibliografia critica su alcune novelle della raccolta «La giara»*

F. Fido, *Una novella "siciliana" di Pirandello e i suoi rapporti col verismo* [su *La cattura*], in *Atti del Congresso internazionale di studi pirandelliani (2-5 ottobre 1961)*, cit., poi in *Le metamorfosi del centauro. (Studi e letture da Boccaccio a Pirandello)*, Bulzoni, Roma 1977.

J. Blanquat, *D'une jarre à un moulin à vent*, in «Revue de littérature comparée» [sulla novella *La giara*], XL, 1966, n. 2.

T. Santilli, *Struttura e varianti nelle giare di Luigi Pirandello*, in «Pensiero e scuola», III, 1967, n. 4.

C. Perrus, *Les modes du récit dans la nouvelle «Non è una cosa seria»*, in «Revue des Etudes Italiennes», XIV, 1968, n. 1.

D. De Camilli, *Leopardismo pirandelliano*, in *Studi in onore di Alberto Chiari*, vol. I, Paideia, Brescia 1973 [tra l'altro, sulla novella *Pallottoline!*].

E. Ferrario, *L'illustre estinto. (Una novella di Pirandello)*, in «Annali dell'Istituto di Filologia Moderna dell'Università di Roma», 1977.

A. Camilleri, *Le cosiddette quattro storie girgentane: «Lumie di Sicilia», «L'altro figlio», «La giara», e la «Sagra del Signore della nave»*, in *Gli atti unici di Pirandello (tra narrativa e teatro)*, cit.

L. Klem, *Da novelle in commedia. Trasformazioni tematiche e formali del materiale di «Ma non è una cosa seria»*, in *Le novelle di Pirandello*, Atti del VI Convegno internazionale di studi pirandelliani, cit.

G. Lonardi, *Leopardismo. Tre saggi sugli usi di Leopardi dall'Otto al Novecento*, Sansoni, Firenze 1990 [se ne vedano le pp. 110-114, sulla novella *Pallottoline!* e i relativi influssi leopardiani].

LA GIARA

LA GIARA

Piena anche per gli olivi, quell'annata. Piante massaje, cariche l'anno avanti, avevano raffermato tutte, a dispetto della nebbia che le aveva oppresse sul fiorire.

Lo Zirafa, che ne aveva un bel giro nel suo podere delle Quote a Primosole, prevedendo che le cinque giare vecchie di coccio smaltato che aveva in cantina non sarebbero bastate a contener tutto l'olio della nuova raccolta, ne aveva ordinata a tempo una sesta più capace a Santo Stefano di Camastra, dove si fabbricavano: alta a petto d'uomo, bella panciuta e maestosa, che fosse delle altre cinque la badessa.

Neanche a dirlo, aveva litigato anche col fornaciajo di là per questa giara. E con chi non la attaccava don Lollò Zirafa? Per ogni nonnulla, anche per una pietruzza caduta dal murello di cinta, anche per una festuca di paglia, gridava che gli sellassero la mula per correre in città a fare gli atti. Così, a furia di carta bollata e d'onorarii agli avvocati, citando questo, citando quello e pagando sempre le spese per tutti, s'era mezzo rovinato.

Dicevano che il suo consulente legale, stanco di vederselo comparire davanti due o tre volte la settimana, per levarselo di torno, gli aveva regalato un libricino come quelli da messa: il codice, perché si scapasse a cercare da sé il fondamento giuridico alle liti che voleva intentare.

Prima, tutti coloro con cui aveva da dire, per prenderlo in giro gli gridavano: – Sellate la mula! – Ora, invece: – Consultate il calepino!

E don Lollò rispondeva:

– Sicuro, e vi fulmino tutti, figli d'un cane!

Quella giara nuova, pagata quattr'onze ballanti e sonanti, in attesa del posto da trovarle in cantina, fu allogata provvisoriamente nel palmento. Una giara così non s'era mai veduta. Allogata in quell'antro intanfato di mosto e di quell'odore acre e crudo che cova nei luoghi senz'aria e senza luce, faceva pena.

Da due giorni era cominciata l'abbacchiatura delle olive, e don Lollò era su tutte le furie perché, tra gli abbacchiatori e i mulattieri venuti con le mule cariche di concime da depositare a mucchi su la costa per la favata della nuova stagione, non sapeva più come spartirsi, a chi badar prima. E bestemmiava come un turco e minacciava di fulminare questi e quelli, se un'oliva, che fosse un'oliva, gli fosse mancata, quasi le avesse prima contate tutte a una a una su gli alberi; o se non fosse ogni mucchio di concime della stessa misura degli altri. Col cappellaccio bianco, in maniche di camicia, spettorato, affocato in volto e tutto sgocciolante di sudore, correva di qua e di là, girando gli occhi lupigni e stropicciandosi con rabbia le guance rase, su cui la barba prepotente rispuntava quasi sotto la raschiatura del rasojo.

Ora, alla fine della terza giornata, tre dei contadini che avevano abbacchiato, entrando nel palmento per deporvi le scale e le canne, restarono alla vista della bella giara nuova, spaccata in due, come se qualcuno, con un taglio netto, prendendo tutta l'ampiezza della pancia, ne avesse staccato tutto il lembo davanti.

– Guardate! guardate!

– Chi sarà stato?

– Oh mamma mia! E chi lo sente ora don Lollò? La giara nuova, peccato!

Il primo, più spaurito di tutti, propose di raccostar subito la porta e andare via zitti zitti, lasciando fuori, appoggiate al muro, le scale e le canne. Ma il secondo:

– Siete pazzi? Con don Lollò? Sarebbe capace di credere che gliel'abbiamo rotta noi. Fermi qua tutti!

Uscì davanti al palmento e, facendosi portavoce delle mani, chiamò:

– Don Lollò! Ah, don Lollòoo!

Eccolo là sotto la costa con gli scaricatori del concime: gesticolava al solito furiosamente, dandosi di tratto in tratto con ambo le mani una rincalcata al cappellaccio bianco. Arrivava talvolta, a forza di quelle rincalcate, a non poterselo più strappare dalla nuca e dalla fronte. Già nel cielo si spegnevano gli ultimi fuochi del crepuscolo, e tra la pace che scendeva su la campagna con le ombre della sera e la dolce frescura, avventavano i gesti di quell'uomo sempre infuriato.

– Don Lollò! Ah, don Lollòoo!

Quando venne su e vide lo scempio, parve volesse impazzire. Si scagliò prima contro quei tre; ne afferrò uno per la gola e lo impiccò al muro, gridando:

– Sangue della Madonna, me la pagherete!

Afferrato a sua volta dagli altri due, stravolti nelle facce terrigne e bestiali, rivolse contro se stesso la rabbia furibonda, sbatacchiò a terra il cappellaccio, si percosse le guance, pestando i piedi e sbraitando a modo di quelli che piangono un parente morto.

– La giara nuova! Quattr'onze di giara! Non incignata ancora!

Voleva sapere chi gliel'avesse rotta! Possibile che si fosse rotta da sé? Qualcuno per forza doveva averla rotta, per infamità o per invidia! Ma quando? ma come? Non si vedeva segno di violenza! Che fosse arrivata rotta dalla fabbrica? Ma che! Sonava come una campana!

Appena i contadini videro che la prima furia gli era caduta, cominciarono a esortarlo a calmarsi. La

giara si poteva sanare. Non era poi rotta malamente.
Un pezzo solo. Un bravo conciabrocche l'avrebbe
rimessa su, nuova. C'era giusto Zi' Dima Licasi, che
aveva scoperto un mastice miracoloso, di cui serbava
gelosamente il segreto: un mastice, che neanche il
martello ci poteva, quando aveva fatto presa. Ecco:
se don Lollò voleva, domani, alla punta dell'alba, Zi'
Dima Licasi sarebbe venuto lì e, in quattro e quattr'otto, la giara, meglio di prima.

Don Lollò diceva di no, a quelle esortazioni: ch'e-
ra tutto inutile; che non c'era più rimedio; ma alla fine si lasciò persuadere, e il giorno appresso, all'alba,
puntuale, si presentò a Primosole Zi' Dima Licasi
con la cesta degli attrezzi dietro le spalle.

Era un vecchio sbilenco, dalle giunture storpie e
nodose, come un ceppo antico d'olivo saraceno. Per
cavargli una parola di bocca ci voleva l'uncino. Mutria, o tristezza radicate in quel suo corpo deforme;
o anche sconfidenza che nessuno potesse capire e
apprezzare giustamente il suo merito d'inventore
non ancora patentato. Voleva che parlassero i fatti,
Zi' Dima Licasi. Doveva poi guardarsi davanti e dietro, perché non gli rubassero il segreto.

– Fatemi vedere codesto mastice, – gli disse per
prima cosa don Lollò, dopo averlo squadrato a lungo, con diffidenza.

Zi' Dima negò col capo, pieno di dignità.

– All'opera si vede.

– Ma verrà bene?

Zi' Dima posò a terra la cesta; ne cavò un grosso fazzoletto di cotone rosso, logoro e tutto avvoltolato; prese a svolgerlo pian piano, tra l'attenzione
e la curiosità di tutti, e quando alla fine venne fuori un pajo d'occhiali col sellino e le stanghe rotte e
legati con lo spago, lui sospirò e gli altri risero. Zi'
Dima non se ne curò; si pulì le dita prima di pigliare gli occhiali; se li inforcò; poi si mise a esamina-

re con molta gravità la giara tratta su l'aja. Disse:

– Verrà bene.

– Col mastice solo però, – mise per patto lo Zirafa, – non mi fido. Ci voglio anche i punti.

– Me ne vado, – rispose senz'altro Zi' Dima, rizzandosi e rimettendosi la cesta dietro le spalle.

Don Lollò lo acchiappò per un braccio.

– Dove? Messere e porco, così trattate? Ma guarda un po' che arie da Carlomagno! Scannato miserabile e pezzo d'asino, ci devo metter olio, io, là dentro, e l'olio trasuda! Un miglio di spaccatura, col mastice solo? Ci voglio i punti. Mastice e punti. Comando io.

Zi' Dima chiuse gli occhi, strinse le labbra e scosse il capo. Tutti così! Gli era negato il piacere di fare un lavoro pulito, filato coscienziosamente a regola d'arte, e di dare una prova della virtù del suo mastice.

– Se la giara – disse – non suona di nuovo come una campana...

– Non sento niente, – lo interruppe don Lollò. – I punti! Pago mastice e punti. Quanto vi debbo dare?

– Se col mastice solo...

– Càzzica, che testa! – esclamò lo Zirafa. – Come parlo? V'ho detto che ci voglio i punti. C'intenderemo a lavoro finito: non ho tempo da perdere con voi.

E se n'andò a badare ai suoi uomini.

Zi' Dima si mise all'opera gonfio d'ira e di dispetto. E l'ira e il dispetto gli crebbero a ogni foro che praticava col trapano nella giara e nel lembo staccato per farvi passare il fil di ferro della cucitura. Accompagnava il frullo della saettella con grugniti a mano a mano più frequenti e più forti; e il viso gli diventava più verde dalla bile e gli occhi più aguzzi e accesi di stizza. Finita quella prima operazione, scagliò con rabbia il trapano nella cesta; applicò il lembo staccato alla giara per provare se i fori erano a egual distanza e in corrispondenza tra loro, poi con le tanaglie fece del fil di ferro tanti pezzetti quant'erano i punti che doveva dare, e chiamò per ajuto uno dei contadini che abbacchiavano.

– Coraggio, Zi' Dima! – gli disse quello, vedendogli la faccia alterata.

Zi' Dima alzò la mano a un gesto rabbioso. Aprì la scatola di latta che conteneva il mastice, e lo levò al cielo, scotendolo, come per offrirlo a Dio, visto che gli uomini non volevano riconoscerne la virtù: poi col dito cominciò a spalmarlo tutt'in giro al lembo staccato e lungo la spaccatura; prese le tanaglie e i pezzetti di fil di ferro preparati avanti, e si cacciò dentro la pancia aperta della giara, ordinando al contadino d'applicare il lembo alla giara, così come aveva fatto lui poc'anzi. Prima di cominciare a dare i punti:

– Tira! – disse dall'interno della giara al contadino. – Tira con tutta la tua forza! Vedi se si stacca più? Malanno a chi non ci crede! Picchia, picchia! Suona, sì o no, come una campana, anche con me qua dentro? Va', va' a dirlo al tuo padrone!

– Chi è sopra comanda, Zi' Dima, – sospirò il contadino, – e chi è sotto si danna! Date i punti, date i punti.

E Zi' Dima si mise a far passare ogni pezzetto di fil di ferro attraverso i due fori accanto, l'uno di qua e l'altro di là dalla saldatura; e con le tanaglie ne attorceva i due capi. Ci volle un'ora a passarli tutti. I sudori, giù a fontana, dentro la giara. Lavorando, si lagnava della sua mala sorte. E il contadino, di fuori, a confortarlo.

– Ora ajutami a uscirne, – disse alla fine Zi' Dima.

Ma quanto larga di pancia, tanto quella giara era

stretta di collo. Zi' Dima, nella rabbia, non ci aveva fatto caso. Ora, prova e riprova, non trovava più modo a uscirne. E il contadino, invece di dargli aju-to, eccolo là, si torceva dalle risa. Imprigionato, im-prigionato lì, nella giara da lui stesso sanata, e che ora – non c'era via di mezzo – per farlo uscire, dove-va esser rotta daccapo e per sempre.

Alle risa, alle grida, sopravvenne don Lollò. Zi' Dima, dentro la giara, era come un gatto inferocito.

– Fatemi uscire! – urlava. – Corpo di Dio, voglio uscire! Subito! Datemi ajuto!

Don Lollò rimase dapprima come stordito. Non sapeva crederci.

– Ma come? Là dentro? s'è cucito là dentro?

S'accostò alla giara e gridò al vecchio:

– Ajuto? E che ajuto posso darvi io? Vecchiaccio stolido, ma come? non dovevate prender prima le misure? Su, provate: fuori un braccio... così! e la te-sta... su... no, piano!... Che! giù... aspettate! così no! giù, giù... Ma come avete fatto? E la giara, adesso? Calma! Calma! Calma! – si mise a raccoman-dare tutt'intorno, come se la calma stessero per per-derla gli altri e non lui. – Mi fuma la testa! Calma! Questo è caso nuovo... La mula!

Picchiò con le nocche delle dita su la giara. Sona-va davvero come una campana.

– Bella! Rimessa a nuovo... Aspettate! – disse al prigioniero. – Va' a sellarmi la mula! – ordinò al con-tadino; e, grattandosi con tutte le dita la fronte, se-guitò a dire tra sé: «Ma vedete un po' che mi capita! Questa non è giara! quest'è ordigno del diavolo! Fer-mo! fermo lì!».

E accorse a regger la giara, in cui Zi' Dima, furi-bondo, si dibatteva come una bestia in trappola.

– Caso nuovo, caro mio, che deve risolvere l'av-vocato! Io non mi fido. La mula! la mula! Vado e torno, abbiate pazienza! Nell'interesse vostro... Intanto, piano! calma! Io mi guardo i miei. E prima di tutto, per salvare il mio diritto, faccio il mio dovere. Ecco: vi pago il lavoro, vi pago la giornata. Cinque lire. Vi bastano?

– Non voglio nulla! – gridò Zi' Dima. – Voglio uscire!

– Uscirete. Ma io, intanto, vi pago. Qua, cinque lire.

Le cavò dal taschino del panciotto e le buttò nella giara. Poi domandò, premuroso:

– Avete fatto colazione? Pane e companatico, subito! Non ne volete? Buttatelo ai cani! A me basta che ve l'abbia dato.

Ordinò che gli si desse; montò in sella, e via di galoppo per la città. Chi lo vide, credette che andasse a chiudersi da sé al manicomio, tanto e in così strano modo gesticolava.

Per fortuna, non gli toccò di fare anticamera nello studio dell'avvocato; ma gli toccò d'attendere un bel po', prima che questo finisse di ridere, quando gli ebbe esposto il caso. Delle risa si stizzì.

– Che c'è da ridere, scusi? A vossignoria non brucia! La giara è mia!

Ma quello seguitava a ridere e voleva che gli rinarrasse il caso, com'era stato, per farci su altre risate. Dentro, eh? S'era cucito dentro? E lui, don Lollò, che pretendeva? Te... tene... tenerlo là dentro... ah ah ah... ohi ohi ohi... tenerlo là dentro per non perderci la giara?

– Ce la devo perdere? – domandò lo Zirafa con le pugna serrate. – Il danno e lo scorno?

– Ma sapete come si chiama questo? – gli disse in fine l'avvocato. – Si chiama sequestro di persona!

– Sequestro? E chi l'ha sequestrato? – esclamò lo Zirafa. – S'è sequestrato lui da sé! Che colpa ne ho io?

L'avvocato allora gli spiegò che erano due casi. Da

un canto, lui, don Lollò, doveva subito liberare il prigioniero per non rispondere di sequestro di persona; dall'altro, il conciabrocche doveva rispondere del danno che veniva a cagionare con la sua imperizia o con la sua storditaggine.

– Ah! – rifiatò lo Zirafa. – Pagandomi la giara!

– Piano! – osservò l'avvocato. – Non come se fosse nuova, badiamo!

– E perché?

– Ma perché era rotta, oh bella!

– Rotta? Nossignore. Ora è sana. Meglio che sana, lo dice lui stesso! E se ora torno a romperla, non potrò più farla risanare. Giara perduta, signor avvocato!

L'avvocato gli assicurò che se ne sarebbe tenuto conto, facendogliela pagare per quanto valeva nello stato in cui era adesso.

– Anzi, – gli consigliò, – fatela stimare avanti da lui stesso.

– Bacio le mani, – disse don Lollò, andando via di corsa.

Di ritorno, verso sera, trovò tutti i contadini in festa attorno alla giara abitata. Partecipava alla festa anche il cane di guardia saltando e abbajando. Zi' Dima s'era calmato, non solo, ma aveva preso gusto anche lui alla sua bizzarra avventura e ne rideva con la gajezza mala dei tristi.

Lo Zirafa scostò tutti e si sporse a guardare dentro la giara.

– Ah! Ci stai bene?

– Benone. Al fresco, – rispose quello. – Meglio che a casa mia.

– Piacere. Intanto ti avverto che questa giara mi costò quattr'onze, nuova. Quanto credi che possa costare adesso?

– Con me qua dentro? – domandò Zi' Dima.

I villani risero.

– Silenzio! – gridò lo Zirafa. – Delle due l'una: o il tuo mastice serve a qualche cosa, o non serve a nulla: se non serve a nulla, tu sei un imbroglione; se serve a qualche cosa, la giara, così com'è, deve avere il suo prezzo. Che prezzo? Stimala tu.

Zi' Dima rimase un pezzo a riflettere, poi disse:

– Rispondo. Se lei me l'avesse fatta conciare col mastice solo, com'io volevo, io, prima di tutto, non mi troverei qua dentro, e la giara avrebbe su per giù lo stesso prezzo di prima. Così sconciata con questi puntacci, che ho dovuto darle per forza di qua dentro, che prezzo potrà avere? Un terzo di quanto valeva, sì e no.

– Un terzo? – domandò lo Zirafa. – Un'onza e trentatré?

– Meno sì, più no.

– Ebbene, – disse don Lollò. – Passi la tua parola, e dammi un'onza e trentatré.

– Che? – fece Zi' Dima, come se non avesse inteso.

– Rompo la giara per farti uscire, – rispose don Lollò, – e tu, dice l'avvocato, me la paghi per quanto l'hai stimata: un'onza e trentatré.

– Io, pagare? – sghignò Zi' Dima. – Vossignoria scherza! Qua dentro ci faccio i vermi.

E, tratta di tasca con qualche stento la pipetta intartarita, l'accese e si mise a fumare, cacciando il fumo per il collo della giara.

Don Lollò ci restò brutto. Quest'altro caso, che Zi' Dima ora non volesse più uscire dalla giara, né lui né l'avvocato lo avevano previsto. E come si risolveva adesso? Fu lì lì per ordinare di nuovo: «La mula!» ma pensò ch'era già sera.

– Ah sì? – disse. – Ti vuoi domiciliare nella mia giara? Testimonii tutti qua! Non vuole uscirne lui, per non pagarla; io sono pronto a romperla! Intanto, poiché vuole stare lì, domani io lo cito per alloggio abusivo e perché mi impedisce l'uso della giara.

Zi' Dima cacciò prima fuori un'altra boccata di fumo, poi rispose, placido:

– Nossignore. Non voglio impedirle niente, io. Sto forse qua per piacere? Mi faccia uscire, e me ne vado volentieri. Pagare... neanche per ischerzo, vossignoria!

Don Lollò, in un impeto di rabbia, alzò un piede per avventare un calcio alla giara; ma si trattenne; la abbrancò invece con ambo le mani e la scrollò tutta, fremendo.

– Vede che mastice? – gli disse Zi' Dima.

– Pezzo da galera! – ruggì allora lo Zirafa. – Chi l'ha fatto il male, io o tu? E devo pagarlo io? Muori di fame là dentro! Vedremo chi la vince!

E se n'andò, non pensando alle cinque lire che gli aveva buttate la mattina dentro la giara. Con esse, per cominciare, Zi' Dima pensò di far festa quella sera insieme coi contadini che, avendo fatto tardi per quello strano accidente, rimanevano a passare la notte in campagna, all'aperto, su l'aja. Uno andò a far le spese in una taverna lì presso. A farlo apposta, c'era una luna che pareva fosse raggiornato.

A una cert'ora don Lollò, andato a dormire, fu svegliato da un baccano d'inferno. S'affacciò a un balcone della cascina e vide su l'aja, sotto la luna, tanti diavoli: i contadini ubriachi che, presisi per mano, ballavano attorno alla giara. Zi' Dima, là dentro, cantava a squarciagola.

Questa volta non poté più reggere, don Lollò: si precipitò come un toro infuriato e, prima che quelli avessero tempo di pararlo, con uno spintone mandò a rotolare la giara giù per la costa. Rotolando, accompagnata dalle risa degli ubriachi, la giara andò a spaccarsi contro un olivo.

E la vinse Zi' Dima.

LA CATTURA

Il Guarnotta seguiva col corpo ciondolante l'andatura dell'asinella, come se camminasse anche lui; e per poco veramente le gambe, coi piedi fuori delle staffe, non gli strisciavano sulla polvere dello stradone.

Ritornava, come tutti i giorni a quell'ora, dal suo podere quasi affacciato sul mare, all'orlo dell'altipiano. Più stanca e più triste di lui, la vecchia asinella s'affannava da un pezzo a superare le ultime pettate di quello stradone interminabile, tutto a volte e risvolte, attorno al colle, in cima al quale pareva s'addossassero fitte, una sull'altra, le decrepite case della cittaduzza.

A quell'ora i contadini erano ritornati tutti dalla campagna; lo stradone era deserto. Se qualcuno ancora se ne incontrava, il Guarnotta era sicuro di riceverne il saluto. Perché tutti, grazie a Dio, lo rispettavano.

Deserto ormai come quello stradone era ai suoi occhi tutto il mondo; e di cenere come quell'aria della prima sera, la sua vita. I rami degli alberi sporgenti senza foglie dai muretti di cinta screpolati, le alte siepi di fichi d'India polverose e, qua e là, i mucchi di brecciale che nessuno pensava di stendere su quello stradone tutto solchi e fosse, se il Guarnotta li guardava, in quella loro immobilità e in quel silenzio e in quell'abbandono, gli parevano oppressi come lui da una vana pena infinita. E a crescere questo senso di vanità, come se il silenzio si fosse fatto polvere, non si sentiva neanche il rumore dei quattro zoccoli dell'asinella.

Quanta di quella polvere dello stradone non si portava a casa ogni sera il Guarnotta! La moglie, tenendo la giacca sospesa e discosta, appena egli se la levava, la mostrava in giro alle seggiole, all'armadio, al letto, al cassettone, come per darsi uno sfogo:

– Guardate, guardate qua! Ci si può scrivere sopra, col dito.

Si fosse lasciato persuadere almeno a non portare l'abito nero, di panno, per la campagna! Gliene aveva ordinati tre – apposta, – tre – di fustagno.

In maniche di camicia, il Guarnotta, quelle tre dita tozze che la moglie veniva a cacciargli, nel gesto rabbioso, quasi negli occhi, gliele avrebbe volentieri addentate. Cane pacifico, si contentava di lanciarle di traverso un'occhiataccia e la lasciava cantare. Quindici anni addietro, alla morte dell'unico figlio, aveva giurato d'andar vestito sempre di nero. Dunque...

– Ma anche per la campagna? Ti faccio mettere il lutto al braccio negli abiti di fustagno. E basterebbe la cravatta nera, ormai, dopo quindici anni!

La lasciava cantare. Non se ne stava forse tutto il santo giorno in quel suo podere al mare? In paese, non si faceva più vedere da nessuno, da anni. - Dunque...

– Che dunque?

Ma dunque, se non lo portava in campagna, dove lo avrebbe portato il lutto per il figliuolo? – Corpo di Dio, riflettere un poco almeno, prima d'aprir bocca e lasciare andare. – Nel cuore, sì: grazie tante! E che non lo portava nel cuore? Ma voleva si vedesse anche fuori... – Che lo vedessero gli alberi, già! o gli uccellini dell'aria; perché, infatti, occhi per vederselo addosso, lui, non ne aveva. E perché poi brontolava tanto la moglie? Doveva forse batterlo e spazzolarlo lei, quell'abito, ogni sera? C'erano le serve. Tre, per due persone sole. Economia? Un abito

nero all'anno: ottanta, novanta lire. Eh via! Avrebbe
dovuto capire, che non le conveniva far tanti discorsi. Seconda moglie! E il figlio morto era del primo
letto! Senz'altri parenti, neppur lontani, alla sua
morte, tutto il suo (che non era poco) sarebbe andato a lei e ai suoi nipoti. Zitta, dunque: almeno per
prudenza... Ma già, sì! se avesse capito questo, non
sarebbe stata quella buona donna che era...

Ed ecco perché lui se ne stava tutto il giorno in
campagna. Solo, tra gli alberi e con la distesa sterminata del mare sotto gli occhi, come da un'infinita
lontananza, nel fruscio lungo e lieve di quegli alberi,
nel borboglio cupo e lento di quel mare s'era abituato a sentire la vanità di tutto e il tedio angoscioso
della vita.

Era giunto ormai a meno d'un chilometro dal
paese. Dalla chiesetta dell'Addolorata su in cima gli
arrivavano lenti e blandi i rintocchi dell'Avemaria,
allorché, d'improvviso, a una brusca svoltata dello
stradone:

– Faccia a terra!

E dall'ombra si vide saltare addosso tre appostati,
con la faccia bendata, armati di fucile. Uno abbrancò l'asina per la cavezza; gli altri due, in un batter
d'occhio, lo strapparono di sella, giù a terra; e mentre uno con un ginocchio su le gambe gli legava i polsi, l'altro gli annodava dietro la nuca un fazzoletto
ripiegato a fascia, passato sopra gli occhi.

Ebbe appena il tempo di dire:

– Figliuoli, a me?

Fu tirato su, spinto, strappato, trascinato di furia
per le braccia, fuori dello stradone, giù per la costa
petrosa, verso la vallata.

– Figliuoli...

– Zitto, o sei morto!

Più delle spinte e degli strappi, l'ansito, l'ansito di

quei tre per la violenza che commettevano, gl'incuteva terrore. Per avere quell'ansito di belve, doveva esser tremendo ciò che s'erano proposto di fare sopra di lui.

Ma ucciderlo, almeno subito, forse non volevano. Se per mandato o per vendetta, lo avrebbero ucciso là, su lo stradone, dall'ombra dove si tenevano appostati. Dunque, lo catturavano, per ricatto.

– Figliuoli...

Stringendogli più forte le braccia e scrollandolo, gl'intimarono di nuovo di tacere.

– Ma almeno allentatemi un po' la benda! Mi serra troppo gli occhi... non posso...

– Cammina!

Prima giù, poi su, e avanti, e indietro; poi giù di nuovo, e poi di nuovo su e su e su. Dove lo trascinavano?

Nel subbuglio di pensieri e di sentimenti, tra il guizzare d'immagini sinistre e l'affanno di quella corsa cieca, a sbalzi, a spintoni, tra sassi, sterpi (che stranezza!) i lumi, i primi lumi accesi nella cittaduzza ancora illuminata a petrolio, su in cima al colle – lumi delle case, lumi delle strade – come li aveva intraveduti prima che lo assaltassero e come tante volte, ritornando dal podere sempre a quell'ora li aveva intraveduti, ecco, nella strettura di quella benda che gli schiacciava gli occhi, gli apparivano (che stranezza!) precisi, proprio come se li avesse davanti e avesse gli occhi liberi. Andava, così trascinato, strappato, incespicando, con tanto terrore dentro, e se li portava, quei lumetti placidi e tristi, davanti, con sé, con tutto il colle, con tutta la cittaduzza situata lassù, dove nessuno sapeva la violenza che in quel momento si faceva a lui, e tutti attendevano quieti e sicuri ai loro casi consueti.

A un certo punto avvertì anche l'affrettato zoccolare della sua asinella.

– Ah!

Trascinavano via anche la sua vecchia asinella stanca. Ma che ne capiva, povera bestiola? Avvertiva forse una furia insolita, un'insolita violenza, ma andava dove la portavano, senza capir nulla. Se si fossero fermati un momento, se l'avessero lasciato parlare, avrebbe detto loro con calma, ch'era pronto a dare tutto quello che volevano. Poco più gli restava da vivere, e non valeva proprio la pena per un po' di danaro – di quel danaro che non gli dava più nessuna gioja – passare un momento come quello.

– Figliuoli...

– Zitto, cammina!

– Ma non ne posso più! Perché mi fate questo? Sono pronto...

– Zitto! Parleremo poi... Cammina!

Lo fecero camminare, così, un'eternità. A un certo punto, fu tanta la stanchezza, tanto lo stordimento di quel fazzoletto che gli serrava la testa, che si sentì mancare e non comprese più nulla.

Si ritrovò, la mattina appresso, in una grotta bassa, come disfatto in un tanfo di mucido che pareva spirasse dallo stesso squallore della prima luce del giorno.

S'insinuava livida, quella luce, appena appena, di tra gli anfratti cretosi della grotta e gli alleviava l'incubo delle violenze sofferte, che ora gli apparivano come sognate: violenze cieche, da bruti, al suo corpo che non si reggeva più, caricato su le spalle ora dell'uno ora dell'altro, buttato a terra e trascinato o sollevato per le mani e per i piedi.

Dov'era adesso?

Tese l'orecchio. Gli parve che fosse fuori un silenzio d'altura. E per un momento vi si sentì come sospeso. Ma non poteva muoversi. Giaceva per terra come una bestia morta, mani e piedi legati. E le membra gli pesavano quasi gli fossero diventate di piombo; e anche la testa. Era ferito? Lo avevano lasciato lì per morto?

No: ecco, confabulavano fuori della grotta. La sua sorte non era dunque decisa. Ma il ricordo di ciò che gli era accaduto gli si rappresentava ora, non già come d'una sciagura che gl'incombesse tuttavia e che gli suscitasse dentro qualche moto per tentare di liberarsene. No. Sapeva di non potere e quasi non voleva. La sciagura era compiuta, come avvenuta da gran tempo, quasi in un'altra vita, in una vita che forse gli sarebbe premuto di salvare, quando ancora le membra non gli pesavano così e non gli doleva tanto la testa. Ora non gl'importava più di nulla. Quella vita – pur essa miserabile – l'aveva lasciata laggiù, lontano lontano, dove lo avevano catturato: e qua ora c'era questo silenzio, così alto e vano, così smemorato.

Quand'anche lo avessero lasciato andare, non avrebbe avuto più la forza, fors'anche neppure il desiderio di tornare laggiù a riprendersela, quella sua vita.

Ma no, ecco: una gran tenerezza, di pietà per sé, gli risorse a un tratto e gli s'arruffò tutta dentro come in un brivido d'orrore, appena vide entrare uno di quei tre, carponi nella grotta, col viso nascosto da un fazzoletto rosso, forato all'altezza degli occhi. Gli guardò subito le mani. No, nessun'arma. Una matita nuova, di quelle da un soldo, non ancora temperata. E nell'altra mano, per terra, un rozzo foglietto di carta da lettere tutto brancicato, con la busta in mezzo. Alleggerito, senza volerlo, sorrise; mentre nella grotta entravano gli altri due, anch'essi carponi e bendati. Uno gli s'appressò e gli sciolse le mani soltanto. Il primo disse:

– Giudizio! Scrivete!

Gli parve di riconoscerlo alla voce. Ma sì, *Ma-*

nuzza; detto così perché aveva un braccio più corto dell'altro. Oh, e allora... Ma era proprio lui? Gli guardò il braccio manco. Lui, sì. E certo anche gli altri due avrebbe riconosciuti subito, se si fossero tolta la benda. Conosceva tutta la cittadinanza. Disse allora:

— Io, giudizio? Giudizio voi, figliuoli! A chi volete che scriva? Con che debbo scrivere? con questa?

E mostrò la matita.

— Perché? Non è matita?

— Matita, sì. Ma voi non sapete neppure come s'adopera.

— Perché?

— Ma bisognerà prima temperarla.

— Temperarla?

— Con un temperino, già, qua in punta...

— Temperino, niente!

E Manuzza ripeté:

— Giudizio! giudizio, sacramento!

— Giudizio, sì, Manuzza mio...

— Ah, — gridò questi. — M'avete riconosciuto?

— Abbi pazienza, ti nascondi la faccia e lasci scoperto il braccio? Levati codesto fazzoletto e guardami negli occhi. Fai questo, a me?

— Senza tante chiacchiere, — gridò Manuzza, strappandosi con ira il fazzoletto dalla faccia. — V'ho detto giudizio! Scrivete, o v'ammazzo!

— Ma sì, sono pronto, — si rimise il Guarnotta. — Quand'avrete temperato la matita. Però, se mi lasciate dire... Volete danari, è vero, figliuoli? Quanto?

— Tre mila onze!

— Tre mila? Non volete poco.

— Voi ce l'avete! Non facciamo storie!

— Tre mila onze?

— Più! più!

— Anche più, sì. Ma non a casa, in contanti. Dovrei vendere case, terre. E vi pare che si possa, così, da un giorno all'altro, e senza me?

– Vuol dire che se le faranno prestare!

– Chi?

– Vostra moglie e i vostri nipoti!

Il Guarnotta sorrise amaramente e provò a rizzarsi su un gomito.

– Volevo dirvi questo, appunto, – rispose. – Figliuoli miei, avete sbagliato. Contate su mia moglie e sui suoi nipoti? Se volete ammazzarmi, è un conto: sono qua, ammazzatemi, e non se ne parli più. Ma se volete danari, non potete averli che da me, e a patto di lasciarmi andare a casa.

– Che dite? a casa? Voi? Fossimo matti! Scherzate!

– E allora... – sospirò il Guarnotta.

Manuzza strappò di mano rabbiosamente il foglietto da lettere al compagno e ripeté:

– Senza tante chiacchiere, v'ho detto, scrivete! La matita... Ah già, bisogna temperarla... Come si tempera?

Il Guarnotta spiegò come; e i tre allora, dopo essersi guardati negli occhi, uscirono dalla grotta. Nel vederli uscire, così carponi, come tre bestie, non poté fare a meno di sorridere ancora una volta, il Guarnotta. Pensò che ora di là si sarebbero messi in tre a temperare quella matita, e che forse, a furia di potarla come un ramo d'albero, non ne sarebbero venuti a capo. Già, ma lui ne sorrideva, e forse la sua vita in quel punto dipendeva dalla ridicola difficoltà che quei tre incontravano in quell'operazione per loro nuova: forse, stizziti di vedersi mancare in mano la matita a pezzo a pezzo, sarebbero rientrati a fargli la prova che se i loro coltelli non erano buoni da temperare una matita, erano però buoni da scannarlo. E aveva fatto male, un errore imperdonabile aveva commesso a dichiarare a quel Manuzza d'averlo riconosciuto. – Ecco: si bisticciavano di là, sbuffavano, bestemmiavano... Certo, si passavano dall'uno all'altro quella povera matita da un soldo sempre più corta. Chi sa che coltelli avevano in mano, in quelle loro manacce scabre e cretose...

Eccoli che rientravano a uno a uno, sconfitti.

– Legno lasco, – disse Manuzza. – Una schifezza! Voi che sapete scrivere non ce n'avreste in tasca un'altra bell'e temperata, per combinazione?

– Non ce l'ho, figliuoli, – rispose il Guarnotta. – Ma è inutile, v'assicuro. Avrei scritto, se mi davate da scrivere; ma a chi? A mia moglie e a quei nipoti? Quei nipoti sono suoi e non miei, capite? E nessuno avrebbe risposto, siatene pur certi; avrebbero finto di non aver ricevuto la lettera minatoria, e addio. Se volete danari da loro, non dovevate buttarvi in prima su me: dovevate invece andare da loro e accordarvi: tanto – poniamo mille onze – per ammazzarmi. Non ve l'avrebbero date nemmeno; perché la mia morte, la desiderano sì, ma sono vecchio; se la aspettano dunque da Dio gratis e senza rimorsi, tra quattro giorni. Pretendete sul serio che vi diano un centesimo, un solo centesimo, per la mia vita? Avete sbagliato. La mia vita a me soltanto può premere. Non mi preme, ve lo giuro; ma certo, morire così, di mala morte, non mi piacerebbe; e solo per non morire così, vi prometto e giuro su la sant'anima di mio figlio che appena posso, fra due, tre giorni, verrò io stesso a portarvi il danaro al posto che m'indicherete.

– Dopo averci denunziato?

– Vi giuro di no! Vi giuro che non fiaterò con nessuno! Si tratta della vita!

– Ora. Ma quando sarete libero? Prima di andare a casa, andrete a fare la denunzia.

– Vi giuro di no! Certo, dovete aver fiducia. Pensate ch'io vado ogni giorno in campagna. La mia vita è là, tra voi; e io sono stato sempre come un padre per voi. Mi avete sempre rispettato, santo Dio, e ora... Pensate che vorrei espormi al rischio d'una vendetta? Abbiate fiducia, lasciatemi ritornare a casa e state sicuri che avrete il danaro...

Non risposero più. Tornarono a guardarsi negli occhi, e uscirono di nuovo dalla grotta, carponi.

Per tutta la giornata non li rivide più. Li udì un pezzo, dapprima, discutere fuori della grotta; poi non udì più nulla.

Aspettò, rivolgendo in mente tutte le supposizioni intorno a ciò che avessero potuto decidere. Gli parve certo questo: ch'era caduto in mano di tre stupidi, novizii, forse, anzi senza dubbio al loro primo delitto.

Ci s'erano buttati come ciechi, senza considerare prima le sue condizioni di famiglia; solo pensando ai suoi danari. Ora, convinti dello sbaglio commesso, non sapevano più, o non vedevano ancora, come cavarsene. Del giuramento che non sarebbero stati denunziati, nessuno dei tre si sarebbe fidato; meno di tutti Manuzza ch'era stato riconosciuto. E allora?

Allora, non gli restava da augurarsi altro, che a nessuno dei tre sorgesse il pentimento dello stupido atto compiuto invano, e insieme il desiderio di cancellarlo per rimettersi sulla buona via; che tutti e tre, invece, risoluti a vivere fuori d'ogni legge, a commettere altri delitti, non dovessero intanto curarsi di cancellare ogni traccia di questo primo e di gravarsene inutilmente la coscienza. Perché, riconosciuto lo sbaglio e risoluti a restare tre birbaccioni al bando, potevano fargli salva la vita e lasciarlo andare senza curarsi della denunzia; ma, se volevano ritornare sulla buona via, pentiti, allora per forza, a impedire la denunzia di cui si tenevano certi, dovevano assassinarlo.

Ne seguiva, che Dio doveva dunque ajutarlo ad
aprir loro la mente; perché riconoscessero che nessun profitto si ricava a voler restare galantuomini.
Cosa non difficile con loro, visto che la buona intenzione di gettarsi alla perdizione l'avevano dimostra-
ta, catturandolo. Ma c'era da temere pur troppo del
disinganno che avevano dovuto provare così a prima
giunta, toccando con mano il grosso sbaglio commesso appena incamminati sulla nuova via. E fa presto
un disinganno a cangiarsi in pentimento e in voglia
di ritrarsi da un cammino che cominci male. Per ti-
rarsene indietro, cancellandovi ogni orma dei primi
passi, la logica, sì, portava a commettere un delitto;
ma, a volerlo scansare, la stessa logica non li avrebbe
portati ad avventurarsi per quel cammino in cerca
d'altri delitti? E allora, meglio quest'uno qua a principio, che poteva restar nascosto e senza traccia, che
tanti là allo scoperto e allo sbaraglio. A costo di quest'uno, potevano avere ancora speranza di salvarsi,
se non di fronte alla loro coscienza, di fronte agli uomini; a volerlo scansare, si sarebbero certo perduti.

Conclusione di queste tormentose riflessioni: la
certezza che oggi o domani, forse quella notte stessa,
nel sonno, lo avrebbero assassinato.

Attese, fino a tanto che nella grotta non si fece
bujo.

Allora, al pensiero che quel silenzio, e la stanchezza potessero su lui più della paura di cedere al sonno, sentì dalla testa ai piedi un fremito di tutto il suo
istinto bestiale che lo spingeva, pur così con le mani
e i piedi ancora legati, a uscir fuori della grotta a
forza di gomiti, strisciando come un verme per terra; e dovette penar tanto a persuadere a quel suo
istinto atterrito di fare quanto meno rumore fosse
possibile; perché poi, tanto, che sperava sporgendo il
capo come una lucertola fuori della tana? Niente! ve-

dere il cielo almeno, e vederla lì fuori, all'aperto, con gli occhi, la morte, senza che gli fosse inflitta a tradimento nel sonno. Questo, almeno.

Ah, ecco... Zitto! Era lume di luna? Luna nuova, sì, e tante stelle... Che serata! Dov'era? Su una montagna... Che aria e che altro silenzio! Forse era il monte Caltafaraci, quello, o il San Benedetto... E allora, quello là? Il piano di Consòlida, o il piano di Clerici? Sì, e quella là verso ponente doveva essere la montagna di Carapezza. Ma allora quei lumetti là, esitanti, come sprazzi di lucciole nella chiaria opalina della luna? Quelli di Girgenti? Ma dunque... oh Dio, dunque era proprio vicino? E gli pareva che lo avessero fatto camminare tanto... tanto...

Allungò lo sguardo intorno, quasi gl'incutesse paura la speranza che quelli lo avessero lasciato lì e se ne fossero andati.

Nero, immobile, accoccolato come un grosso gufo su un greppo cretoso della montagna, uno dei tre, rimasto a guardia, si stagliava preciso nella chiara soffusione dell'albor lunare. Dormiva?

Fece per sporgersi un po', ma subito lo sforzo gli s'allentò nelle braccia alla voce di colui, che, senza scomporsi, gli diceva:

– Vi sto guardando, don Vicè! Rientrate, o vi sparo.

Non fiatò, come se volesse far nascere in colui il dubbio d'essersi ingannato, rimase lì quatto a spiare. Ma colui ripeté:

– Vi sto guardando.

– Lasciami prendere una boccata d'aria, – gli disse allora. – Qua si soffoca. Mi volete lasciare così? Ho sete.

Colui si scrollò minacciosamente:

– Oh! se volete restare costì, dev'essere a patto di non fiatare. Ho sete anch'io e sono digiuno come voi. Silenzio, o vi faccio rientrare.

Silenzio. E quella luna che rivelava tanta vista di tranquilli piani e di monti... e il sollievo di tutta quell'aria, almeno... e il sospiro lontano di quei lumetti là del suo paese...

Ma dov'erano andati gli altri due? Avevano lasciato a questo terzo l'incarico d'ucciderlo durante la notte? E perché non subito? Che aspettava colui? Aspettava forse nella notte il ritorno degli altri due?

Fu di nuovo tentato di parlare, ma si trattenne. Tanto, se avevano deciso così...

Volse gli occhi al greppo dove colui stava seduto: lo vide ricomposto nel primo atteggiamento. Chi era? Alla voce, poc'anzi, gli era parso uno di Grotte, grosso borgo tra le zolfare. Che fosse Fillicò? Possibile? Buon uomo, tutto d'un pezzo, bestia da lavoro, di poche parole... Se era lui veramente, guaj! Così taciturno e duro, se era riuscito a smuoversi dalla bontà, guaj.

Non poté più reggere; e, con una voce quasi involontaria, vuota d'ogni intenzione, quasi dovesse arrivare a colui come non proferita dalla sua bocca, disse senza domandare:

– Fillicò...

Colui non si mosse.

Il Guarnotta attese un pezzo e ripeté con la stessa voce, come se non fosse lui, con gli occhi intenti a un dito che faceva segni sulla rena:

– Fillicò...

E un brivido, questa volta, gli corse la schiena perché s'immaginò che questa sua ostinazione, di proferire il nome quasi senza volerlo, dovesse costargli, di rimando, una schioppettata.

Ma neanche questa volta colui si mosse; e allora egli esalò in un sospiro d'estrema stanchezza tutto l'orgasmo della disperazione e abbandonò per terra il peso morto della testa come se veramente non avesse più forza né voglia di sorreggerlo. Lì, con la faccia nella rena, con la rena che gli entrava nella bocca come a una bestia morta, senza più curarsi del divieto che colui gli aveva fatto di parlare, né della minaccia d'una schioppettata, si mise allora a parlare, a farneticare senza fine. Parlò della bella luna che ora, addio, sarebbe tramontata; parlò delle stelle che Dio aveva fatto e messo così lontane perché le bestie non sapessero ch'erano tanti mondi più grandi assai della terra; e parlò della terra che soltanto le bestie non sanno che gira come una trottola e disse, come per uno sfogo personale, che in questo momento ci sono uomini che stanno a testa all'ingiù e pure non precipitano nel cielo per ragioni che ogni cristiano che non sia più creta della creta, cretaccia ma proprio di quella vile su cui Dio santo ancora non ha soffiato, dovrebbe almeno curarsi di sapere.

E in mezzo a questo farnetichio si ritrovò d'improvviso che parlava davvero d'astronomia come un professore a colui che, a poco a poco, gli s'era accostato, ch'era anzi venuto a sederglisi accanto, lì presso l'entrata della grotta, e ch'era proprio lui, sì, Fillicò di Grotte, che le voleva sapere da tanto tempo quelle cose, benché non se ne persuadesse bene e non gli paressero vere: lo zodiaco... la via lattea... le nebulose...

Già. Così. Ma perché quando uno non ne può più, che le ha proprio esaurite tutte nella disperazione le sue forze, altro che questo gli può avvenire di buffo! si può mettere come niente, anche sotto la mira di un fucile, a nettarsi le unghie attentamente con un fuscellino, badando che non si spezzi e non si pieghi, o a tastarsi in bocca, sissignori, i denti che gli sono rimasti, tre incisivi e un canino solo; e sissignori, a pensare seriamente se sono tre o quattro i figliuoli del bottajo, suo vicino di casa, a cui da quindici giorni è morta la moglie.

– Parliamo sul serio. Ma dimmi un po': che ti pare che sono, per la Madonna, un filo d'erba?... questo filo d'erba qua che si strappa così, come niente? Toccami! Di carne sono, per la Madonna! e un'anima ho, che me l'ha data Dio come a te! Che mi volete scannare mentre dormo? No... sta' qua... senti... te ne vai? Ah, finché ti parlavo delle stelle... Senti che ti dico: scannami qua a occhi aperti, non mi scannare a tradimento nel sonno... Che dici? Non vuoi rispondere? Ma che aspetti? Che aspettate, si può sapere? Denari, non ne avrete; tenermi qua, non potrete; lasciarmi andare, non volete... Volete ammazzarmi? E ammazzami, corpo di Dio, e non se ne parli più!

A chi diceva? Quello era già andato a riaccoccolarsi sul greppo come un gufo, per dimostrargli che di questo – era inutile – non voleva sentir parlare.

Ma dopo tutto, che bestia anche lui! Non era meglio che lo uccidessero nel sonno, se dovevano ucciderlo? Anzi, più tardi, se ancora non si fosse addormentato, sentendoli entrare carponi nella grotta, avrebbe chiuso gli occhi per fingere di dormire. Ma già, che occhi! al bujo, poteva anche tenerli aperti. Bastava che non si movesse, quando sarebbero venuti a cercargli la gola, a tasto, come a un pecoro.

Disse:

– Buona notte.

E si ritrasse.

Ma non lo uccisero.

Riconosciuto lo sbaglio, né liberare lo vollero e neppure uccidere. Lo tennero lì.

Ma come, per sempre?

Finché Dio avrebbe voluto. Si rimettevano a Lui: presto o tardi, a seconda che Egli avrebbe voluto fare più o meno lunga la penitenza per lo sbaglio d'averlo catturato.

O che intendevano insomma? che egli morisse da

sé, lassù, di morte naturale? Intendevano questo? Questo, sì.

– Ma che Dio e Dio, allora! Pezzi d'animali, non m'ucciderà mica Dio, m'ucciderete voi così, tenendomi qua, morto di fame, di sete, di freddo, legato come una bestia, in questa grotta, a dormire per terra, a fare per terra qua stesso, come una bestia, i miei bisogni!

A chi diceva? S'erano rimessi a Dio, tutti e tre; e come se parlasse alle pietre.

Intanto, morto di fame, non era vero; dormire per terra, non era vero. Gli avevano portato lassù tre fasci di paglia per fargliene una lettiera, e anche un loro vecchio cappotto d'albagio, perché si riparasse dal freddo. Poi, pane e companatico ogni giorno. Se lo levavano di bocca, lo levavano di bocca alle loro creature e alle loro mogli per darlo a lui. E pane faticato col sudore della fronte, perché uno, a turno, restava lì di guardia, e gli altri due andavano a lavorare. E in quello ziretto là di terracotta c'era acqua da bere, che Dio solo sapeva che pena a trovarla per quelle terre assetate. Quanto poi a far lì per terra i suoi bisogni, poteva uscire dalla grotta, la sera, e farli all'aperto.

– Ma come? davanti a te?

– Fate. Non vi guardo.

Di fronte a quella durezza stupida e irremovibile si sarebbe messo a pestare i piedi come un bambino. Ma che erano, macigni? che erano?

– Riconoscete d'avere sbagliato, sì o no?

Lo riconoscevano.

– Riconoscete di doverlo scontare, questo sbaglio?

Sì, non uccidendolo, aspettando da Dio la sua morte e sforzandosi d'alleviargli per quanto potevano il martirio che gli davano.

Benissimo! Ma questo e per voi, pezzi d'animali, per il male che voi stessi riconoscete d'aver commesso! Ma io? che c'entro io? che male ho commesso io? Sono sì o no la vittima del vostro sbaglio? E fate scontare anche a me, che non c'entro, il male che voi avete commesso? Devo patire io così, perché voi avete sbagliato? Così ragionate?

Ma no: non ragionavano affatto, loro. Stavano ad ascoltarlo, impassibili, con gli occhi fermi e vani, nelle dure facce cretose. E qua la paglia... e lì il cappotto... e lo ziretto dell'acqua... e il pane col sudore della fronte... e venite a cacare all'aperto.

Non si sacrificavano forse, uno alla volta, a star lì di guardia e a tenergli compagnia? E lo facevano parlare delle stelle e delle cose della città e della campagna, delle buone annate d'altri tempi, quando c'era più religione, e di certe malattie delle piante che prima, quando c'era più religione, non si conoscevano. E gli avevano portato anche un vecchio *Barbanera*, trovato chi sa dove, perché ingannasse l'ozio, leggendo; lui che aveva la bella fortuna di saper leggere.

– Che diceva, che diceva quello stampato, con tutte quelle lune e quella bilancia e quei pesci e quello scorpione?

Sentendolo parlare, si svegliava in loro un'ingorda curiosità di sapere, piena di meraviglie grugnite e di sbalordimenti bambineschi, a cui egli, a poco a poco, cominciava a prender gusto, come a una cosa viva che nascesse da lui, da tutto ciò che in quei discorsi con loro traeva, come nuovo, anche per sé, dal suo animo ormai da tanti anni addormentato nella pena della sua incresciosa esistenza

E sentiva, sì, che ormai cominciava a essere una vita anche per lui, quella; una vita a cui aveva preso ad adattarsi, caduta la rabbia davanti a una ineluttabilità che non gliela faceva più pensare precaria, quantunque incerta, strana e come sospesa nel vuoto.

Già per tutti là, al suo podere lontano affacciato sul mare, e nella città di cui nella notte vedeva i lumi, egli era morto. Forse nessuno s'era mosso a far ricerche, dopo la sua scomparsa misteriosa; e seppur lo avevano ricercato, lo avevano fatto senza impegno, non premendo a nessuno di ritrovarlo.

Col cuore ridotto più arido e squallido della creta di quella grotta, che gl'importava ormai di ritornare vivo là, a quella vita di prima? aveva veramente qualche ragione di rimpianto per tutte le cose che qua gli mancavano, se il riaverle là doveva essere a costo dell'amara noja di prima? Non si trascinava là, in quella vita col peso addosso, d'un tedio insopportabile? Qua, almeno, ora stava sdrajato per terra e non si trascinava più.

Le giornate gli passavano, in quel silenzio d'altura, quasi fuori del tempo, vuote d'ogni senso e senza scopo. In quella vacuità sospesa anche la stessa intimità della coscienza gli cessava: guardava la sua spalla e la creta accanto della grotta, come le sole cose che esistessero; e la sua mano, se vi fissava gli occhi, come se esistesse, così, solo per se stessa; e quel sasso e quello sterpo, in un isolamento spaventoso.

Se non che, avvertendo a mano a mano che quanto gli era occorso non era poi per lui tutta quella sciagura che in principio, per la rabbia dell'ingiustizia, gli era apparsa, cominciò anche ad accorgersi che davvero era una ben dura e grave punizione, a cui da se stessi quei tre s'erano condannati, il tenerlo ancora in vita.

Morto com'era già per tutti, restava vivo solo per essi, vivo e con tutto il peso di quella vita inutile, di cui egli ora, in fondo, si sentiva liberato. Potevano buttarlo via come niente, quel peso che non aveva più valore per nessuno, di cui nessuno più si curava; e invece, no, se lo tenevano addosso, lo sopportavano rassegnati alla pena che da loro stessi s'erano inflitta, e non solo non se ne lagnavano, ma veramente facevano di tutto per rendersela più gravosa con le cure che gli prodigavano. Perché, sissignori, gli s'erano affezionati, tutti e tre, come a qualche cosa che appartenesse a loro, ma proprio a loro soltanto e a nessun altro più, e dalla quale misteriosamente traevano una soddisfazione, di cui, seppur la loro coscienza non sentiva il bisogno, avrebbero per tutta la vita avvertito la mancanza, quando fosse venuta loro a mancare.

Fillicò un giorno portò su alla grotta la moglie, che aveva un bimbo attaccato al petto e una ragazzetta per mano. La ragazzetta recava al *nonno* una bella corona di pan buccellato.

Con che occhi erano rimaste a mirarlo, madre e figlia! Dovevano essere passati già parecchi mesi dalla cattura, e chi sa come s'era ridotto: la barba a cespugli sulle gote e sul mento; sudicio, strappato... Ma rideva per far loro buona accoglienza, grato della visita e del regalo di quel buon pane buccellato. Forse però era appunto il riso in quella sua faccia da svanito, che faceva tanto spavento alla buona donna e alla ragazzetta.

– No, carinella, vieni qua... vieni qua... Tieni, te ne do un pezzetto; mangia... L'ha fatto mamma?

– Mamma...

– Brava! E fratellini, ne hai? Tre? Eh, povero Fillicò, già quattro figli... Portameli, i maschietti: voglio conoscerli. La settimana ventura, bravo. Ma speriamo che non ci arrivi...

Ci arrivò. Altro che! Lunga, proprio lunga volle Dio che fosse la punizione. Per più di altri due mesi la tirò!

Morì di domenica, una bella serata che lassù c'era ancora luce come se fosse giorno. Fillicò aveva condotto i suoi ragazzi, a vedere il nonno, e anche *Manuzza*, i suoi. Tra quei ragazzi morì, mentre scherzava con loro, come un ragazzino anche lui, mascherato con un fazzoletto rosso sui capelli lanosi.

I tre accorsero a raccoglierlo da terra, appena lo videro cadere all'improvviso, mentre rideva e faceva tanto ridere quei ragazzi.

Morto?

Scostarono i ragazzi; li fecero andar via con le donne. E lo piansero, lo piansero, inginocchiati tutti e tre attorno al cadavere, e pregarono Dio per lui e anche per loro. Poi lo seppellirono dentro la grotta.

Per tutta la vita, se a qualcuno per caso avveniva di ricordare davanti a loro il Guarnotta e la sua scomparsa misteriosa:

– Un santo! – dicevano. – Oh! Andò certo diritto in paradiso con tutte le scarpe, quello!

Perché il purgatorio erano certi d'averglielo dato loro là, su la montagna.

GUARDANDO UNA STAMPA

Un viale scortato da giganteschi eucalipti. A sinistra, un poggio con su in cima un ricovero notturno. Due mendicanti che confabulano tra loro per quel viale, e che hanno lasciato un po' più giù sulla spalletta una bisaccia e una stampella. Un'alba di luna che si indovina dal giuoco delle ombre e delle luci.

È una vecchia stampa, ingenua e di maniera, che quasi commuove per il piacere manifesto che dovette provare l'ignoto incisore nel far preciso tutto ciò che ci poteva entrare: questa zana qua, per esempio, a piè del poggio, con l'acqua che vi scorre sotto la palancola; e là quella bisaccia e quella stampella sulla spalletta del viale; il cielo dietro il poggio con quel ricovero in cima; e il chiaror lieve e ampio che sfuma nella sera dalla città lontana.

S'immagina che debba arrivare il rombar sordo della vita cittadina, e che qua tra gli sterpi del poggio forse qualche grillo strida di tratto in tratto nel silenzio, e che se la romba lontana cessi per un istante, si debba anche udire il borboglio fresco sommesso dell'acqua che scorre per questa zana sotto la palancola e il tenue stormire di questi alti alberi foschi. La luna che s'indovina e non si vede, quella bisaccia e quella stampella illuminate da essa, l'acqua della zana e questi eucalipti formano per conto loro un concerto a cui i due mendicanti restano estranei.

Certo, per fare da sentinelle alla miseria che va ogni notte a rintanarsi in quel ricovero su in cima al poggio, più bella figura farebbero, lungo questo via-

le, alberetti gobbi, alberetti nani, dai tronchi ginocchiuti e pieni di giunture storpie e nodose, anziché
questi eucalipti che pare si siano levati così alti per
non vedere e non sentire.

Ma la pena che fa tutta questa puerile precisione
di disegno è tanta che vien voglia di comunicare a
tutte le cose qui rappresentate, a questi due mendicanti che confabulano tra loro appoggiati alla spalletta del viale, quella vita che l'ignoto incisore, pur con
tutto lo studio e l'amore che ci mise, non riuscì a comunicare. Oh Dio mio, un po' di vita, quanto può
averne una vecchia stampa di maniera.

Vogliamo provarci?

Per cominciare, questi due mendicanti, uno mi pare che si potrebbe chiamare Alfreduccio e l'altro il
Rosso.

La luna è certo che sale di là; da dietro gli alberi.
E più volte, scoperti da essa, Alfreduccio e il Rosso
si sono tratti più su, nell'ombra, lasciando al posto
di prima, sulla spalletta, la bisaccia e la stampella.
Parlano tra loro a bassa voce. Il Rosso s'è tirati sulla
fronte gli occhialacci affumicati e, parlando, fa girare per aria la corona del rosario e poi se la raccoglie
attorno all'indice ritto.

– La corona, sì: santa! ma sgranane pure i chicchi
quanto ti pare, se poi non ti dai ajuto da te!

E dice che tutti i signori con l'estate se ne sono
andati in villeggiatura, chi qua chi là; per cui l'unica
sarebbe d'andare in villeggiatura anche loro.

Alfreduccio però è titubante. Non si fida del Rosso. È cieco da tutt'e due gli occhi, con una barbetta
di malato, pallido, gracile. Insomma, civilino. Palpa
con le mani giro giro le tese del tubino che gli hanno
regalato da poco, e ripete con voce piagnucolosa:

– Ma noi due soli?

– Noi due soli, – miagola il Rosso, rifacendogli il

verso. – Ti sto dicendo che bisogna andare da Marco domattina.

(Marco è un mendicante di mia conoscenza, a cui ho pensato subito, guardando questi due mendicanti della stampa. Può stare benissimo in loro compagnia perché, se questi due sono disegno di maniera, quello, pur essendo vivo e vero, come ognuno può andare a vederlo e toccarlo seduto davanti la chiesa di San Giuseppe con una ciotolina di legno in mano, non è meno di maniera di loro, uguale del resto a tanti altri che fanno con arte e coscienza il mestiere di mendicanti.)

Ma Alfreduccio seguita a non fidarsi e domanda:

– E se Marco non vorrà venire?

– Verrà, se andrai a dirglielo tu. È una bella pensata. Tutto sta a sapergliela presentare, là, come se venisse in mente a te: «Marco, che stiamo più a fare in città? Tutti i signori sono andati via in villeggiatura».

– *Marco, che stiamo più a fare in città?* – prende a recitare sotto sotto Alfreduccio, come un ragazzo che voglia imparare la lezione.

Il Rosso si volta a guardarlo; stende una mano e gli stringe le gote col pollice e il medio, schiacciandogli contemporaneamente con l'indice la punta del naso.

– Bello! – gli grida. – Mi fai il pappagallo?

Alfreduccio si lascia fare lo sfregio senza protestare.

E l'altro soggiunge:

– La carità, caro mio, chi te la fa? La gente allegra per levarti dai piedi. Chi soffre, non te ne fa; non compatisce: pensa a sé. Anche con una piccola sventura, crede alla sua e non vede la tua; e se lo vuoi fare capace, s'indispettisce e ti volta le spalle. Là là, in villeggiatura. Se Marco ti domandasse, come tu a me: «Ma noi due soli?» tu perché non ti fidi di me, lui perché non si fida di te; e tu allora glielo dici: «C'è anche il Rosso che ha tre piedi e sa le vie della campagna». Benché lui, Marco, di' la verità, ci veda un po' meglio di te?

– Meglio di me? – dice Alfreduccio maravigliato, e ride come uno scemo. – Se io non ci vedo niente!

– Eh via, Alfreduccio, tra compagni! Dimmi almeno che ci vedi poco!

– Ti dico niente: parola d'onore! E niente neanche Marco.

– Tanto meglio, allora! – conclude il Rosso. – Vi guiderò io. Ma bisognerebbe concertare qualche cosa. Mi sono morte quelle tre cavie ch'erano la mia ricchezza. Cerco da tanto tempo una bertuccia e non la trovo. Se tu non fossi tanto stupido, potresti almeno fare le veci delle cavie. Ho più di trecento pianete stampate proprio bene, per militari, ragazze da marito, giovani spose, vedove e vecchie. Tutto sta a sapere pescare giusto nelle caselline. Potresti imparare a trovare a tasto, subito, nella casella ch'io t'indicherei con qualche malizia combinata tra noi. Cieco come sei, farebbe effetto. Ma sempre Marco ci vuole. Tu, invece delle cavie; e Marco invece della bertuccia. Poeta; lo sai com'è? si mette a predicare che perfino i cani, oh, gli s'acculano davanti a sentire; noi mungiamo i signori villeggianti e sorteggiamo le pianete ai paesanelli. Più di questo non possiamo fare. Ti va?

– Eh, – sospira Alfreduccio, alzando le spalle. – Se Marco volesse venire...

– Mi secchi, – sbadiglia il Rosso, e si gratta con tutt'e due le mani la testa arruffata. – Ne riparleremo domani. Intanto, guarda: va' a prendermi la stampella che ho lasciato laggiù.

– Dove? – domanda Alfreduccio senza voltarsi.

– Laggiù! Va' rasente alla spalletta, e cerca a tasto; così impari. Guarda che c'è pure la bisaccia.

Alfreduccio si muove, a testa alta, una mano sulla spalletta. Quand'è a un passo dalla stampella si ferma e domanda:

– Ancora?

– Ma costà, non vedi? ci sei! – gli grida il Rosso; poi scoppia a ridere; si dà una rincalcata al cappellaccio e, balzelloni, con quattro gambate lo raggiunge; gli prende la faccia tra le mani; gliela alza verso la luna e gli osserva da vicino gli occhi tumidi, orribili, sghignandogli sul muso:

– Tu ci vedi, cane!

Alfreduccio non si ribella: attende con la faccia volta alla luna che quello gli esamini ben bene gli occhi, poi domanda come un bambino:

– Ci vedo?

– Ma, sai? – dice allora il Rosso, lasciandolo, – dopo tutto, dovendo fare il cieco, è una fortuna.

Due giorni dopo, per tempo, eccoli con Marco per lo stradone polveroso, il Rosso in mezzo, Alfreduccio a sinistra, Marco a destra; l'uno a braccetto e l'altro reggendo un lembo della giacca del Rosso.

Marco, il Poeta, ha una dignitosa e serena aria da apostolo, col petto inondato da una solenne barba fluente, un po' brizzolata. La sua cecità non è orribile come quella d'Alfreduccio. Gli occhi gli si sono disseccati; le palpebre, murate. E va come beandosi dell'aria che gli venta sulla bella faccia di cera. Sa d'avere un dono prezioso, il dono della parola: e la vanità di farsi conoscere anche nei paesi vicini lo ha forse indotto ad accompagnarsi con quei due. (Bisogna ch'io supponga così, perché i due mendicanti della stampa so di certo che Marco non se li farebbe compagni per nessun'altra ragione.)

Il Rosso è scaltro. Per entrargli in grazia, a un certo punto gli domanda:

– Sei andato a scuola, tu Marco, da ragazzo?

Marco accenna di sì col capo.

– Anch'io, – vuol far sapere Alfreduccio. – Fino alla terza elementare.

– Zitto tu, bestia! – gli dà sulla voce il Rosso. – Ti vuoi mettere col nostro Marco che mi figuro deve sapere anche il latino?

Marco accenna di sì un'altra volta; poi stropiccia la fronte e dice con gravità:

– Latino, italiano, storia e geografia, storia naturale e matematica. Arrivai fino alla terza del ginnasio.

– Uh, e quasi quasi allora ti potevi far prete!

– Sì, prete! Avrò avuto appena tredici anni quando ammalai d'occhi e mio padre mi levò dalle scuole per mandarmi dalla zia in città a curarmi.

– Già, perché tu nasci bene, lo so.

Gli scaltri però non sempre riescono a valersi a lungo della loro scaltrezza, tenendola nascosta; non resistono alla tentazione di scoprirla, specie quando li obblighi ad avvilirsi e colui su cui la esercitano si mostri soddisfatto del loro avvilimento.

– È vero, – soggiunge infatti il Rosso, – che tuo padre era scrivano in un botteghino del lotto e che si metteva in tasca, dice, le poste dei gonzi che andavano a giocare? Io non ci credo.

– Io, sì, – risponde secco secco Marco.

– Ah sì? Ma faceva bene, sai? Benone! Vedendo tutto quel danaro sprecato, povero galantuomo, lui n'avrà avuto bisogno. Lo capisco. Sicché dunque accecasti in città?

– Vuoi farmi parlare? – dice Marco. – In città, sì. Da quella mia zia, ch'era monaca di casa.

– Che t'insegnò la Bibbia, è vero?

– M'insegnò... La leggeva; l'imparai.

– Sorella di tuo padre?

– Sì. Me la ricordo appena. Tirava certi calci!

– Calci?

– Stentava a leggere; s'arrabbiava...

– ... e tirava calci?

– Perché io le suggerivo le parole che lei stentava a leggere. Non voleva. Le voleva leggere da sé. Ero già accecato. Mi dicevano di no; che m'avrebbero fatto l'operazione, quando... non so, dicevano che si doveva maturare. E aspettavo. Ma mi annojavo lì in casa della zia: volevo ritornare al mio paese, e piangevo. Zia alla fine si seccò e mi disse che al paese non avevo più nessuno, perché mio padre, perduto l'impiego, era partito per l'America. Per l'America? E come? Mi avevano abbandonato là, solo, in casa della zia? Ma seppi poi che cosa significava quell'America. L'altro mondo. Me lo disse la serva, quando mi morì anche la zia. Già due volte avevo cambiato casa, stando con lei e non sapevo dove mi fossi ridotto ad abitare. Vedevo ancora come in sogno casa mia, e mi credevo vestito come quando mio padre m'accompagnava a scuola. Ma la serva, due giorni dopo la morte di zia, mi prese per mano, mi fece scendere una scala che non finiva mai e mi condusse per istrada. Lì si mise a dir forte, mica a me, certe parole che io in prima non compresi: «Fate la carità a questo povero orfanello cieco, abbandonato, solo al mondo!». Mi voltai: «Ma che dici?». E lei: «Zitto, bello, di' con me, e stendi la manina, così». La manina? Me la cacciai subito dietro come se avesse voluto farmi toccare il fuoco.

Alfreduccio, commosso, ha un brivido alla schiena che lo fa ridere:

– Allegri!

– Allegri, mannaggia Macometto! – gli fa eco il Rosso. – Dopo tutto, la professione t'è andata sempre bene, no?

– Benone, figurati! – esclama Marco. – Ma sai che potevo entrare in un ospizio, io, dove avrei potuto imparare qualche arte o mestiere da guadagnare: sonare il violino o il flauto, per esempio? Quanto mi sarebbe piaciuto il flauto! Ma anche gli studii avrei potuto seguitare. Quella invece mi sfruttò; mi tenne per più di dieci anni con sé... Quando ci penso!

– Non ci pensare più! – gli consiglia il Rosso. – Pensa piuttosto a svagarti in questi giorni, che ne hai bisogno. Mi sembri un Cristo di cera. Vedessi che bella giornata e che belle campagne!

– Ormai! – sospira Marco, scrollando le spalle. – Del resto, non t'illudere, sai? Non c'è niente di niente, neanche per te.

– Come non c'è niente?

– Niente. Gli occhi, caro mio! Qua siamo due ciechi e mezzo. Metti che anche tu sii cieco tutto, e dove se ne va la tua bella giornata e la tua bella campagna?

Il Rosso si ferma un pezzetto a mirarlo, come per vedere se dica sul serio; poi scoppia a ridere.

– Oh, non ti sciupare! – gli dice. – Con me non serve, sai? Aspetta a fare il poeta quando saremo in mezzo alla gente.

– Ignorante! – esclama Marco. – Che c'entra il poeta? Fisica, caro mio.

– Fisica? Non ne mangio.

– Le cose, come sono, nessuno lo può sapere. Così mi consolo io. Tu dici qua. Sì: ci sono tante cose perché tu le vedi; mentre io no. Ma come sono, tu che le vedi, mica lo sai meglio di me. E te lo spiego. Che vedi là?

– Una croce, che ci ammazzarono padron Dodo, l'altro anno.

– Volta; lo so. Di qua che vedi?

– Un pagliajo, con un pentolino in cima per cappello.

– E come ti pare? Giallo?

– Colore di paglia, direi.

– Di paglia, per te. La paglia, poi, per conto suo, chi sa cos'è, chi sa com'è. Sai dove sono i colori? Tu credi nelle cose? Che! Negli occhi sono. E bada, finché vedono la luce. Difatti, ne vedi tu colori di notte, stando al bujo? Sicché gli occhi, caro mio, vedono finto; con la luce.

– Aspetta, – dice il Rosso. – Ora me li cavo. Tanto, sono per finta.

– Ignorante! – ripete Marco. – Non dico questo. Tu vedi la cosa come i tuoi occhi te la fanno vedere. Io la tocco e me la figuro, con le dita. Dimmi un po', se pensi alla morte, che vedi anche tu? Nero più nero di questo mio. Davanti alla morte, ciechi tutti! ciechi tutti!

– E ora comincia la predica! – esclama il Rosso. – Sta' zitto, che qua non c'è nessuno!

Così difatti è solito cominciare le sue prediche Marco, quelle almeno più solenni e terribili. «Ciechi tutti! ciechi tutti!» e leva le braccia, agitando le mani per aria, mentre la faccia, col volume di tutta quella gran barba nera, gli si sbianca di più.

Un cieco che dica ciechi gli altri non è di tutti i giorni. E fa furore.

Ora il Rosso apprezza queste doti di Marco perché sa che gli fruttano bene; ma si può essere certi che stima sciocchi tutti coloro che gli fanno la carità. Vivendo per le campagne come un animale forastico, s'è formata anche lui una sua particolare filosofia, di cui, strada facendo, per non restare indietro a nessuno, vuol dare un saggio ai due compagni. Li pianta lì in mezzo allo stradone dicendo loro d'aspettare un pochino, perché ha riflettuto che Sopri è molto lontana e non potrebbero arrivarci se non dopo il tocco.

– Ragionate tra voi dei colori che non ci sono. Me li arrotolo e me li porto via con me sotto il braccio per cinque minuti. Tanto, a voi non servono!

– E dove vai? – domanda Alfreduccio.

– Qua vicino. Non temete, torno presto. Penso per tutti.

Alfreduccio allunga una mano per toccare Marco e stringersi a lui; non tocca nulla perché Marco gli sta dietro; e allora chiama:

– Marco!

– Eh? – fa questi, protendendo anche lui una mano, nel vuoto.

Ma basta a confortarli la voce, sentendosi almeno vicini.

– Bell'aria!

– Allegri!

Traggono un sospiro di sollievo udendo il tonfo cupo della stampella del Rosso.

– Eccomi, zitti! – dice questi, ansimando e trascinandoli via per lo stradone. – Andiamo! andiamo!

Marco, costernato, sentendosi strappare avanti con tanta furia, domanda:

– Perché?

E Alfreduccio, arrancando dietro, chiede anche lui:

– Perché?

– Zitti! – impone loro il Rosso di nuovo. E finalmente, fermandosi a una svoltata dello stradone, acchiappa una mano d'Alfreduccio per fargli palpare qualcosa dentro la bisaccia.

– Gallina? – dice subito Alfreduccio.

Marco aggrotta le ciglia:

– L'hai rubata?

– No. Presa, – risponde il Rosso tranquillamente.

Marco si ribella:

– Via subito a lasciarla dove l'hai rubata!

– Perché se la mangino i cani? È già morta!

– Non so niente! Buttala via! Se dobbiamo stare insieme, rubare niente! Te lo pongo per patto.

– Ma chi ruba? – dice il Rosso sghignazzando. – Lo chiami rubare tu, questo? Sì, forse in città. Ma qua siamo in campagna. Caro mio! La volpe sì, se le vien fatto, si prende una gallina, e io uomo no? Allarga le idee, all'aria aperta!

– Non allargo niente! – ribatte Marco, pestando un piede. – Me ne torno indietro, bada, a costo di rompermi l'osso del collo. Coi ladri non fo lega!

E si strappa da Alfreduccio che s'è afferrato con una mano al suo braccio.

Il Rosso lo trattiene:

– Eh via, che furia! Vuol dire che non nc mange rai, tu che sei tanto dabbene! Ma se la paglia, scusa è paglia per me, perché la volpe poi ti deve parer la dra? Sarà ladra per te che hai comprato la gallina Ma la volpe ha fame, caro mio; non è ladra. Vede una gallina? Se la prende.

– E tu che sei, volpe? – gli domanda Marco.

– No, – risponde il Rosso. – Ma essere uomo per te che vuol dire? Morire di fame?

– Lavorare! – gli urla Marco.

– Bravo, cane! E se non puoi?

– Faccio così!

E Marco stende una mano, in atto di chiedere l'elemosina.

Allora il Rosso, irresistibilmente:

– Puh!

Uno sputo su quella mano. Partito proprio dal fondo dello stomaco.

Marco diventa furibondo:

– Porco! Schifoso! Vigliacco! A me, uno sputo? T'approfitti che sono così?

E con quella mano da cui pende filando lo sputo, levata in aria per schifo, e con l'altra armata del bastone, cerca il Rosso che lo scansa dando indietro e sghignazzando.

Alfreduccio, più là, spaventato, si mette a gridare:

– Ajuto! ajuto!

Ma subito il Rosso gli è sopra e gli tura la bocca.

– Zitto, bestia! Ho fatto per ischerzo!

Marco pesta i piedi, si contorce dalla rabbia, curvo, e grida che vuol tornare indietro. Tra le mani del Rosso Alfreduccio, come un annegato, gli lancia una voce:

– E io con te, Marco!

Allora il Rosso lo caccia a spintoni:

– E andate a rompervi il collo tutt'e due! Voglio vedervi! Andate, andate!

I due si raggiungono, si prendono per mano, e via di furia, tastando coi bastoni la polvere dello stradone. Quella fretta arrabbiata di poveri impotenti che andando ballano dall'ira, provoca di nuovo le risa del Rosso che s'è fermato a guardarli. Se non che, a un certo punto, vedendo che alla svoltata seguitano a tirar via di lungo:

– Ferma! ferma, perdìo! – si mette a gridare.

E correndo giunge appena in tempo a strapparli dal pericolo di precipitare giù nel burrone.

– Ecco, tieni, schiaffeggiami, – dice poi a Marco, lasciandosi prendere. – Sono qua.

Marco, ancora rabbioso, gli afferra la camicia sul petto e gli grida in faccia, come in confidenza:

– Ringrazia Dio, carogna, che non ho nulla addosso! Ti ammazzerei!

– Vuoi il coltello? Tieni, ammazzami, – fa il Rosso, cacciandosi una mano in tasca per finta di cercarvi il coltello. Ma scoppia a ridere di nuovo, scoprendo che Alfreduccio lo ha cavato di tasca per davvero, lui, sotto sotto. – Bello! – gli grida, agguantandogli la mano. – Ah, tu lo cacci per davvero? Bravo, rospo! E guarda com'è affilato! E fuori misura! Ma sai che potrei schiaffarti in catorbia come niente? Giù, lascialo, buttalo! Così... E a terra anche tu!

– Per carità! pe   arità! – geme Alfreduccio, buttandoglisi davan.   . g.nocchio.

– Che gli fai? – urla Marco.

– Niente, – dice subito il Rosso, raccattando con una mano il coltello e afferrando con l'altra un orecchio ad Alfreduccio. – Gli mozzo per segno quest'orecchio.

– No! – grida Alfreduccio con una strappata di testa e abbracciandogli le gambe, atterrito.

– Eh via, lasciami le gambe! Mi hai fatto ridere, – dice allora il Rosso. – Alzati e andiamo· finiamola! Se no, a Sopri ci arriveremo per l'anno santo. Andiamo, andiamo. E tieni qua il coltello, che ti può servire per il pane. Io ho fatto per ischerzo, Marco. Tu dici chiedere l'elemosina, come se questa non fosse anche la mia professione... Ma scusa, quando sono per le campagne, che ho fame e nessuno mi vede; se vedo una gallina, scusa, mica posso andare a chiederle: «Fammi un ovetto, cocca bella, per carità!». Non me lo fa. E allora io me la prendo, me l'arrosto e me la mangio. Tu dici che rubo; io dico che ho fame. Qua siamo in campagna, caro mio. Gli uccellini fanno così, i topi fanno così, le formiche fanno così... Creaturine di Dio, innocenti. Bisogna allargare le idee. E sta' pur sicuro che non prendo per arricchire, ché allora sì sarei ladro svergognato: prendo per mangiare; e chi muore muore. Sazio, non tocco neppure una mosca. Prova ne sia, che ho una pulce adesso che mi sta a succhiare una gamba. La lascio succhiare. Quantunque, di' un po', ci può essere bestia più stupida di questa pulce? Succhiare il sangue a me, il sangue mio che non può essere dolce, né puro, né nutritivo, e lasciare in pace le gambe dei signori!

Alfreduccio scoppia a ridere e fa ridere anche Marco che non ne ha nessuna voglia. Il sangue gli s'è tutto rimescolato; si sente come un gran fuoco alla testa; stenta a respirare.

Il Rosso se n'accorge e si mette in apprensione.

– Bisogna che tu ti riposi un poco, – gli dice. – Lascia fare a me. Lassù all'ombra.

Ajuta, prima l'uno e poi l'altro, a montare sul ciglio dello stradone e li pone a sedere all'ombra d'un grande platano; siede anche lui e dice all'orecchio d'Alfreduccio:

– Ho paura che non regga al cammino

– Ho paura anch'io, – fa Alfreduccio. – Toccagli la mano. Scotta.

Il Rosso ha uno scatto d'ira:

– E che vorresti fare?

– Mah! Io direi...

– Di tornare indietro? Bel negozio ho fatto io a mettermi con vojaltri due! Lascialo riposare; vedrai che gli passerà tutto. Domando e dico che ci state a fare su la faccia della terra l'uno e l'altro! Neanche buoni a fare tre miglia a piedi! E ammazzatevi! Che vita è la vostra! Guarda che faccia, oh! Guarda che occhi! Fortuna che non ti vedi, caro mio!

Alfreduccio ascolta con un sorriso da scemo sulle labbra, appoggiato al tronco dell'albero.

– Ah tu ridi?

– Eh, – risponde Alfreduccio, – che vuoi che faccia?

– Ti vorrei mettere un fiore in bocca, – riprende il Rosso, – lavare, pettinare e vestire come un signore: poi condurti per le fiere: «Guardate, signori, che belle cose fa il buon Dio!». Chiudi codesta bocca, mannaggia! o te la muro con un pugno di terra! Non te la posso vedere così aperta.

Alfreduccio chiude subito la bocca; e allora il Rosso ripiglia con altro tono:

– Se arriveremo a Sopri, vedrai che raccoglieremo bene. Avendo poi qualche cosa da parte, non saremo forzati a trottar sempre. Potremo prendercela anche comoda e far davvero la villeggiatura anche noi. Sopri è un bel paese, sai? grande; e ci conosco parecchia gente, uomini e anche... anche donne, sì.

Sghignazza e soggiunge:

– Donne, tu... niente?

Alfreduccio gli mostra la faccia squallida, con la bocca di nuovo aperta a un ineffabile sorriso:

– Mai, – dice.

– E come hai fatto? Non ci hai mai pensato?

– Sì, sempre, anzi. Ma...

– Capisco. Ma i ciechi, sai (chiudi la bocca!), i ciechi con le donne oneste possono aver fortuna. Guarda, scommetterei che Marco, bell'uomo, avrà avuto le sue avventure. Perché la donna, capisci? tutto sta che possa farlo senza esser veduta. Un cieco, che non può sapere né dire domani con chi sia stato, è proprio quello che ci vuole per lei. E io so di tanti ciechi che sono ricercati e mandati a prendere fino a casa da certe vecchie... Ah, ma non brutti come te, però. Di', ti piacerebbe?

– Eh, – fa di nuovo Alfreduccio, stringendosi nelle spalle.

– Ebbene, a Sopri, se ci arriveremo, – promette il Rosso. – Ma tu persuadi Marco a seguirci.

– Sì sì, non dubitare, – s'affretta a dire Alfreduccio, con tale impegno che il Rosso scoppia a ridere forte.

Alla risata Marco, che s'è steso tutto per terra e addormentato, si sveglia di soprassalto e domanda spaventato:

– Chi è?

Il Rosso allunga una mano; gli tocca la fronte, e fa una smusata.

– Stai lì, stai lì, – gli dice, – dormi tranquillo.

Poi, volgendosi ad Alfreduccio:

– Ha la febbre per davvero, oh! e forte. Sai che faccio? Ti lascio qua di guardia e vado a vedere se mi riesce far cuocere in qualche posto la gallina. So bene come sono i galantuomini: la gallina no, non se la mangerà perché l'ho rubata; ma inzupperà certo il pane nel brodo che ne caveremo. Aspettami. Torno presto. E pensa intanto alle donne, tu; così starai allegro.

Alfreduccio riapre la bocca al suo riso da scemo. Il Rosso, scendendo, si volta a guardarlo, per un'idea che gli balena: strappa uno dei papaveri che avvampano al sole, lì sul ciglio, e va a ficcarne il gambo amaro in bocca ad Alfreduccio che subito stolza, facendo boccacce e sputando.

– Sciocco, sta' fermo! È un fiore. Apri la bocca. Ti voglio lasciare così, come uno sposino.

Torna a sghignazzare, e se ne va.

Alfreduccio resta fermo un pezzo con quel papavero in bocca. Ode dallo stradone ancora una risata del Rosso. Poi, più nulla.

– Marco!

Gli risponde un lamento.

– Ti senti molto male?

E Marco:

– Passa un carro. Buttamici sopra.

– Un carro? – fa Alfreduccio, tendendo l'orecchio. – No, sai. Non passa nessun carro. Vorresti tornare indietro? Appena verrà il Rosso, glielo diremo. Siamo nelle sue mani.

Marco scuote la testa su la terra. L'altro attende ancora un poco; poi, non sentendosi dire più nulla, rimane zitto anche lui. Tutt'intorno è un gran silenzio.

A un tratto Marco ha un sussulto e ritrae la mano dalla mano del compagno.

– Ch'è stato?

– Non so. M'è passata qualche cosa su la faccia.

– Foglia?

– Non so. Dormivo.

– Dormi, dormi. Ti farà bene.

Una voce lontana, di donna che passa cantando.

Il vuoto s'allarga intorno ad Alfreduccio, di quanto è lontana quella voce. Con tutta l'anima nell'orecchio, egli cerca d'avvicinarsi a quella voce. Ma la voce tutt'a un tratto si spegne. E Alfreduccio rimane in ansia, costernato, non potendo più indovinare se quella donna si avvicini o si allontani. Si rimette in bocca il fiore.

– Le donne...

(Forse è meglio finire qui. Non val la pena stare ancora a far spreco di fantasia su questa vecchia stampa di maniera.)

LA PAURA DEL SONNO

I Florindi e i Lindori, dalle teste di creta dipinte di fresco, appesi in fila ad asciugare su uno dei cinque cordini di ferro tesi da una parete all'altra nella penombra della stanzaccia, che aveva sì due finestroni, ma più con impannate che con vetri, chiamavano la moglie del fabbricante di burattini, la quale si era appisolata con l'ago sospeso in una mano che pian pianino le si abbassava in grembo, davanti a un gran canestro tutto pieno di berrettini, di brachette, di giubboncini variopinti.

– *Parona bela!*

E l'appisolata si scoteva di soprassalto; si stropicciava gli occhi; si rimetteva a cucire. Uno – due – tre punti e, a poco a poco, di nuovo, ecco le palpebre socchiudersi e il capo pian pianino reclinarsi sul seno, come se volesse, un po' tardi veramente e con molto languore, dir di sì ai Florindi e ai Lindori: un sì che voleva dir no, perché le parrucchine, dormendo, non le faceva davvero quella buona signora Fana.

– *Neh, signo'!* – chiamavano allora i Pulcinelli, dal secondo cordino.

L'appisolata tornava a scuotersi di soprassalto; si stropicciava gli occhi; si rimetteva a cucire. Uno – due – tre punti... ed ecco, di nuovo, le palpebre socchiudersi, il capo reclinarsi pian pianino, come se volesse dir di sì anche ai Pulcinelli. Ma, ahimè, non faceva neanche le casacche e i berrettoncini la buona signora Fana, così.

E aspettavano pure tocchi e toghe, maglie e brachette e manti reali, su gli altri cordini di ferro, giudici, pagliaccetti, contadinotti e Carlimagni e Ferraù di Spagna: tutto, insomma, un popolo vario di burattini e marionette.

Saverio Càrzara, marito della signora Fana, per questa sua svariata e ingegnosa produzione s'era acquistato il nome e la fama di *Mago delle fiere*. Realmente aveva la passione del suo mestiere, e tanto impegno, tanto studio e tanto amore poneva nel fabbricare le sue creaturine, quanto forse il Signore Iddio nel crear gli uomini non ne mise.

– Ah, quante cose storte hai tu fatte, Signore Iddio! – soleva infatti ripetere il *Mago*. – Ci hai dato i denti, e a uno a uno ce li levi; la vista, e ce la levi; la forza, e ce la levi. Ora guardami, Signore iddio, come m'hai ridotto! Di tante cose belle che ci hai date, nessuna dunque dobbiamo riportarne a te? Bel gusto, di qui a cent'anni, vedersi comparire davanti figure come la mia!

Egli, il *Mago*, ogni sera, vincendo lo stento con la pazienza, leggeva ogni sorta di libri: dai *Reali di Francia* alle commedie del Goldoni, per arricchirsi vieppiù la mente di nuove cognizioni utili al suo mestiere.

Gli era di conforto a quello studio un buon fiasco di vino. E leggeva ad alta voce, magnificamente spropositando. Spesso rileggeva tre e quattro volte di seguito lo stesso periodo, o per il gusto di ripeterselo, o per capirne meglio il senso. Talvolta, nei punti più drammatici e commoventi, a qualche frase d'effetto, chiudeva furiosamente il libro, balzava in piedi e ripeteva la frase ad altissima voce, accompagnandola con un largo ed energico gesto:

– *E lo bollò con due palle in fronte!*

Si raccoglieva, ci ripensava un po', e poi di nuovo:

– *E lo bollò con due palle in fronte!*

La moglie dormiva quietamente, seduta all'altro

capo del tavolino, affagottata in un ampio scialle di lana. Di tanto in tanto il suo ronfo crescente infastidiva il marito, il quale allora interrompeva la lettura per mettersi a fare con le labbra il verso con cui si chiamano i gatti. La moglie si destava; ma, poco dopo, ripigliava a dormire.

Saverio Càrzara e la *signora* Fana (come ella si faceva chiamare: – Perché io veramente, di nascita e d'educazione, sono signora! –) erano da dodici anni uniti in matrimonio, e mai una lite, mai un malinteso avevano turbato la quiete laboriosa della loro casetta.

Da giovanotto, il Càrzara, sì, era stato un po' focoso, tanto che portava ancora i calzoni a campana a modo dei *guappi*: e forse avrebbe voluto pettinarsi ancora coi fiaccagote; ma i capelli, eh! gli erano caduti precocemente; avrebbe voluto fors'anche parlare con l'enfasi d'un tempo; ma la voce aveva adesso certi improvvisi ridicolissimi cangiamenti di tono, che don Saverio preferiva star zitto, e parlava solo quando non poteva farne a meno; e lo faceva ogni volta in fretta e arrossendo.

Al guasto dei capelli, all'infermità della voce s'era poi unita, a finir d'estinguere il giovanile fervore del *Mago*, l'indole placidissima della moglie.

Piccola di statura, stecchita, come di legno, la signora Fana pareva avesse lo spirito avvelenato di sonno: dormiva sempre, infusa come in un'aura spessa e greve di letargo; o si rintanava in un cupo, oscuro silenzio, rifuggendo in tutti i modi da ogni sensazione della vita.

Aveva accolto i primi impeti d'amore del marito come un lenzuolo bagnato un febbricitante. E così gli ardori del Càrzara a poco a poco si erano raffreddati.

Attendeva ora assiduamente al lavoro, senza mai stancarsi. Qualche volta, dimentico della infermità della voce, si provava a canticchiare, lavorando;

smetteva però subito, non appena la dolorosa coscienza di quella ridicola infermità gli si ridestava; sbuffava, e continuava (come per ingannar se stesso) a modulare il motivo fischiando. S'intratteneva qualche sera un po' di soverchio col fiasco del vino; ma la placida moglie ci passava sopra, purché egli la lasciasse dormire.

Questa del continuo sonno della moglie era una spina che di giorno in giorno si faceva più pungente per il *Mago*. I burattini, è vero, esposti ignudi su i cordini di ferro non erano capaci di soffrire il freddo o la vergogna; ma, andando a lungo di questo passo, don Saverio si vedeva minacciato d'avere tra breve tutte le stanze invase dalle sue creaturine ignude e supplicanti la signora Fana di fornir loro, alla fine, la tanto attesa opera dell'ago. Senza contare che quattrini in casa non ne entravano davvero, seguitando così.

– Fana! – chiamava egli pertanto, dalla stanza attigua, in cui lavorava, e – Fana! – di lì a poco, se ella non rispondeva, e – Fana! Fana! – di mezz'ora in mezz'ora, per quanto era lunga la giornata. Finché stanco, per farla breve, di quella continua sorveglianza, prese un giorno il partito di lasciar dormire in pace la moglie e di dare a cucir fuori i varii indumenti delle sue creaturine. Era il meglio che potesse fare, perché la signora Fana, imbestiata nel sonno, infastidita dai continui richiami, cominciava a rispondere con poco garbo al marito.

– Questo sonno è la mia croce, – diceva il *Mago* a gli amici, di cui ascoltava ora con compiacimento le commiserazioni, e in ispecie quelle della vicina, a cui aveva rimesso l'incarico della fornitura del vestiario per i suoi burattini.

Con gli occhi bassi questa vicina parlava sospirando al Càrzara del marito defunto, «buon uomo, ma pigro, sant'anima!».

– Per il sonno e per il caldo del letto, vedete, ci siamo ridotti in questo stato... Lui, no, ormai: dorme in pace per sempre, poverino! ma io... mi vedete? Perciò vi dico che nessuno può compatirvi più di me...

E chi sa quanto e fino a qual punto avrebbe voluto davvero compatirlo, se il *Mago* col suo onesto contegno non avesse imposto fin da principio un limite alla vedova vicina.

– Badate se quel sonno non provenga da qualche malattia che cova! – gli suggeriva intanto qualche amico.

Il *Mago* si stizziva, scrollava le spalle.

– Non mi fate ridere! Mangia per due, dorme per quattro! Vorrei essere malato io, com'è malata lei!

Così, in quel tratto di via, non si parlava d'altro che del continuo sonno della signora Fana, passato quasi in proverbio.

Quand'ecco una mattina, poco prima di mezzogiorno, partire dalla casa del Càrzara grida e pianti disperati.

Tutto il vicinato e altra gente che si trovava a passare per via accorrono e trovano la signora Fana stesa immobile sul pavimento e il *Mago* che grida in ginocchio e piange davanti a lei:

– Fana! Fana! Fana mia! Non mi senti più? Perdono! Fana mia...

Poi, alla vista di tanta gente, comincia a percuotersi le guance:

– Assassino! Assassino! L'ho ammazzata io! Non l'ho curata! Io che credevo...

– Coraggio, su! coraggio... – gli ripetono attorno tante voci, nella confusione del momento. – Coraggio! Avete ragione, poveretto!

E alcune braccia lo strappano dalla morta, lo sollevano, lo trascinano in un'altra stanza, sorreggendolo; mentr'egli, con l'escandescenza del primo dolore, interrotto da singhiozzi, narra com'è avvenuta la disgrazia:

– Su la seggiola, là... Credevo che dormisse... «Fana! Fana!» la chiamo... – Ah Fana mia! Io t'ho ammazzata... – La chiamavo... Chi poteva supporre? – E lei, come poteva rispondermi? Morta, capite? Così, su la seggiola! Me le accosto per scuoterla, pian piano... e lei... oh Dio! me la vedo traboccare a testa giù, sotto gli occhi... Morta! morta! Oh Fana mia!

Il Càrzara siede inconsolabile, tra un crocchio d'amici; mentre la signora Fana è sollevata da terra e messa a giacere sul letto, subito assiepato da curiosi che si sporgono a guardare di su le spalle dei più vicini. Ha gli occhi chiusi, la buona signora Fana, e pare che dorma placidamente; ma è fredda e pallida, come di cera. E c'è chi vuol sentire quanto le pesi il braccio; chi le tasta la fronte, vincendo il ribrezzo, con paurosa curiosità; chi le rassetta addosso qualche piega della veste.

Il popolo delle marionette, appeso su i cordini di ferro, par che assista atterrito dall'alto a questa scena, con gli occhi immobili nell'ombra della camera. I pulcinelli, senza berrettoncini, par che se li siano levati dal capo per rispetto verso la morta: i Florindi e i Lindori, senza parrucchine, pare che se le sieno strappate nella disperazione del dolore; soltanto i paladini di Francia, chiusi nelle loro armature di latta o di cartone indorato, ostentano un fiero disdegno per quell'umile morte non avvenuta in campo di battaglia; e i piccoli Pasquini, dalle folte sopracciglia dipinte e il codino arguto sulla nuca, conservano la smorfia furbesca del sorriso che scontorce loro la faccia, come se volessero dire: «Ma che! ma che! La padrona fa per burla!».

Intanto, chi va, chi corre per un medico? – Un medico? Perché? – Povera signora Fana! Morta senza conforti religiosi! – Le torce! Quattro torce! – Sì, ma... il danaro? – Eccolo qua! – (una vicina lo appronta). Si va per il medico. – Ma è inutile! – Vestirla piuttosto! Bisogna vestirla! Dove saranno gli abiti? – Le vicine più premurose girano per la casa in cerca dell'armadio; ficcano il naso da per tutto. – Dov'è l'armadio? – E intanto a piè del letto c'è chi strappa le scarpe alla morta, mentre gli altri raccomandano: – Piano! Piano! – come se la piccola buona signora Fana si possa ancora far maie. Arriva il medico, osserva, tra quella confusione, la giacente poi domanda ai vicini: – Perché m'avete chiama to? –. Nessuno sa o attende a rispondergli, e il medi co se ne va. Allora le vicine fanno sgomberare ia stanza, e poco dopo la signora Fana è vestita e coperta da un lenzuolo.

Il *Mago*, sorretto per le ascelle, viene condotto davanti al letto di morte. La signora Fana su l'ampio letto è così esile e piccina, che s'indovina appena sotto il lenzuolo: due, tre lievi pieghe soltanto accusano il cadavere al lume giallognolo dei grandi ceri.

È già sopravvenuta la sera. Tre vicine veglieranno la morta tutta la notte. Quattro amici terranno in un'altra stanza compagnia al *Mago*.

– Ah, che spasimo qua... – si lamenta questi a tarda notte.

– Nel cuore? Eh, poveretto!

– No. – Don Saverio accenna alla guancia. – Come se ci avessi un cane addentato.

– Scherzi del dolore... – gli risponde uno degli amici.

E un altro gli propone, con esitanza:

– Per stordirlo, una fumatina...

Il terzo gli offre un sigaro.

– Ma che! No! – si schermisce il *Mago*, quasi offeso: – Fana è lì, morta; come faccio a fumare io qua?

Un quarto si stringe nelle spalle e osserva:

– Non vedo che male ci sarebbe, se non fumate per piacere...

E quell'altro gli offre di nuovo il sigaro (tentazione).

– Grazie, no... se mai, la pipa... – dice don Saverio, cavando, esitante, dalla tasca una vecchia pipa intartarita.

I quattro amici lo imitano.

– Come vi sentite adesso? – gli domanda uno, di lì a poco.

– Ma che! lo stesso... – risponde il *Mago*. – Arrabbio dal dolore.

– Forse, date ascolto a me, un goccetto di vino... – suggerisce il primo, rattristato e premuroso.

E gli altri:

– Certo!

– Meglio!

– Stordisce di più! La notte è così fredda!

– Ma vi pare che possa bere? – domanda mestamente don Saverio. – Fana lì morta... Se voi volete, senza cerimonie: di là ce ne dev'essere...

Uno degli amici si alza infreddolito e va a prendere il vino, seguendo le indicazioni del vedovo; non per sé, né per gli amici, ma per quel poveretto che ha mal di denti... Una bottiglia e cinque bicchieri. Man mano la conversazione s'avvia; triste. Resta al *Mago* il rimorso di non aver dato ascolto a chi gli aveva espresso il dubbio non fosse quel sonno continuo della moglie il segno manifesto d'una malattia che le covava dentro. Sì, così era: adesso, troppo tardi, egli ne aveva la prova nel fatto. Ma intanto... eh già, intanto bisognava pur farsi coraggio, rassegnarsi. Nessuna colpa volontaria, in fin dei conti, da parte sua: aveva lasciato dormire la moglie per non infastidirla più. La moglie invece era malata, dormiva, poverina, quasi per prepararsi all'ultimo sonno! Che ne sapeva don Saverio? Un giorno o l'altro quella disgrazia doveva pure accadere! Non era più vita, ormai! Meglio dunque presto che tardi, e per tante ragioni...

Così, a poco a poco, la bottiglia si votava, ma piano piano, senza glo glo. E finalmente ruppe l'alba.

Ai quattro angoli del letto le torce si erano a metà consumate, non ostante la cura d'una vicina che pazientemente aveva nutrito d'ora in ora le fiammelle coi gocciolotti raccolti dai fusti, perché contava di portarsi via i resti di quelle torce, mentre le altre due compagne dormivano placidamente accanto al letto funebre.

Vennero su le prime ore del giorno i portantini col cataletto.

I morti, al tempo del *Mago*, non si spedivano belli e incassati all'altro mondo: usavano altri mezzi di spedizione: i cataletti.

Tutto il vicinato era già in attesa, per accompagnare la defunta fino all'uscita del paese.

Don Saverio volle legare lui stesso con le sue mani i polsi della moglie con un nastrino di seta gialla, come usava allora; poi, ajutato da un amico, tolse dal letto la morta per le spalle e l'adagiò sul cataletto, e le pose sul seno un Crocifisso; la baciò in fronte e la contemplò un tratto attraverso le lagrime che gli sgorgavano abbondanti dagli occhi gonfi e rossi.

Un sacerdote, labbreggiando con gli occhi socchiusi un'orazione, benedisse il cadavere, e finalmente i portantini s'introdussero tra le stanghe del cataletto, si disposero su gli omeri le cinghie, e via.

Il *Mago* ricadde in preda ai quattro amici della veglia.

Andava il mortorio silenzioso per le vie della cittaduzza, a quell'ora deserte. Il freddo era intenso, e andavano gli uomini stretti nelle spalle e con le mani in tasca, guardando il fiato vaporare nell'aria rigida invece del fumo della pipa che non accendevano per rispetto alla morta; andavano le donne avvolte negli scialli neri di lana o nelle mantelline di panno, conversando tra loro a bassa voce; e borbottando orazioni, le vecchie. Di tratto in tratto il mortorio s'arrestava, e i portantini si davano il cambio.

La via che conduceva al camposanto, situato in alto, in cima al colle che sovrasta la cittaduzza, svoltava bruscamente al cominciare dell'erta, fuori dell'abitato. Proprio al gomito sorgeva un vecchio albero di fico dal tronco ginocchiuto e dai rami aspri e stravolti, coi quali sbarrava quasi il passaggio. Quest'albero di fico, guardiano della via del cimitero, non era stato abbattuto, perché, rendendo così, coi suoi rami, difficile il transito ai morti, pareva ai vivi di buon augurio.

Giunto presso all'albero, già il codazzo del mortorio si sbandava, quand'ecco, a un tratto, avendo i portantini nel darsi un ultimo cambio lasciato impigliar le vesti della morta tra i rami del fico più sporgenti, la signora Fana, solleticata alle gambe, alle mani, al volto, dalle foglie dell'albero, tra le grida d'orrore di tutta la gente, sorgere a sedere sul cataletto, coi polsi legati, cerea, sbalordita di trovarsi in quel luogo, all'aria aperta, tra tanto popolo che le urlava intorno raccapricciato.

Per volere di Dio o per mano del diavolo, la piccola signora Fana era risuscitata; e forse il merito spettava più al diavolo, a giudicare almeno dalla prova che della sua resurrezione volle subito dare spezzando il nastro che le legava i polsi per scagliare contro la gente che la intronava il Crocifisso trovatosi in grembo. Scesa poi dal cataletto con le mani tra i capelli, fu circondata dalle amiche, dai curiosi che avevano seguito il mortorio. In un baleno si sparse, volò la nuova della resurrezione, e gente accorreva da ogni parte, a vedere il miracolo.

– Miracolo! Miracolo!

E la piccola signora Fana non trovava parole da rispondere; stordita, oppressa, tempestata di domande, di cure, guardava in bocca la gente. – Una sedia! Una sedia! – Non si reggeva in piedi? – I piedi? – Come si sentiva? – Aria! Aria! Largo! – I piedi? – Come! le facevano male i piedi?

– Sì... ho le scarpe strette, che non mettevo più da un anno... – risponde la signora Fana, guardandosi i piedi, seduta.

I più vicini ridono; le tolgono le scarpe.

– Voglio tornare a casa... – riprende la signora Fana.

Sorge allora un contrasto tra la folla raccolta.

– Per carità! Non la fate andare subito a casa! – raccomandano alcuni.

– Subito! Subito! – tempestano altri.

– No! Preparate alla notizia il marito! Potrebbe impazzire!

– È giusto! È giusto! – si grida di qua; ma di là, sollevando in trionfo la sedia su cui la signora Fana sta seduta: – A casa! A casa!

– No! Prima in chiesa! A ringraziare Dio!

– A casa! A casa!

Da quel pandemonio, intanto, tre, quattro vicini di casa del *Mago* scappano di corsa per prepararlo al fausto avvenimento, prima che arrivi la processione che va gridando in delirio per le vie:

– Miracolo! Miracolo!

– Cose che avvengono... – spiega invece sorridendo un medico mattiniero in una farmacia. – Una sincope cessata a tempo, per fortuna!

Intanto i vicini accorsi a dare l'annunzio, pervenuti in casa di Càrzara, lo trovano tra i quattro amici della veglia, se non del tutto confortato, già quasi calmo. Discorre dei suoi burattini e dell'arte sua, fumando e bevendo con gli altri, a sorsellini, senza aver l'aria di badare a quello che fa. La mestizia, sì, è rimasta nella voce, poiché il discorso è partito dalla disgrazia della moglie che da molto tempo non lo ajutava più nel suo lavoro; ma ne parla come se fosse morta da più d'un anno. Gli amici gli lodano le sue creaturine, e lui se ne compiace; ne ha presa anzi una a caso da un cordino, e la mostra ai quattro ammiratori.

– Guardate... no, vi prego, guardate bene. In coscienza, chi li lavora più così? Questi non si rompono neanche se li sbattete su le corna del Tubba che osa dirsi mio rivale! È facile che un bambino, fattura di Dio, muoja; ma questi che faccio io campano cent'anni, parola d'onore! La ragione c'è: figli non ne ho avuti, mi capite? I miei figli sono stati sempre questi qua.

Ma la strana animazione che è nei volti dei sopravvenuti tutti ansanti, esultanti, sorprende il *Mago* e i quattro compagni.

– Una buona notizia, don Saverio!

– No, cioè... sì... una notizia che vi farà piacere...

– Che notizia?

– Ma... ecco, dicono... che tante volte... sì, uno si inganna e che poi non è vero... in certe malattie...

– Miracoli della Madonna, ecco! – esclama uno, con gli occhi spiritati, non sapendo più contenersi.

– Che miracoli? che malattie? Parlate! – fa il *Mago* alzandosi, inquieto.

Ma già comincia a farsi sentire dal fondo della via il clamore confuso della processione.

– Vostra moglie, sentite?

– Ebbene?... Ebbene?... – balbetta don Saverio impallidendo, poi, a un tratto, arrossendo.

– Non è morta? – domanda stupito uno dei quattro compagni.

– No, don Saverio, no! sentite? ve la por... Oh Dio, don Saverio! Che avete?

Il *Mago* si abbandona sulla seggiola, privo di sensi.

– Aceto! Aceto! Fategli vento!

Il clamore della processione cresce, s'avvicina vie più, diviene assordante. La popolazione è già sotto la casa del *Mago*. E invano i primi accorsi e due dei compagni si sbracciano a far cenni, a zittire dal balconcino: nessuno dà loro retta; e già la signora Fana, calata tra gli evviva dalle spalle dei portatori, si alza dalla seggiola, confusa, imbalordita dai mille rallegramenti che le piovono da tutte le parti.

– Zitti! Zitti, perdio! È svenuto! Lo fate impazzire!

La signora Fana, seguita da gran moltitudine di gente, sale la scala – la casa è inondata – don Saverio non rinviene.

– Saverio! Saverio! Saverio mio! – lo chiama la moglie, abbracciandolo.

– Adesso muore il marito! – esclama la gente qua e là.

Finalmente il *Mago* si rià. Marito e moglie s'abbracciano piangendo dalla gioja, a lungo a lungo, tra i battimani e gli evviva di tutti. Don Saverio non sa credere ancora ai suoi occhi.

– Ma come? È vero? È vero?

E tocca, stringe, torna ad abbracciare la moglie, piangendo.

– È vero? È vero?

Poi, come impazzito dalla gioja, si mette a trar salti da montone e con le mani scuote, agita, scompiglia su i cordini di ferro i burattini e le marionette, invitando gli altri a far lo stesso.

– Così! Così! facciamoli ballare! Su! su! Ballare! Balliamo tutti, perdio!

E mille braccia minuscole, mille gambette di legno si agitano scompostamente, con furia pazza, in pazzo tripudio, tra le risa e le grida della gente. I più ridicoli di tutti sono i piccoli Pasquini, con la faccia scontorta dalla smorfia furbesca: – «Lo dicevamo noi che la padrona faceva per burla!» – E danzano e dondolano allegramente.

A poco a poco, intanto, i curiosi sgombrano la casa: rimangono i più intimi del vicinato: una dozzina di persone.

– A pranzo! a pranzo! Tutti quanti a pranzo con me! – propone il *Mago*.

E tiene una seconda festa di nozze.

Ma, terminata la festa:

– Badate adesso, don Saverio! – gli ricordano gli amici sottovoce, prima di partirsi. – Badate che vostra moglie non si rimetta a dormire come per l'addietro... Badate!

Da quella notte stessa, cominciò per il *Mago* una vita d'inferno.

Nulla di più naturale che, di notte, santo Dio, la moglie dormisse. Ma egli non poteva più vederla dormire. La toccava leggermente per sentire se non era fredda; si levava su un gomito per discernere al lume del lampadino da notte se la coperta sulla moglie si movesse al ritmo del respiro; e, non contento, accendeva la candela per meglio esaminarla, se non era troppo pallida... Fredda non era, e respirava, sì; ma perché così piano e a lento? perché così placida?

– Fana... Fana... – chiamava allora a bassa voce, per non svegliarla di soprassalto.

– Ah... chi è?... che vuoi?

– Nulla... sono io... Ti senti male?

– No. Perché? Dormivo...

– Bene... dormi, allora, dormi!

– Ma perché mi hai svegliata? Come faccio adesso a riaddormentarmi?

Anche la signora Fana, ora, aveva paura del sonno; smaniava sul letto, con gli occhi sbarrati, angosciata dal terrore, come in attesa che qualcosa a un tratto dovesse mancarle dentro. Ma le notti che era così smaniosa e non dormiva, il *Mago* era contentone e dormiva lui, invece, fino a tanto però che la moglie, trambasciata dall'insonnia e dalla paura, non lo svegliava a sua volta.

Così, a nessuno dei due recava riposo la notte. Di giorno, poi, era un altro continuo tormento.

Non dormendo la notte, il sonno naturalmente li coglieva spesso durante la giornata. Ma don Saverio lo scacciava per sorvegliare la moglie la quale minacciava d'addormentarsi, come prima, sulla seggiola. Per divagarla, la intratteneva in discorsi sciocchi e senza nesso, poiché la costante costernazione gl'inaridiva la fantasia.

E pretendeva che la moglie stesse ad ascoltarlo!

– Figli miei, ajutatemi voi! – esclamava il *Mago*, rivolgendosi ai burattini.

Ne toglieva due dai cordini di ferro, e ne dava uno in mano alla moglie.

– Tieni, tu reggi questo...

– Per far che? – domandava sorpresa la signora Fana.

– Sta' a sentire: ti faccio sbellicare dalle risa.

– Oh Dio, Saverio! Ti pare che sia una ragazzina?

– No. Ti rappresento una parte seria: della rotta di Roncisvalle... Sta' a sentire.

E si metteva a declamare, a casaccio, ripetendo le parole del libro, come gli sovvenivano alla memoria, e a far gestire furiosamente la sua marionetta, mentre quella sorretta dalla signora Fana a poco a poco si piegava su le gambette, s'inginocchiava, come se,

impaurita dagl'irosi gesti dell'altra, volesse chiederle
misericordia.

– Fana! Perdio!

– Sì, parla... parla: ti sento!

– Non mi senti! Cava il brando!

– Cavo... cavo...

– Non cavi un corno! Stai dormendo!

– No...

Come no? – Giù una crollatina di capo! – La signora Fana dormiva.

Ah che disperazione per il *Mago*! Si sentiva stretto alla gola da una voglia rabbiosa di piangere, d'ur-
lare. E non lavorava più: le schiere dei burattini e
delle marionette s'assottigliavano di giorno in giorno, su i cordini di ferro, in ogni stanza della casa.

– *Parona bela!* – chiamavano i Florindi e i Lindori.

– *Neh, signo'!* – chiamavano i Pulcinelli.

Invano.

Alcuni di quei cordini parevano tesi ormai per le
mosche che, con l'estate, ricominciavano ad abbon-
dare. E quella casa, tanto tranquilla un tempo, rim-
bombava adesso delle liti tra marito e moglie, a causa del sonno.

Il *Mago* rovesciava le sue bollenti collere su la mobilia, sconquassava seggiole e tavolini, rompeva contro le pareti tazze, vasetti, boccali.

Questo supplizio durò parecchi mesi. Finalmente
la morte ebbe pietà del povero *Mago*, e venne a togliersi, questa volta sul serio, la piccola signora Fana.

Un colpo apoplettico genuino, di pieno giorno, e
mentr'ella non dormiva.

Quasi quasi, in principio, don Saverio non voleva prestarci fede. Ma, accertata da un medico la
morte, si mise a piangere e a strillare come la prima
volta. E volle vestir lui, con le sue mani, la morta;
lui rimetterla sul cataletto e lui annodarle ancora

una volta i polsi, mentre i singhiozzi gli rompevano il petto.

Però ai portantini, che già sollevavano il cataletto, non seppe tenersi dal dire, tra le lagrime:

– Ve la raccomando, poveretta! Fate piano. Passando davanti all'albero di fico, state bene attenti. Tenetevi al largo, quanto più potete, per carità!

LA LEGA DISCIOLTA

Al caffè, dove Bòmbolo stava tutto il giorno, col berretto rosso da turco sul testone ricciuto, un pugno chiuso sul marmo del tavolino in atto d'impero, l'altra mano al fianco, una gamba qua, una gamba là, guardando tutti in giro, senza disprezzo ma con gravità accigliata, quasi per dire: «I conti qua, signori miei, lo sapete, bisogna farli con me», venivano uno dopo l'altro i proprietarii di terre non soltanto di Montelusa, ma anche dei paesi del circondario, anche il vecchio marchese don Nicolino Nigrelli (quello che andava sempre col pomo d'avorio della mazzettina d'ebano sulle labbra appuntite, come se sonasse il flauto), anche il barone don Mauro Ragona, anche il Tavella, tutti insomma, con tanto di cappello in mano.

– Don Zulì, una grazia...

E Bòmbolo, all'atto deferente, subito – bisogna dirlo – balzava in piedi, si cavava il berretto, s'impostava sull'attenti e con la testa alta e gli occhi bassi rispondeva:

– Ai comandi, Eccellenza.

Erano le solite lagnanze e le solite raccomandazioni. Al Nigrelli erano spariti dalla costa quattro capi di bestiame; otto al Ragona dall'addiaccio; cinque al Tavella dalla stalla. E uno veniva a dire che gli avevano legato all'albero il garzone che li badava; e un altro, che gli avevano finanche rubato la vacca appena figliata, lasciando il buccelluzzo che piangeva e sarebbe morto di fame senza dubbio.

In prima Bòmbolo, invariabilmente, per conce-

dere una giusta soddisfazione all'oltraggio patito
esclamava:

– Ah, birbanti!

Poi, giungendo le mani e scotendole in aria:

– Ma, padroni miei, padroni miei... Diciamo birbanti; in coscienza però, a voltar la pagina, quanto
tirano al giorno questi birbanti? Tre «tarì» tirano! E
che sono tre «tarì»? Oggi com'oggi, un uomo, un figlio di Dio che lavora, povera carne battezzata come
Vossignoria, non come me, io sono turco – sissignore
– turco... eccolo qua – (e presentava il *fez*) – dicevamo, un uomo che butta sangue con la zappa in mano
dalla punta dell'alba alla calata del sole, senza sedere
mai, altro che per mandar giù a mezzogiorno un tozzo di pane con la saliva per companatico; un uomo
che le torna all'opera masticando l'ultimo boccone,
dico, padrone mio, pagarlo tre «tarì», in coscienza,
non è peccato? Guardi don Cosimo Lopes! Dacché
s'è messo a pagare gli uomini a tre lire al giorno, ha
da lagnarsi più di nulla? Nessuno più s'attenta a le-
vargli... che dico? – (allungava due dita, si tirava dal
capo con uno strappo netto un capello e lo mostrava)
– è buono questo? neanche questo! Tre lire, signorino, tre lire sono giuste! Faccia come le dico io; e, se
domani qualcuno le manca di rispetto, tanto a lei
quanto alle bestie, venga a sputarmi in faccia: io sono qua.

In fine, cangiando aria e tono, concludeva:

– Quanti capi ha detto? Quattro? Lasci fare a me.
Vado a sellare.

E fingeva di mettersi in cerca di quei capi di bestiame per le campagne, due o tre giorni, cavalcando
anche di notte sotto la pioggia e sotto lo stellato.
Nessuno ci credeva, e nemmeno credeva lui che gli
altri ci credessero. Sicché, quando in capo ai tre
giorni, si presentava in casa o del marchese Nigrelli
o del Ragona o degli altri, e questi lo accoglievano

con la solita esclamazione: – «Povero don Zulì, chi sa quanto avete penato!» – egli troncava con un gesto reciso della mano l'esclamazione, chiudeva gli occhi con gravità:

– Lasciamo andare! – diceva. – Ho penato, ma li ho scovati. E prima di tutto le do parte e consolazione che alle bestie hanno dato stalla e cura. Dove stanno, stanno bene. I «picciotti» non sono cattivi. Cattivo è il bisogno. E creda che se non fosse il bisogno, per il modo come sono pagati... Basta. Pronti a restituire le bestie; però, al solito, Vossignoria m'intende... Oh, trattando con Vossignoria, e con me di mezzo, senza né patti né condizioni: la sua buona grazia, quello che il cuore le detta. E stia sicuro che stanotte, puntuali, verranno a riportarle su la costa le bestie, più belle di prima.

Gli sarebbe sembrata una mancanza di rispetto, così a sé come al signore, accennare anche lontanamente al sospetto, che quei bravi «picciotti» potessero trovare la notte in agguato guardie e carabinieri. Sapeva bene che, se il signore s'era rivolto a lui, era segno che stimava inutile il ricorrere alla forza pubblica per riavere le bestie. Non le avrebbe riavute, di sicuro. Nel riaverle così, mediante quel piccolo salasso di denari, con Bòmbolo di mezzo, ogni idea di tradimento doveva essere esclusa.

E Bòmbolo prendeva il denaro, cinquecento, mille, duemila lire, a seconda del numero delle bestie sequestrate, e questo denaro ogni settimana, il sabato sera, recava intatto ai contadini della Lega, che si raccoglievano in un fondaco su le alture di San Gerlando.

Qua si faceva la «giusta». Cioè, a ogni contadino che durante la settimana aveva lavorato per tre «tarì» al giorno (lire 1,25) veniva secondo giustizia computata la giornata in ragione di tre lire, e gli era dato il rimanente. Quelli che, non per colpa loro, aveva-

no «seduto», cioè non avevano trovato lavoro, ricevevano sette lire, una per giorno; prima però venivano detratte, come per sacro impegno, le pensioncine
settimanali assegnate alle famiglie di tre socii, Todisco, Principe e Barrera che, arrestati per caso di notte da una pattuglia in perlustrazione e condannati a
tre anni di carcere, avevano saputo tacere; una parte
della somma era poi destinata per gli sbruffi ai campieri e ai guardiani di bestiame che, d'intesa, si facevano legare e imbavagliare; il resto, se ne restava,
era conservato come fondo di cassa.

Bòmbolo non toccava un centesimo, quel che si
dice un centesimo. Erano tutte infamie, tutte calunnie quelle che si spargevano sul conto suo a Montelusa. Già egli non aveva bisogno di quel denaro. Era
stato tanti anni nel Levante, e vi aveva fatto fortuna. Non si sapeva dove, precisamente, né come, ma
nel Levante aveva fatto fortuna, certo; e non sarebbe andato appresso a quei pochi quattrinucci rimediati a quel modo. Lo dicevano chiaramente quel suo
berretto rosso e l'aria del volto e il sapore dei suoi
discorsi e quello speciale odore che esalava da tutta
la persona, un odor quasi esotico, di spezie levantine, forse per certi sacchettini di cuojo e bossoletti di
legno che teneva addosso, o forse per il fumo del suo
tabacco turco, di contrabbando, che gli veniva dalle
navi che approdavano nel vicino porto di mare, e
con le quali egli era in segreti commerci, almeno a
detta di molti, che per ore e ore certe mattine lo vedevano con quel fiammante cupolino in capo guardare, come all'aspetto, sospirando, l'indaco del mare
lontano, se da Punta Bianca vi brillasse una vela...
Aveva poi sposato una dei Dimìno, ch'erano notoriamente tra i più ricchi massari del circondario,
massari buoni, di quelli all'antica, che avevano terre
che ci si camminava a giornate senza vederne la fine;
e zi' Lisciànnaru Dimìno e sua moglie, quantunque

la loro figliola dopo appena quattr'anni di matrimonio fosse morta, gli volevano ancora tanto bene, che
si sarebbero levata la camicia per lui.

Tutte, tutte calunnie. Egli era un apostolo. Egli
lavorava per la giustizia. La soddisfazione morale
che gli veniva dal rispetto, dall'amore, dalla gratitudine dei contadini che lo consideravano come il loro
re, gli bastava. E tutti in un pugno li teneva. L'e-
sperienza gli aveva insegnato che, a raccoglierli apertamente in un fascio perché resistessero con giusta
pretesa all'avarizia prepotente dei padroni, il fascio,
con una scusa o con un'altra, sarebbe stato sciolto e
i caporioni mandati a domicilio coatto. Con la bella
giustizia che si amministrava in Sicilia! Non se ne
fidavano neanche i signori! Là, là nel fondaco di San
Gerlando, amministrava lui, la giustizia, quella vera; in quel modo, ch'era l'unico. I signori proprietarii di terre volevano ostinarsi a pagar tre «tarì» la
giornata d'un uomo? Ebbene, quel che non davano
per amore, lo avrebbero dato per forza. Pacificamen-
te, ohè. Senza né sangue né violenze. E col dovuto
rispetto alle bestie.

Aveva un cartolare, Bòmbolo, ch'era come un de-
cimario di comune, dove, accanto a ogni nome erano segnati i beni e i luoghi e il novero delle bestie
grosse e delle minute. Lo apriva, chiamava a consul-
to i più fidati, e stabiliva con essi quali tra i signori
dovessero per quella settimana «pagar la tassa», quali
tra i contadini fossero più designati, o per pratica
dei luoghi o per amicizia coi guardiani o perché d'a-
nimo più sicuro, al sequestro delle bestie. E racco-
mandava prudenza e discrezione.

– Il poco non fa male!

Questa era una delle sue massime favorite. Diventava terribile, ma proprio col sangue agli occhi e la
bava alla bocca, quando s'accorgeva o veniva a sapere che qualcuno della Lega «voleva far la carogna»,

cioè non lavorare. Lo investiva, lo abbrancava per il petto, gli metteva le unghie nel viso, lo scrollava così furiosamente, che gli faceva cader dal capo il berretto e venir fuori la camicia dai pantaloni.

– Cima di birbante! – gli urlava in faccia. – Chi sono io? per chi mi vuoi far conoscere? per chi mi prendi tu dunque? per un protettore di ladri e di vagabondi? Qua sangue s'ha da buttare, carogna! sangue, sudori di sangue! qua tutti con le ossa rotte dalla fatica dovete presentarvi il sabato sera! O questo diventa un covo di malfattori e di briganti! Io ti mangio la faccia, se tu non lavori; sotto i piedi ti pesto! Il lavoro è la legge! Col lavoro soltanto acquistate il diritto di prendere per le corna una bestia dalla stalla altrui e di gridare in faccia al padrone: «Questa me la tengo, se non mi paghi com'è debito di coscienza i miei sudori di sangue!».

Faceva paura, in quei momenti. Tutti, muti come ombre, stavano ad ascoltarlo nel fondaco nero, mirando la fiamma filante del moccolo di candela ritto tra la colatura su la tavola sudicia come una roccia di cacio. E dopo la fiera invettiva si sentiva l'ansito del suo torace poderoso, a cui pareva rispondessero, dalla tenebra frigida d'una grotta, che vaneggiava in fondo, i cupi tonfi cadenzati delle gocce d'una cert'acqua amara, renosiccia, piombanti entro una conca viscida, dove alle volte qualche ranocchia quacquarava.

Se qualcuno ardiva di levare gli occhi, vedeva in quei momenti, dopo la sfuriata, un luccicore di lagrime, di lagrime vere negli occhi di Bòmbolo. Era vanto supremo per lui la testimonianza che gli stessi proprietarii di terre rendevano unanimi, che mai come in quei tempi i contadini s'erano dimostrati sottomessi al lavoro e obbedienti. Solo da questo riconoscimento poteva venir purificata, santificata l'opera ch'egli metteva per loro. Orbene, in quei momenti, vedeva ignominiosamente compromessa la giustizia che, sul serio, con santità, sentiva d'amministrare; compromesso il suo apostolato, il suo onore, per quell'uno che poteva infamar tutti. Sentiva enorme, allora, il peso della sua responsabilità, e ribrezzo per l'opera sua, e sdegno e dolore, perché gli pareva che i contadini non gli fossero grati abbastanza di quanto aveva loro ottenuto, di quel salario di tre lire che, batti oggi, batti domani, era riuscito a strappare all'avarizia dei padroni.

Per lui erano sacri, e sacri voleva che fossero per tutti i socii della Lega, quelli che si erano arresi alla sua costante predicazione, concedendo il giusto salario. Se talvolta mancava il danaro e, cercando e ricercando nel cartolare, non si trovava chi, al solito, per quella settimana dovesse «pagar la tassa», qualcuno tra i consiglieri accennava timidamente a uno di quelli; Bòmbolo si voltava a fulminarlo con gli occhi, bianco d'ira e fremente. Quelli non si dovevano toccare!

Ma, allora?

– Allora, – scattava Bòmbolo, buttando all'aria il cartolare, – allora, piuttosto, salassiamo mio suocero!

E a due o tre contadini era assegnato il compito di recarsi la notte alle terre di Luna, presso la marina, per sequestrare sei o sette bestie grosse a zio Lisciànnaru Dimìno, che pure tra i primi s'era messo a pagare gli uomini a tre lire al giorno.

Poteva bastar questo a turare la bocca ai calunniatori. Salassando il suocero, Bòmbolo rubava a sé stesso, perché l'unico erede dei Dimìno sarebbe stato un giorno il suo figliuolo. Ma piuttosto rubare a se stesso, al suo figliuolo, che far offesa alla giustizia. E che strazio ogni qual volta il vecchio suocero, che vestiva ancora all'antica, con le brache a mezza gamba, la berretta nera a calza con la nappina in punta e gli orecchini in forma di catenaccetti agli orecchi, veniva a trovarlo, appoggiato al lungo bastone, dalle terre di Luna, e gli diceva:

– Ma come, Zulì? così ti rispettano i tuoi? e che sei tu allora? broccolo sei?

– Mi sputi in faccia, – rispondeva Bòmbolo, succiando, con gli occhi chiusi, il fiele di quel giusto rimbrotto. – Mi sputi in faccia, che posso dirle?

Gli pareva ormai mill'anni che uscissero dal carcere quei tre socii, Todisco, Principe e Barrera, per sciogliere finalmente quella Lega, ch'era divenuta un incubo per lui.

Fu una gran festa, il giorno di quella scarcerazione, nel fondaco su a San Gerlando: si bevve e si danzò; poi Bòmbolo, raggiante, tenne il discorso di chiusura, e ricordò le imprese e cantò la vittoria, ch'era il premio per quei tre che avevano sofferto il carcere: il premio più degno, quello di trovare mutate le condizioni, onestamente retribuito il lavoro; e disse in fine che egli ora, assolto il compito, si sarebbe ritirato in pace e contento; e fece ridere tutti annunziando che quel giorno stesso avrebbe mandato il suo berretto rosso da turco al suocero, che non aveva saputo mai vedergliedo in capo di buon occhio. Deponeva con quel berretto la sovranità, e dichiarava sciolta la Lega.

Non passarono neppure quindici giorni che, dimenandosi al solito di qua e di là, col pomo d'avorio della mazzettina d'ebano su le labbra appuntite, si presentò al caffè il vecchio marchese don Nicolino Nigrelli:

– Don Zulì, una grazia...

Bòmbolo diventò dapprima più bianco del marmo del tavolino e fissò con occhi così terribilmente spalancati il povero marchese, che questi ne tremò di paura e, traendosi indietro, cadde a sedere su una seggiola, mentre l'altro gli si levava sopra furente, ruggendo tra i denti:

– Ancora?

Quasi basito, eppur tentando un sorrisetto a fior di labbra, il marchese gli mostrò quattro dita della sua manina tremicchiante e gli disse:

– Gnorsì. Quattro. Al solito. Che c'è di nuovo?

Per tutta risposta Bòmbolo si strappò dal capo il cappelluccio nuovo a pan di zucchero, se lo portò alla bocca e lo stracciò coi denti. Si mosse, tutto in preda a un fremito convulso, tra i tavolini, rovesciando le seggiole, poi si voltò verso il marchese ancora lì seduto in mezzo agli avventori sbalorditi, e gli gridò:

– Non dia un centesimo, per la Madonna! Non s'arrischi a dare un centesimo! Ci penso io!

Ma potevano sul serio quei tre, Todisco, Principe e Barrera, contentarsi di quel tal «premio degno» decantato da Bòmbolo nell'ultima riunione della Lega? Se Bòmbolo stesso, negli ultimi tempi, aveva permesso che fosse salassato il proprio suocero, il quale pure tra i primi aveva accordato il salario di tre lire ai contadini, non potevano essi, per la giustizia, seguitare a salassar gli altri proprietarii?

Quando, alla sera, Bòmbolo, che li aveva cercati invano tutto il giorno da per tutto, li trovò su le alture di San Gerlando, e saltò loro addosso come un tigre, essi si lasciarono percuotere, strappare, mordere, malmenare, e anzi dissero che se egli li voleva uccidere, era padrone, non avrebbero mosso un dito per difendersi, tanto era il rispetto, tanta la gratitudine che avevano per lui. Li avrebbe uccisi però a torto. Essi non sapevano nulla di nulla. Innocenti come l'acqua. Lega? che Lega? Non c'era più Lega! Non la aveva egli disciolta? Ah, minacciava di denunziarli? Perché, per il passato? E allora, tutti dentro, e lui per il primo, come capo! Per quel nuovo sequestro al marchese Nigrelli? Ma se non ne sapevano nulla! Avrebbero potuto tutt'al più chiederne ai «picciotti»; mettersi in cerca per le campagne; già! come lui un tempo, per due e tre giorni, cavalcando anche di notte sotto la pioggia e sotto lo stellato.

Sentendoli parlare così, Bòmbolo si mangiava le mani dalla rabbia. Disse che dava loro tre giorni di tempo. Se in capo a tre giorni, senza il compenso neppure di un centesimo, i quattro capi di bestiame non erano restituiti al marchese Nigrelli... – che avrebbe fatto? Ancora non lo sapeva!

Ma che poteva ormai fare Bòmbolo? Gli stessi proprietarii di terre, il marchese Nigrelli, il Ragona, il Tavella, tutti gli altri, lo persuasero ch'egli non poteva più far nulla. Che c'entrava lui? quando mai c'era entrato? non era stata sempre disinteressata l'opera messa da lui? E dunque, che c'era adesso di nuovo? Perché non voleva più mettere l'opera sua? Rivolgersi alla forza pubblica? Ma sarebbe stato inutile! Che non si sapeva? Non avrebbero ottenuto né la restituzione delle bestie, né l'arresto dei colpevoli. Sperare poi che questi avrebbero ricondotto alle stalle le bestie, così, per amore, senz'averne nulla, via, era da ingenui. Loro stessi, i padroni, glielo dicevano. Una cosellina bisognava pur darla. Sì, al solito... oh, senza né patti né condizioni, essendoci lui, Bòmbolo, di mezzo!

E dal tono con cui gli dicevano queste cose Bòmbolo capiva che quelli ritenevano una commedia, adesso, il suo sdegno, come una commedia avevano prima ritenuta la sua pietà per i contadini.

Si sfogò per alcuni giorni a predicare che, almeno, si fossero rimessi a pagarli tre tarì al giorno, tre tarì, tre tarì, per dare a lui una soddisfazione. Non li meritavano, parola d'onore! neppure quei tre tarì meritavano, ladri svergognati! figli di cane! pezzi da galera! No? Ah, dunque volevano proprio che gli schiattasse nel fegato la vescichetta del fiele?

– Via! puh! paese di carogne!

E mandò dai nonni alle terre di Luna il suo figliuolo, facendo dire al suocero che rivoleva subito subito il suo berretto rosso. Turco, di nuovo turco voleva farsi!

E due giorni dopo, raccolte le sue robe, scese al porto di mare e si rimbarcò su un brigantino greco per il Levante.

LA MORTA E LA VIVA

La tartana, che padron Nino Mo dal nome della prima moglie aveva chiamata «Filippa», entrava nel piccolo molo di Porto Empedocle tra il fiammeggiar d'uno di quei magnifici tramonti del Mediterraneo che fanno tremolare e palpitare l'infinita distesa delle acque come in un delirio di luci e di colori. Razzano i vetri delle case variopinte; brilla la marna dell'altipiano a cui il grosso borgo è addossato; risplende come oro lo zolfo accatastato su la lunga spiaggia; e solo contrasta l'ombra dell'antico castello a mare, quadrato e fosco, in capo al molo.

Virando per imboccare la via tra le due scogliere che, quasi braccia protettrici, chiudono in mezzo il piccolo Molo Vecchio, sede della capitaneria, la ciurma s'era accorta che tutta la banchina, dal castello alla bianca torretta del faro, era gremita di popolo, che gridava e agitava in aria berretti e fazzoletti.

Né padron Nino né alcuno della ciurma poteva mai supporre che tutto quel popolo fosse adunato lì per l'arrivo della «Filippa», quantunque proprio a loro paressero rivolti le grida e quel continuo furioso sventolio di fazzoletti e di berretti. Supposero che qualche flottiglia di torpediniere si fosse ormeggiata nel piccolo molo e che ora stesse per levar le ancore salutata festosamente dalla popolazione, per cui era una gran novità la vista d'una regia nave da guerra.

Padron Nino Mo per prudenza diede ordine s'allentasse subito la vela, si calasse anzi addirittura, in attesa della barca che doveva rimorchiare la «Filippa» all'ormeggio nel molo.

Calata la vela, mentre la tartana non più spinta seguitava a filare lentamente, rompendo appena le acque che, lì chiuse entro le due scogliere, parevano d'un lago di madreperla, i tre mozzi, incuriositi, s'arrampicarono come scojattoli uno alle sartie, uno all'albero fino al calcese, uno all'antenna.

Ed ecco, a gran furia di remi, la barca che doveva rimorchiarli, seguita da tant'altri caichi neri, che per poco non affondavano dalla troppa gente che vi era salita e che vi stava in piedi, gridando e accennando scompostamente con le braccia.

Dunque proprio per loro? tanto popolo? tutto quel fermento? e perché? Forse una falsa notizia di naufragio?

E la ciurma si tendeva dalla prua, curiosa, ansiosa verso quelle barche accorrenti, per cogliere il senso di quelle grida. Ma distintamente si coglieva soltanto il nome della tartana:

– «Filippa! Filippa!»

Padron Nino Mo se ne stava in disparte, lui solo senza curiosità, col berretto di pelo calcato fin su gli occhi, dei quali teneva sempre chiuso il manco. Quando lo apriva, era strabo. A un certo punto si tolse di bocca la pipetta di radica, sputò e, passandosi il dorso della mano sugl'ispidi peli dei baffetti di rame e della rada barbetta a punta, si voltò brusco al mozzo che s'era arrampicato sulle sartie, gli gridò che scendesse e andasse a poppa a sonare la campanella dell'«Angelus».

Aveva navigato tutta la vita, profondamente compreso dell'infinita potenza di Dio, da rispettare sempre, in tutte le vicende, con imperturbabile rassegnazione; e non poteva soffrire lo schiamazzo degli uomini.

Al suono della campanella di bordo si tolse la berretta e scoprì la pelle bianchissima del cranio velata d'una peluria rossigna vaporosa, quasi di un'ombra di capelli. Si segnò e stava per mettersi a recitare la preghiera, allorché la ciurma gli si precipitò addosso con visi furia risa gridi da matti:

– Zi' Nì! Zi' Nì! la gnà Filippa! vostra moglie! la gnà Filippa! viva! è tornata!

Padron Nino restò dapprima come perduto tra quelli che così lo assaltavano e cercò, spaventato, negli occhi degli altri quasi l'assicurazione che poteva credere a quella notizia senza impazzire. Il volto gli si scompose passando in un attimo dallo stupore all'incredulità, dall'angoscia rabbiosa alla gioja. Poi, feroce, quasi di fronte a una sopraffazione, scostò tutti, ne abbrancò uno per il petto e lo squassò con violenza, gridando: – Che dite? che dite? –. E con le braccia levate, quasi volesse parare una minaccia, s'avventò alla prua verso quelli delle barche che lo accolsero con un turbine di grida e pressanti inviti delle braccia; si trasse indietro, non reggendo alla conferma della nuova (o alla voglia di precipitarsi giù?) e si volse di nuovo verso la ciurma come per chiedere soccorso o essere trattenuto. Viva? come, viva? tornata? da dove? quando? Non potendo parlare, indicava la paratia, che ne tirassero subito l'alzaja, sì sì; e come il canapo fu preso a calare per il rimorchio, gridò: – Reggete! – lo afferrò con le due mani, scavalcò, e come una scimmia a forza di braccia scese lungo l'alzaja, si buttò tra i rimorchiatori che lo aspettavano con le braccia protese.

La ciurma della tartana restò delusa, in orgasmo, vedendo allontanare la barca con padron Nino e, per non perdere lo spettacolo, cominciò a gridare come indemoniata a quelli dell'altre barchette accorse, perché raccogliessero il canapo e rimorchiassero loro almeno la tartana al molo. Nessuno si voltò a dar retta a quelle grida. Tutti i caichi arrancarono dietro la barca del rimorchio, ove in gran confusione padron Nino Mo veniva intanto ragguagliato su

quel miracoloso ritorno della moglie rediviva, che tre
anni addietro, nel recarsi a Tunisi a visitare la madre moribonda, tutti ritenevano fosse perita nel naufragio del vaporetto insieme con gli altri passeggeri;
– e invece, no, no, non era perita – un giorno e una
notte era stata in acqua – affidata a una tavola – poi
salvata, raccolta da un piroscafo russo che si recava
in America – ma pazza – dal terrore – e due anni e
otto mesi era stata pazza in America – a New York,
in un manicomio – poi guarita aveva ottenuto il
rimpatrio dal Consolato, e da tre giorni era in paese,
arrivata da Genova.

Padron Nino Mo, a queste notizie che gli grandi-
navano da tutte le parti, stordito, batteva di continuo le palpebre su i piccoli occhi strabi; a tratti la
palpebra manca gli restava chiusa, come tirata; e tutto il volto gli fremeva, convulso, quasi pinzato da
spilli.

Il grido di uno dei caichi e le risa sguaiate da cui
questo grido fu accolto: – «Due mogli, zi' Nì, allegramente!» – lo riscossero dallo sbalordimento e gli
fecero guardare con rabbioso dispetto tutti quegli
uomini, vermucci di terra ch'egli ogni volta vedeva
sparire come niente, appena s'allontanava un po'
dalle coste nelle immensità del mare e del cielo: eccoli là, accorsi in folla al suo arrivo, assiepati là, im-
pazienti e vociferanti nel molo, per godersi lo spettacolo d'un uomo che veniva a trovare a terra due
mogli; spettacolo tanto più da ridere per essi, quanto
più grave e doloroso era per lui l'impaccio. Perché
quelle due mogli erano tra loro sorelle, due sorelle
inseparabili, anzi tra loro quasi madre e figlia, avendo sempre la maggiore, Filippa, fatto da madre a Rosa, che anche lui, sposando, aveva dovuto accogliere
in casa come una figliola; finché, scomparsa Filippa, dovendo seguitare a vivere insieme con lei e considerando che nessun'altra donna avrebbe potuto far

meglio da madre al piccino che quella gli aveva lasciato ancor quasi in fasce, l'aveva sposata, onestamente. E ora? e ora? Filippa era venuta a trovare Rosa maritata con lui e incinta, incinta da quattro mesi! Ah, sì, c'era da ridere veramente: un uomo, così, tra due mogli, tra due sorelle, tra due madri. Eccole, eccole là su la banchina! ecco Filippa! eccola là! viva! con un braccio gli fa cenni, come per dargli coraggio; con l'altro, si regge sul petto Rosa, la povera incinta che trema tutta e piange e si strugge dalla pena e dalla vergogna, tra gli urli, le risa, i battimani, lo sventolio dei berretti di tutta quella folla in attesa.

Padron Nino Mo si scrollò tutto, rabbiosamente; desiderò che la barca sprofondasse e gli sparisse dagli occhi quello spettacolo crudele; pensò per un momento di saltare addosso ai rematori e costringerli a remare indietro, per ritornare alla tartana, per fuggirsene via lontano, lontano, per sempre; ma sentì in pari tempo di non poter ribellarsi a quella violenza orrenda che lo trascinava, degli uomini e del caso; avvertì come uno scoppio interno, un intronamento, per cui le orecchie presero a rombargli e gli s'offuscò la vista. Si ritrovò, poco dopo, tra le braccia, sul petto della moglie rediviva, che lo superava di tutta la testa, donnone ossuto, dalla faccia nera e fiera, maschile nei gesti, nella voce, nel passo. Ma quand'essa, scioltolo dall'abbraccio, lì, davanti a tutto il popolo acclamante, lo spinse ad abbracciare anche Rosa, quella poveretta che apriva come due laghi di lagrime i grandi occhi chiari nel viso diafano, egli, alla vista di tanto squallore, di tanta disperazione, di tanta vergogna, si ribellò, si chinò con un singhiozzo nella gola a tòrsi in braccio il bambino di tre anni e s'avviò di furia, gridando:

– A casa! A casa!

Le due donne lo seguirono, e tutto il popolo si mosse dietro, avanti, intorno, schiamazzando. Filippa con un braccio su le spalle di Rosa, la teneva come sotto l'ala, la sorreggeva, la proteggeva, e si voltava a tener testa ai lazzi, ai motteggi, ai commenti della folla, e di tratto in tratto si chinava verso la sorella e le gridava:

– Non piangere, scioccona! Il pianto ti fa male! Su, su, dritta, buona! Che piangi? Se Dio ha voluto così... C'è rimedio a tutto! Su, zitta! A tutto, a tutto c'è rimedio! Dio ci ajuterà...

Lo gridava anche alla folla, e soggiungeva, rivolta a questo e a quello:

– Non abbiate paura! né scandalo, né guerra, né invidia, né gelosia! Quello che Dio vorrà! Siamo gente di Dio.

Giunti al Castello, che già le fiamme del crepuscolo s'erano offuscate e il cielo, prima di porpora, era divenuto quasi fumolento, molti della folla si sbandarono, imboccarono la larga strada del borgo già coi fanali accesi; ma i più vollero accompagnarli fino a casa, dietro al Castello, alle «Balàte», dove quella strada svolta e s'allunga ancora con poche casupole di marinai su un'altra insenatura di spiaggia morta. Qua tutti s'arrestarono davanti all'uscio di padron Nino Mo ad aspettare che cosa quei tre, ora, decidessero di fare. Quasi fosse un problema, quello, da risolvere così, su due piedi!

La casa era a terreno e prendeva luce soltanto dalla porta. Tutta quella folla di curiosi, assiepata lì davanti, addensava l'ombra già cupa e toglieva il respiro. Ma né padron Nino Mo, né la moglie gravida avevano fiato di ribellarsi: l'oppressione di quella folla era per essi l'oppressione stessa delle anime loro, lì presente e tangibile; e non pensavano che, almeno quella, si potesse rimuovere. Ci pensò Filippa, dopo avere acceso il lume sulla tavola già apparecchiata in mezzo alla stanza per la cena: si fece alla porta, gridò:

– Signori miei, ancora? che volete? Avete veduto, avete riso; non vi basta? Lasciateci pensare adesso agli affari nostri! Casa, ne avete?

Così investita, la gente si ritrasse parte di qua, parte di là dalla porta, lanciando gli ultimi lazzi; ma pur molti rimasero a spiare da lontano, nell'ombra della spiaggia.

La curiosità era tanto più viva, in quanto che a tutti eran noti l'onestà fino allo scrupolo, il timore di Dio, gli esemplari costumi di padron Nino Mo e di quelle due sorelle.

Ed ecco, ne davano una prova quella sera stessa, lasciando aperta per tutta la notte la porta della loro casupola. Nell'ombra di quella triste spiaggia morta, che protendeva qua e là nell'acqua stracca, crassa, quasi oleosa, certi gruppi di scogli neri, corrosi dalle maree, certi lastroni viscidi, algosi, ritti, abbattuti, tra cui qualche rara ondata si cacciava sbattendo, rimbalzando e subito s'ingorgava con profondi risucchi, per tutta la notte da quella porta si projettò il giallo riverbero del lume. E quelli che s'attardarono a spiare dall'ombra, passando ora l'uno ora l'altro davanti alla porta e gettando un rapido sguardo obliquo nell'interno della casupola, poterono veder dapprima i tre, seduti a tavola col piccino, a cenare; poi, le due donne, inginocchiate a terra, curve su le seggiole, e padron Nino, seduto, con la fronte su un pugno appoggiato a uno spigolo della tavola già sparecchiata, intenti a recitare il rosario; in fine, il piccino solo, il figlio della prima moglie, coricato sul letto matrimoniale in fondo alla camera, e la seconda moglie, la gravida, seduta a piè del letto, vestita, col capo appoggiato alle materasse, con gli occhi chiusi; mentre gli altri due, padron Nino e la gnà Filippa, conversavano tra loro a bassa voce, pacatamente, ai due capi della tavola; finché non vennero a sedere su l'uscio, a seguitare la conversazione in un mormorio sommesso, a cui pareva rispondesse il lento e lieve sciabordio delle acque sulla spiaggia, sotto le stelle, nel bujo della notte già alta.

Il giorno appresso, padron Nino e la gnà Filippa, senza dar confidenza a nessuno, andarono in cerca d'una cameretta d'affitto; la trovarono quasi in capo al paese, nella via che conduce al cimitero, aereo su l'altipiano, con la campagna dietro e il mare davanti. Vi fecero trasportare un lettuccio, un tavolino, due seggiole, e quando fu la sera vi accompagnarono Rosa, la seconda moglie, col piccino; le fecero chiudere subito la porta, e tutt'e due insieme, taciturni, se ne ritornarono alla casa delle «Balàte».

Si levò allora per tutto il paese un coro di commiserazioni per quella poveretta così sacrificata, messa così da parte, senz'altro, buttata fuori, sola, in quello stato! ma pensate, in quello stato! con che cuore? e che colpa aveva, la poveretta? Sì, così voleva la legge... ma che legge era quella? Legge turca! No, no, perdio, non era giusto! non era giusto!

E tanti e tanti il giorno appresso, risoluti, cercarono di far comprendere quell'acerba disapprovazione di tutto il paese a padron Nino uscito, più che mai cupo, a badare al nuovo carico della tartana per la prossima partenza.

Ma padron Nino, senza fermarsi, senza voltarsi, con la berretta a barca di pelo calcata fin su gli occhi, uno chiuso e l'altro no, e la pipetta di radica tra i denti, troncò in bocca a tutti domande e recriminazioni, scattando:

– Lasciatemi stare! Affari miei!

Né maggiore soddisfazione volle dare a coloro che egli chiamava «principali», commercianti, magazzinieri, sensali di noleggio. Soltanto, con questi, fu meno ispido e reciso.

– Ognuno con la sua coscienza, signore, – rispose.

– Cose di famiglia, non c'entra nessuno. Dio solo, e basta.

E due giorni dopo, rimbarcandosi, neanche alla ciurma della sua tartana volle dir nulla.

Durante la sua assenza dal paese, però, le due sorelle tornarono insieme nella casa delle «Balàte», e insieme, quiete, rassegnate e amorose, attesero alle faccende domestiche e al bambino. Alle vicine, a tutti i curiosi che venivano a interrogarle, per tutta risposta aprivano le braccia, alzavano gli occhi al cielo e con un mesto sorriso rispondevano:

– Come vuole Dio, comare.

– Come vuole Dio, compare.

Insieme tutt'e due, col piccino per mano, quando fu il giorno dell'arrivo della tartana, si recarono al molo. Questa volta, su la banchina, c'erano pochi curiosi. Padron Nino, saltando a terra, porse la mano all'una e all'altra, silenzioso, si chinò a baciare il bambino, se lo tolse in braccio e s'avviò avanti come l'altra volta, seguito dalle due donne. Se non che, giunti davanti alla porta, questa volta, nella casa delle «Balàte» rimase con padron Nino Rosa, la seconda moglie; e Filippa col piccino se n'andò quietamente alla cameretta sulla via del cimitero.

E allora tutto il paese, che prima aveva tanto commiserato il sacrifizio della seconda moglie, vedendo ora che non c'era sacrifizio per nessuna delle due, s'indignò, s'irritò fieramente della pacata e semplice ragionevolezza di quella soluzione; e molti gridarono allo scandalo. Veramente, dapprima, tutti rimasero come storditi, poi scoppiarono in una gran risata. L'irritazione, l'indignazione sorsero dopo, e proprio perché tutti in fondo si videro costretti a riconoscere che, non essendoci stato inganno né colpa da nessuna parte, né da pretendere perciò la condanna o il sacrifizio dell'una o dell'altra moglie – mogli tutt'e due davanti a Dio e davanti alla legge –

la risoluzione di quei tre poveretti fosse la migliore che si potesse prendere. Irritò sopratutto la pace, l'accordo, la rassegnazione delle due sorelle divote, senz'ombra d'invidia né di gelosia tra loro. Comprendevano che Rosa, la sorella minore, non poteva aver gelosia dell'altra, a cui doveva tutto, a cui – senza volerlo, è vero – aveva preso il marito. Gelosia tutt'al più avrebbe potuto aver Filippa di lei; ma no, comprendevano che neanche Filippa poteva averne, sapendo che Rosa aveva agito senz'inganno e non aveva colpa. E dunque? C'era poi per tutt'e due la santità del matrimonio, inviolabile; la devozione per l'uomo che lavorava, per il padre. Egli era sempre in viaggio; sbarcava per due o tre giorni soltanto al mese; ebbene, poiché Dio aveva permesso il ritorno dell'una, poiché Dio aveva voluto così, una alla volta, in pace e senz'invidia, avrebbero atteso al loro uomo, che ritornava stanco dal mare.

Tutte buone ragioni, sì, e oneste e quiete; ma appunto perché così buone e quiete e oneste, irritarono.

E padron Nino Mo, il giorno dopo il suo secondo arrivo, fu chiamato dal pretore per sentirsi ammonire severamente che la bigamia non era permessa dalla legge.

Aveva parlato poco prima con un forense, padron Nino Mo, e si presentò al pretore al solito suo, serio placido e duro; gli rispose che, nel suo caso, non si poteva parlare di bigamia perché la prima moglie figurava ancora in atti e avrebbe seguitato a figurare sempre come morta, sicché dunque davanti alla legge egli non aveva che una sola moglie, la seconda.

– Sopra la legge degli uomini, poi, – concluse, – signor pretore, c'è quella di Dio, a cui mi sono sempre attenuto, obbediente.

L'imbroglio avvenne all'ufficio dello stato civile, ove d'allora in poi, puntuale, ogni cinque mesi, padron Nino Mo si recò a denunziare la nascita d'un figliuolo. – «Questo è della morta.» – «Questo è della viva.»

La prima volta, alla denunzia del figliuolo, di cui la seconda moglie era incinta all'arrivo di Filippa, non essendosi questa rifatta viva davanti alla legge, tutto andò liscio, e il figliuolo poté regolarmente essere registrato come legittimo. Ma come registrare il secondo, di lì a cinque mesi, nato da Filippa che figurava ancora come morta? O illegittimo il primo, nato dal matrimonio putativo, o illegittimo il secondo. Non c'era via di mezzo.

Padron Nino Mo si portò una mano alla nuca e si fece saltar sul naso la berretta; prese a grattarsi la testa; poi disse all'ufficiale di stato civile:

– E... scusi, non potrebbe registrarlo come legittimo, della seconda?

L'ufficiale sgranò tanto d'occhi:

– Ma come? Della seconda? Se cinque mesi fa...

– Ha ragione, ha ragione, – troncò padron Nino, tornando a grattarsi la testa. – Come si rimedia allora?

– Come si rimedia? – sbuffò l'ufficiale. – Lo domandate a me, come si rimedia? Ma voi che siete, sultano? pascià? bey? che siete? Dovreste aver giudizio, perdio, e non venire a imbrogliarmi le carte, qua!

Padron Nino Mo si trasse un po' indietro e s'appuntò gl'indici delle due mani sul petto:

– Io? – esclamò. – E che ci ho da fare io, se Dio permette così?

Sentendo nominar Dio, l'ufficiale montò su tutte le furie.

– Dio... Dio... Dio... sempre Dio! Uno muore; è Dio! Non muore; è Dio! Nasce un figlio; è Dio! State con due mogli; è Dio! E finitela con questo Dio! Che il diavolo vi porti, venite a ogni nove mesi almeno; salvate la decenza, gabbate la legge; e ve li schiaffo tutti qua legittimi uno dopo l'altro!

Padron Nino Mo ascoltò impassibile la sfuriata. Poi disse:

– Non dipende da me. Lei faccia come crede. Io ho fatto l'obbligo mio. Bacio le mani.

E tornò puntuale, ogni cinque mesi, a fare l'obbligo suo, sicurissimo che Dio gli comandava così.

UN'ALTRA ALLODOLA

Luca Pelletta non avrebbe riconosciuto alla stazione di Roma Santi Currao, se questi non gli si fosse fatto avanti chiamandolo ripetutamente:

– Amico Pelletta! Amico Pelletta!

Intontito dal viaggio, tra la ressa e il rimescolio dei passeggeri che gli davano la vertigine, restò a mirarlo, sbalordito:

– Oh, tu Santi? E come mai? Così...

– Che cosa?

– *Quantum mutatus ab illo!*

– Ma che *abillo*? Gli anni, amico Pelletta!

Gli anni, sì, ma anche... – Luca lo squadrò alla luce delle lampade elettriche. Gli anni? E quel vestito? Un gran maestro di musica, con quella camicia, con quella giacca, con quei calzoni e quelle scarpe? Dunque, nella miseria? E quella barba incolta, già quasi grigia, cresciuta più sulle gote che sul mento? e quella faccia pallida e grassa? e quelle occhiaie gonfie intorno agli occhi acquosi? Come mai? Era divenuto anche più corto di statura?

Sotto gli occhi di Luca Pelletta pieni di tanto stupore, le labbra del Currao si allargarono a un ghigno muto:

– Tu sei ricco, amico Pelletta e il tempo non ti deteriora. Andiamo, andiamo! Ma ti pongo questo patto: non una parola sul paesaccio in cui io e tu abbiamo avuto la sciagura di nascere. Chi è vivo è vivo, chi è morto è morto: non voglio saperne nulla. Non c'è bisogno di prendere la vettura: sto qua in fondo al viale. Da' a me la valigia o la cassetta.

– No, grazie: me le porto da me; non pesano molto.

– Il bagaglio lo lasci in deposito alla stazione?

– Quale bagaglio? – fece Luca Pelletta. – Ho questi due colli soltanto: libri e biancheria.

– Ti tratterrai dunque poco?

– No, perché? Sono venuto forse per sempre.

– Così a mani vuote?

Andarono per un tratto in silenzio.

– La tua signora? – s'arrischiò a domandare Luca alla fine.

Il Currao abbassò la testa e borbottò:

– Sono solo.

– È fuori di Roma?

– È a Roma, amico Pelletta. Ti dirò a casa. Parliamo ora di te. Ma il pretto necessario e basta. Perché sei venuto a Roma? Sono una bestia. Dimenticavo che tu hai quattrini da buttar via.

– T'inganni... – corresse con un sorrisetto bonario il Pelletta. – Ho sì quanto mi basta: poco; ma io ho bisogno di poco. Nulla da buttar via. È vero che, in compenso, ora sono divenuto padrone del mio. Abbiamo fatto quasi un capitombolo, sai? Per miracolo la miseria non ha battuto alla nostra porta. Ma, in compenso, ti ripeto, ora sono libero e padrone...

– ... del tuo. Sta bene. Ma se non sei più ricco, perché sei venuto a Roma?

– Vedrai! – sospirò Luca, socchiudendo di nuovo gli occhi misteriosamente. – È la mia città. L'ho sempre sognata.

– Amico Pelletta, ho un vago sospetto, – riprese Santi Currao. – Ti fiuto: tu puzzi. Di' la verità, sei più miserabile di me?

– No, perché? – fece Luca, istintivamente; subito si riprese: – Forse no...

– Questo *tuo*, di' un po', a quanto ammonta?

– Rendituccia modesta, ma sicura: cinque lire al giorno. Mi bastano.

Santi Currao sghignò forte, squassando la testa.

– Centocinquanta lire al mese?! E che te ne fai?

Arrivati in fondo al viale, il Currao si cacciò nel portoncino di casa e, prima di mettersi a salire, disse a Luca:

– Ti prego di parlare sottovoce.

Un camerotto squallido, sudicio, in disordine, con un letto in un angolo, non rifatto chi sa da quanti giorni; un tavolino rustico, senza tappeto, presso l'unica finestra; un attaccapanni appeso alla parete; seggiole impagliate; un lavamano.

Santi Currao accese il lume sul tavolino, e invitò l'amico a sedere.

– Se vuoi lavarti, lì c'è l'occorrente.

– E... non hai uno specchio? – domandò afflitto e reso timido da tanta miseria, Luca, guardando in giro le pareti polverose.

– Pago dodici lire al mese, amico Pelletta, e non sono rispettato. Do qualche lezione di musica, e non mi pagano; viene la fine del mese, e io non pago; e più non pago, e meno sono rispettato. Avevo lì, presso l'asciugamani, uno specchio, se non m'inganno. Se lo sono portato via.

– E come fai per guardarti? – domandò Luca, costernato.

– Non ci penso neppure!

– Fai male, Santi! Perché, il fisico...

– Il vero fisico è il pane, amico Pelletta! – sentenziò bruscamente il Currao.

– Ah, nego, nego... – fece Luca. – *Non solo pane vivit homo...*

– E intanto, – concluse Santi, – prima base, ci vuole il pane. Non dire sciocchezze e, per giunta, in latino.

Rimasero un buon pezzo in penoso silenzio. Santi

Currao sedette presso il tavolino, con la testa bassa e gli occhi fissi sul pavimento. Luca Pelletta dritto sulla vita, accigliato, lo esaminava.

– E dunque... la tua signora?

Il Currao alzò il testone e guardò un pezzo negli occhi l'amico. – E dalli con la mia signora! – Si scoprì il capo solennemente; si batté più volte l'ampia fronte rischiarata dal lume:

– Vedi? Cervo! – esclamò; e le grosse pallide labbra, allargandosi a un orribile ghigno, scoprirono i denti serrati, gialli dai lunghi digiuni.

Luca Pelletta lo guardò perplesso, quasi consigliandosi con l'espressione del volto del Currao, se dovesse riderne o no.

– Cervo! cervo! – ripeté Santi, confermando col capo più volte di seguito. – E non l'ho cacciata io, sai! Se n'è andata via lei, da sé. Io sono così; – aggiunse, afferrandosi con ambo le mani la barbaccia incolta su le gote, – ma mia moglie era una bella e rispettabilissima signora! La povertà, amico Pelletta. Senza la povertà, forse non l'avrebbe fatto. Non era poi tanto cattiva, in fondo. È vero che io per lei fui marito esemplare: le portavo tutto quel po' che guadagnavo... tranne qualche soldo per mantenermi l'occhio vivo. Ma è pur vero che l'uomo, per quanto porco sia, vale sempre mille volte più di qualunque donna. Dici di no, amico Pelletta? Ebbene, chi sa? forse no. Non si può dire. La povertà, capisci? Che ha il ferro al fuoco? Si torce. Ebbene, e tu, marito, arrivi fino al punto di dire a tua moglie: M'hai fatto le corna? T'hanno procacciato pane? Sì? E allora hai fatto benone! Danne un pezzetto anche a me!

Si alzò, e si mise a passeggiare per la camera, col testone sul petto e le mani dietro la schiena.

– E ora... che fa? – domandò timidamente Luca.

Il Currao seguitò a passeggiare, come se non avesse udito la domanda.

– Non sai dov'è?

Il Currao si fermò davanti al lume:

– Fa la puttana! – disse. – Non consumiamo petrolio inutilmente! Lavati, se lo credi proprio necessario. E usciamo. Non vuoi cenare?

– No... – rispose Luca. – Ho desinato a Napoli piuttosto bene.

– Non ci credo.

– Parola d'onore. Di' un po', come ti sembro?

– Compassionevole, amico Pelletta!

– No, dico! ti pare che stia male in faccia?

– No: ancora non pare, – fece Santi.

– Eh sì, – affermò Luca – è un fatto che, a me, il mangiar poco mi conferisce. Ma forse sono un po' troppo pallido questa sera, no?

– Sei pallido, perché sei povero! – raffibbiò il Currao. – Via, usciamo! Tu vuoi certo vedere il Colosseo al lume di luna.

Luca accettò con entusiasmo la proposta, e s'avviarono in silenzio.

Davanti alla soglia di casa, il Pelletta trattenne per un braccio l'amico, poi gli batté la spalla con una mano e gli disse, socchiudendo gli occhi:

– Santi, risorgeremo! lascia fare a me!

– Statti quieto... – brontolò il Currao.

E tutti e due si perdettero nell'ombra.

RICHIAMO ALL'OBBLIGO

Paolino Lovico si buttò per morto su uno sgabello davanti la farmacia Pulejo in Piazza Marina. Guardò dentro, al banco, e asciugandosi il sudore che gli grondava dai capelli su la faccia congestionata, domandò a Saro Pulejo:

– È passato?

– Gigi? No. Ma starà poco. Perché?

– Perché? Perché mi serve! Perché... Quante cose vuoi sapere!

Si lasciò il fazzoletto steso sul capo, appoggiò i gomiti sui ginocchi, il mento sulle mani e rimase lì a guardare a terra, fosco, con le ciglia aggrottate.

Lo conoscevano tutti, là a Piazza Marina. Passò un amico:

– Ohi, Paolì?

Lovico alzò gli occhi e li riabbassò subito, brontolando:

– Lasciami stare!

Un altro amico:

– Paolì, che hai?

Lovico si strappò questa volta il fazzoletto dal capo e sedette in un'altra positura, quasi con la faccia al muro.

– Paolì, ti senti male? – gli domandò allora dal banco Saro Pulejo.

– Oh santo diavolo! – scattò Paolino Lovico, precipitandosi dentro la farmacia. – Che corno t'importa di me, me lo dici? Chi ti domanda niente? se ti senti male, se ti senti bene, che hai, che non hai? Lasciatemi stare!

– Ih, – fece Saro. – T'ha morso la tarantola? Hai domandato di Gigi, e credevo che...

– Ma ci sono forse io solo su la faccia della terra? – gridò Lovico con le braccia per aria e gli occhi schizzanti. – Non posso avere un cane malato? un pollo d'India con la tosse? Fatevi gli affari vostri, santo e santissimo non so chi e non so come!

– Oh, ecco qua Gigi! – disse Saro, ridendo.

Gigi Pulejo entrò di fretta, diviato allo stipetto a muro per vedere se nella sua casella ci fossero chiamate per lui.

– Ciao, Paolì!

– Hai fretta? – gli domandò, accigliato, Paolino Lovico senza rispondere al saluto.

– Molta, sì, – sospirò il dottor Pulejo, buttandosi su la nuca il cappello e facendosi vento col fazzoletto su la fronte. – Di questi giorni, caro mio, un affar serio.

– Non lo dico io? – sghignò allora rabbioso Paolino Lovico con le pugna protese. – Che epidemia c'è? Cholera morbus? peste bubbonica? il canchero che vi porti via tutti quanti? Devi dare ascolto a me! Senti: morto per morto, io sono qua! Ho diritto alla precedenza. Ohi, Saro, non hai niente da pestare nel mortajo?

– Niente, perché?

– E allora andiamo via! – ripigliò Lovico, afferrando per un braccio Gigi Pulejo e trascinandolo fuori. – Qua non posso parlare!

– Discorso lungo? – gli domandò per istrada il dottore.

– Lunghissimo!

– Caro mio, mi dispiace, non ho tempo.

– Non hai tempo? Sai che faccio? Mi butto sotto un tram, mi fratturo una gamba e ti costringo a starmi attorno per una mezza giornata. Dove devi andare?

– Prima di tutto, qua vicino, in via Butera.

– T'accompagno, – disse Lovico. – Tu sali a far la visita; io t'aspetto giù, e riprenderemo a parlare.

– Ma insomma, che diavolo hai? – gli domandò il dottor Pulejo, fermandosi un po' a osservarlo.

Paolino Lovico aprì le braccia, sotto lo sguardo del dottore, piegò le gambe, rilassò tutta la personcina arruffata e rispose:

– Gigino mio, sono un uomo morto!

E gli occhi gli si riempirono di lagrime.

– Parla, parla, – lo incitò il dottore: – andiamo, che t'è accaduto?

Paolino fece alcuni passi, poi si fermò di nuovo e, trattenendo Gigi Pulejo per una manica, premise misteriosamente:

– Ti parlo come a un fratello, bada! Anzi, no. Il medico è come il confessore, è vero?

– Certo. Abbiamo anche noi il segreto professionale.

– Va bene. Ti parlo allora sotto il sigillo della confessione, come a un sacerdote.

Si posò una mano su lo stomaco e, con uno sguardo d'intelligenza, aggiunse solennemente:

– Tomba, oh?

Quindi, sbarrando tanto d'occhi e congiungendo l'indice e il pollice, quasi per pesar le parole che stava per dire, sillabò:

– Petella ha due case.

– Petella? – domandò, stordito, Gigi Pulejo. – Chi è Petella?

– Petella il capitano, perdio! – proruppe Lovico. – Petella della Navigazione Generale.

– Non lo conosco, – disse il dottor Pulejo.

– Non lo conosci? Tanto meglio! Ma, tomba lo stesso, oh! Due case, – ripeté con la stess'aria cupa e grave. – Una qua, una a Napoli.

– Ebbene?

– Ah! Ti pare niente? – domandò scomponendo-

si tutto nella rabbia che lo divorava, Paolino Lovico.
— Un uomo ammogliato, che approfitta vigliaccamente del suo mestiere di marinajo e si fa un'altra casa in un altro paese, ti pare niente? Ma sono cose turche, perdio!

— Turchissime, chi ti dice di no? Ma a te che te n'importa? Che c'entri tu?

— Che me n'importa, a me? che c'entro io?

— È tua parente, scusa, la moglie di Petella?

— No! - gridò Paolino Lovico col sangue agli occhi. - È una povera donna, che soffre pene d'inferno! Una donna onesta, capisci? tradita in un modo infame, capisci? dal proprio marito. C'è bisogno di esser parente per sentirsene rimescolare?

— Ma che ci posso fare io, scusa? - domandò Gigi Pulejo, stringendosi nelle spalle.

— Se non mi lasci dire, porco diavolo! porca natura! porca vita! - sbuffò Lovico. - Senti che caldo? Io crepo! Quel caro Petella, quel carissimo Petella non si contenta di tradire la moglie, d'avere un'altra casa a Napoli; ha tre o quattro figli là, con quella, e uno qua con la moglie. Non vuole averne altri! Ma quelli di là, capirai bene, non sono legittimi: se ne ha qualche altro, e gli fa impiccio, può buttarlo via come niente. Invece qua, con la moglie, d'un figlio legittimo non potrebbe disfarsi. E allora, brutto manigoldo, che ti combina? (Oh, dura da due anni, sai, questa storia!) Ti combina che nei giorni che sbarca qui, piglia il più piccolo pretesto per attaccar lite con la moglie, e la notte si chiude a dormir solo. Il giorno appresso, riparte, e chi s'è visto s'è visto. Da due anni così!

— Povera signora! - esclamò Gigi Pulejo con una commiserazione da cui non poté staccare un sorriso. - Ma io, scusa... ancora non capisco.

— Senti, Gigino mio, - riprese con altro tono Lovico, appendendoglisi al braccio. - Da quattro mesi io do lezione di latino al ragazzo, al figliuolo di Petella, che ha dieci anni e va in prima ginnasiale.

– Ah, – fece il dottore.

– Se tu sapessi quanta pietà m'ha ispirato quella disgraziata signora! – seguitò Lovico. – Quante lagrime, quante lagrime ha pianto la poverina... E che bontà! È pure bella, sai? Fosse brutta, capirei... È bella! E vedersi trattata così, tradita, disprezzata e lasciata in un canto, là, come uno straccio inutile... Vorrei vedere chi avrebbe saputo resistere! chi non si sarebbe ribellata! E chi potrebbe condannarla? È una donna onesta, una donna che bisogna assolutamente salvare, Gigino mio! Tu capisci? Si trova in una terribile condizione, adesso... Disperata!

Gigi Pulejo si fermò e guardò severamente il Lovico.

– Ah no, caro! – gli disse. – Queste cose io non le faccio. Non voglio mica aver da fare col Codice penale, io.

– Pezzo d'imbecille! – scattò Paolino Lovico. – E che ti figuri, adesso? che ti figuri che io voglia da te? Per chi m'hai preso? Credi ch'io sia un uomo immorale? un birbaccione? Che voglia il tuo ajuto per... oh! mi fa schifo, orrore, solo a pensarlo!

– Ma che corno vuoi dunque da me? Io non ti capisco! – gridò il dottor Pulejo, spazientito.

– Voglio quel ch'è giusto! – gridò a sua volta Paolino Lovico. – La morale, voglio! Voglio che Petella sia un buon marito e non chiuda la porta in faccia alla moglie quando sbarca qui!

Gigi Pulejo scoppiò in una fragorosa risata.

– E che... e che pre... e che pretendi... ohi ohi ohi... ah ah ah... pre... pretendi che io... po... pove... povero Pet... ah ah ah... l'asino... l'asino a bere per... ohi ohi ohi...

– Che ridi, che ridi, animalone? – muggì fremendo e agitando le pugna, Paolino Lovico. – C'è in vi-

sta una tragedia, e tu ridi? C'è un farabutto che non
vuol fare l'obbligo suo, e tu ridi? una donna minac-
ciata nell'onore, nella vita, e tu ridi? E non ti parlo
di me! Io sono un uomo morto, io vado a buttarmi a
mare, se tu non mi dai ajuto, vuoi capirlo?

– Ma che ajuto posso darti io? – domandò il Pulejo, senza potere ancora trattener le risa.

Paolino Lovico si fermò risolutamente in mezzo
alla via, stringendo forte un braccio al dottore.

– Sai che avverrà? – gli disse, truce. – Petella arriva stasera; ripartirà domani per il Levante; va a
Smirne; starà fuori circa un mese. Non c'è tempo da
perdere! O subito, o tutto è perduto. Per carità, Gigino salvami! salva quella povera martire! Tu avrai
un mezzo, tu avrai un rimedio... Non ridere, perdio,
o ti strozzo! O piuttosto ridi, ridi se vuoi, della mia
disperazione, ma dammi ajuto... un rimedio... qualche mezzo... qualche medicina...

Gigi Pulejo era arrivato alla casa di via Butera
nella quale doveva far la visita. Come meglio poté, si
tenne dal ridere ancora e disse:

– Vuoi insomma impedire che il capitano prenda
un pretesto d'attaccar lite questa sera con la moglie?

– Precisamente!

– Per la morale, è vero?

– Per la morale. Seguiti a scherzare?

– No no, dico sul serio adesso. Senti: io vado su;
tu ritorna in farmacia, da Saro, e aspettami lì. Vengo
subito.

– Ma che vuoi fare?

– Lascia fare a me! – lo assicurò il dottore. – Va'
da Saro, e aspettami.

– Fa' presto, oh! – gli gridò dietro Lovico a mani
giunte.

Sul tramonto, Paolino era allo Scalo per assistere
all'arrivo del capitano Petella col «Segesta». L'aveva

voluto almeno vedere da lontano, non sapeva bene perché; vedergli l'aria e mandargli dietro una filza di male parole.

Sperava, dopo l'assalto al dottor Pulejo e l'ajuto che era riuscito a ottenere, che l'orgasmo, a cui era in preda dalla mattina, cessasse almeno un poco. Ma che! Recato un certo involtino misterioso di paste-relle con la crema alla signora Petella (poiché al capi-tano piacevano tanto i dolci), e sceso dalla casa di lei, s'era messo a girare di qua e di là, e l'orgasmo gli era cresciuto di punto in punto.

E ora? Ecco venuta la sera. Avrebbe voluto anda-re a letto quanto più tardi gli fosse possibile. Ma si stancò presto di girovagare per la città, con la sma-nia esacerbata dal timore d'attaccar lite con qualcu-no de' suoi innumerevoli conoscenti, il quale avesse la cattiva ispirazione d'accostarglisi.

Perché aveva la disgrazia, lui, d'essere «trasparen-te». Sicuro! E questa trasparenza sua riusciva esila-rantissima a tutti gl'ipocriti foderati di menzogna. Pareva che la vista chiara, aperta, delle passioni, e fossero anche le più tristi, le più angosciose, avesse il potere di promuovere le risa in tutti coloro che o non le avevano mai provate o, usi com'erano a ma-scherarle, non le riconoscevano più in un pover'uo-mo come lui, che aveva la sciagura di non saperle na-scondere e dominare.

Si rintanò in casa; si buttò vestito sul letto.

Com'era pallida, com'era pallida quella poveretta, quand'egli le aveva recato l'involto delle paste! Così pallida e con quegli occhi smarriti nella pena, non era bella davvero...

– Sii sorridente, cara! – le aveva raccomandato con le lagrime in gola. – Acconciati bene, per cari-tà! Indossa quella camicetta di seta giapponese che ti sta tanto bene... Ma soprattutto, te ne scongiuro, non farti trovare così, come un funerale... Animo,

animo! Hai apparecchiato tutto per bene? Mi raccomando, che non abbia alcun motivo di lagnarsi! Coraggio, cara, a domani! Speriamo bene... Non dimenticare, per carità, d'appendere un fazzoletto per segno, al cordino là, davanti la finestra di camera tua. Domattina, il mio primo pensiero sarà quello di venire a vedere... Fammelo trovare quel segno, cara, fammelo trovare!

E prima d'andar via aveva seminato col lapis turchino i «dieci» e i «dieci con lode» nel quaderno delle versioni di quel somarone del figlio, che sentiva latino e spiritava.

– Nonò, faglielo vedere a papà... Sai come sarà contento papà! Seguita così, caro, seguita così e fra qualche anno saprai il latino meglio di un'oca del Campidoglio, di quelle, Nonò, che fecero fuggire i Galli, sai? Viva Papirio! Allegri, allegri! dobbiamo essere tutti allegri questa sera, Nonò! Viene papà! Allegro e buono! pulito, composto! Fa' vedere le unghie... Sono pulite? Bravo. Attento a non sporcartele! Viva Papirio, Nonò, viva Papirio!

Le pasterelle... Se quell'imbecille di Pulejo si fosse preso gioco di lui? No no, questo no. Egli lo aveva reso capace della gravità del caso. Avrebbe commesso una birbonata senza nome, a ingannarlo. Però... però... però... se il rimedio non fosse efficace come gli aveva assicurato?

La noncuranza, anzi il disprezzo di quell'uomo per la propria moglie, lo faceva ora ribollire come se fosse un'offesa fatta a lui direttamente. Ma sicuro! Come mai quella donna, di cui egli, Paolino Lovico, si contentava, non solo, ma che pareva a lui così degna d'essere amata, così desiderabile, non era poi calcolata per nulla da quel mascalzone? Come parere che lui, Paolino Lovico, si contentava del rifiuto di un altro, d'una donna che per un altro non valeva nulla. Oh che era forse meglio quella signora di Napoli? Più bella della moglie? Ma avrebbe voluto vederla! Metterle accanto, l'una e l'altra, e poi mostrargliele e gridargli sul muso:

– Ah, tu preferisci quell'altra? Ma perché tu sei un bestione senza discernimento e senza gusto! Non perché tua moglie non valga centomila volte di più! Ma guardala! Guardala bene! Come puoi aver cuore di non toccarla? Tu non capisci le finezze... tu non capisci il bello delicato... la soavità della grazia malinconica! Tu sei un animale, un majalone sei, e non puoi capire queste cose; perciò disprezzi. E poi, che vuoi mettere? una femminaccia da trivio con una signora per bene, con una donna onesta?

Ah che nottata fu quella per lui! Non un minuto di requie...

Quando finalmente gli parve che cominciasse ad albeggiare, non poté più stare alle mosse.

La signora Petella aveva il letto diviso da quello del marito, in una camera a parte: avrebbe potuto dunque, anche di notte, appendere il fazzoletto al cordino della finestra, perché egli si fosse levato subito d'ambascia. Doveva figurarselo che lui non avrebbe chiuso occhio durante la notte, e appena spuntata l'alba, sarebbe venuto a vedere.

Così pensava, correndo alla casa del Petella. Lusingato dal desiderio ardentissimo, era così sicuro di trovare quel segno alla finestra, che il non trovarlo fu proprio una morte per lui. Si sentì mancar le gambe. Nulla! nulla! E che aspetto funebre avevano quelle persiane serrate...

Una voglia selvaggia gli fece a un tratto impeto nello spirito: salire, precipitarsi in camera di Petella, strozzarlo sul letto!

E come se veramente fosse salito e avesse commesso il delitto, si sentì d'un subito stremato, sfinito, un sacco vuoto. Cercò di sollevarsi; pensò che forse ancora era presto; che forse egli pretendeva troppo, contando che ella di notte si levasse ed esponesse il segno per farglielo trovare all'alba; che forse non aveva potuto... chi sa!

Via, non c'era ancora da disperare... Avrebbe aspettato. Ma lì, no... Aspettar lì, ogni minuto, un'eternità... Le gambe però... non se le sentiva più, le gambe!

Per fortuna, svoltando il primo vicolo, trovò a pochi passi un caffeuccio aperto, caffeuccio per gli operai che si recavano di buon'ora all'Arsenale lì presso. Vi entrò; si lasciò cadere sulla panca di legno.

Non c'era nessuno; non si vedeva neanche il padrone; si sentiva però sfaccendare e parlottare di là, nell'antro bujo, dove forse si accendevano allora allora i fornelli.

Quando, di lì a poco, un omaccione in maniche di camicia gli si presentò per domandargli che cosa desiderasse, Paolino Lovico gli volse uno sguardo attonito, truce, poi gli disse:

– Un fazzole... cioè, dico... un caffè! Forte, bello forte, mi raccomando!

Gli fu servito subito. Ma sì! Metà se lo buttò addosso, metà lo sbruffò dalla bocca, balzando in piedi. Accidenti! Era bollente.

– Che ha fatto, signorino?

– Aaahhh... – fiatava Lovico con gli occhi e la bocca spalancati.

– Un po' d'acqua, un po' d'acqua... – gli suggerì il caffettiere. – Prenda, beva un po' d'acqua!

– E i calzoni? – gemette Paolino, guardandosi addosso.

Cavò di tasca il fazzoletto, ne intinse una cocca nel bicchiere e si mise a stropicciar forte su la macchia. Che bel frescolino alla coscia, adesso!

Distese il fazzoletto bagnato, lo guardò, impallidì, buttò una monetina di quattro soldi nel vassojo e scappò via. Ma, appena svoltato il vicolo, paf! di faccia, il capitano Petella:

– Ohé! Lei qua?

– Già... mi... mi... – balbettò Paolino Lovico senza più una goccia di sangue nelle vene. – Mi... mi sono levato per tempo... e...

– Una passeggiatina al fresco? – compì la frase il Petella. – Beato lei! Senza noje... senza impicci... Libero! scapolo!

Lovico gli affondò gli occhi negli occhi per cercare di scoprire se... Ma già il fatto che il bestione fosse fuori a quell'ora, e poi con quell'aria rabbuffata, da temporale... – ah, miserabile! doveva certamente aver litigato con la moglie anche quella sera! (Io l'uccido! – pensò Lovico, – parola d'onore, io l'uccido!) E intanto, con un sorrisetto:

– Ma anche lei, vedo...

– Io? – grugnì il Petella. – Che cosa?

– Ma... a quest'ora...

– Ah, perché mi vede fuori a quest'ora? Una nottataccia, caro professore! Il caldo, forse... io non so!

– Non... non ha... non ha dormito bene?

– Non ho dormito affatto! – gridò il Petella, con esasperazione. – E sa? quando io non dormo... quando non riesco a prender sonno... io arrabbio!

– E che... scusi... che colpa... – seguitò a balbettar Lovico tutto fremente e pur sorridente, – che colpa ci hanno gli altri? scusi...

– Gli altri? – domandò stordito il Petella. – Che c'entrano gli altri?

– Ma... se dice che s'arrabbia? Con chi s'arrabbia? con chi se la piglia se fa caldo?

– Me la piglio con me, me la piglio col tempo, me la piglio con tutti! – proruppe il Petella. – Io voglio aria... io sono abituato al mare... e la terra, caro professore, specialmente d'estate, la terra non la posso soffrire... la casa... le pareti... gl'impicci... le donne.

(«L'uccido! parola d'onore, l'uccido!» fremeva tra sé Lovico.) E col solito sorrisetto:

– Anche le donne?

– Ah, sa? con me le donne... veramente... Si viaggia... si sta tanto tempo lontani... Non dico ora, che sono vecchio... Ma quando si è giovanotti... Le donne! Io, però, ci ho avuto sempre questo di buono, sa? Quando voglio, voglio... quando non voglio, non voglio. Il padrone sono restato sempre io.

– Sempre?... («L'uccido!»)

– Sempre che ho voluto, s'intende! Lei no, eh? lei si lascia facilmente prendere? Un sorrisetto... una mossetta... un'aria umile, vergognosetta... dica, eh? dica la verità...

Lovico si fermò a guardarlo in faccia.

– Debbo dirle la verità? Io, se avessi moglie...

Petella scoppiò a ridere.

– Ma non parliamo delle mogli, adesso! Che c'entrano le mogli? Le donne! le donne!

– E non sono donne, le mogli? che cosa sono?

– Ma saranno anche donne... qualche volta! – esclamò Petella. – Lei intanto non ne ha, caro professore; ed io le auguro per il suo bene di non averne mai. Perché le mogli, sa...

Così dicendo, lo prese sotto il braccio e seguitò a parlare, a parlare. Lovico fremeva. Lo guardava in volto, gli guardava gli occhi gonfi, ammaccati, ma forse... eh, forse li aveva così perché non era riuscito a dormire. E ora gli pareva da qualche frase di potere argomentare che quella poverina fosse salva, ora invece, a qualche altra, ripiombava nel dubbio e nella disperazione. E questo supplizio durò un'eternità, perché aveva voglia di camminare, di camminare, il bestione, e se lo trascinava lungo la marina. Alla fine, voltò per ritornare a casa.

«Non lo lascio!» pensava tra sé Lovico. «Salgo con

lui a casa e, se non ha fatto l'obbligo suo, questa è l'ultima giornata per tutti e tre!»

Si fissò talmente in questo truce pensiero, tese con tanta violenza e tanta rabbia in esso tutta la sua energia nervosa, che si sentì sciogliere le membra, cascare a pezzi, appena – svoltata la via e alzati gli occhi alla finestra della casa del Petella – vide stesi al cordino, oh Dio, oh Dio, oh Dio, uno... due... tre... quattro... cinque fazzoletti!

Arricciò il naso, aprì la bocca, col capo vagellante, ed esalò in un «ah» di spasimo la gioja che lo soffocava.

– Che cos'ha? – gli gridò Petella, sorreggendolo.

E Lovico:

– Oh caro capitano! oh caro capitano, grazie! grazie! Ah... è stata una delizia per me... questa... questa bella passeggiata... ma sono stanco... stanco morto... casco, proprio casco... Grazie, grazie con tutto il cuore, caro capitano! A rivederla! buon viaggio, eh? a rivederla! Grazie, grazie...

E, appena il Petella entrò nel portoncino, prese la via, di corsa, giubilante, esultante, sgrignando e con gli occhi lustri ilari parlanti mostrando le cinque dita della mano a tutti quelli che incontrava.

PENSACI, GIACOMINO!

Da tre giorni il professore Agostino Toti non ha in casa quella pace, quel riso, a cui crede ormai di aver diritto.

Ha circa settant'anni, e dir che sia un bel vecchio, non si potrebbe neanche dire: piccoletto, con la testa grossa, calva, senza collo, il torso sproporzionato su due gambettine da uccello... Sì, sì: il professor Toti lo sa bene, e non si fa la minima illusione, perciò, che Maddalena, la bella mogliettina, che non ha ancora ventisei anni, lo possa amare per se stesso.

È vero che egli se l'è presa povera e l'ha inalzata: figliuola del bidello del liceo, è diventata moglie d'un professore ordinario di scienze naturali, tra pochi mesi con diritto al massimo della pensione; non solo, ma ricco anche da due anni per una fortuna impensata, per una vera manna dal cielo: una eredità di quasi duecentomila lire, da parte d'un fratello spatriato da tanto tempo in Rumenia e morto celibe colà.

Non per tutto questo però il professor Toti crede d'aver diritto alla pace e al riso. Egli è filosofo: sa che tutto questo non può bastare a una moglie giovine e bella.

Se l'eredità fosse venuta prima del matrimonio, egli magari avrebbe potuto pretendere da Maddalenina un po' di pazienza, che aspettasse cioè la morte di lui non lontana per rifarsi del sacrifizio d'aver sposato un vecchio. Ma son venute troppo tardi, ahimè! quelle duecentomila lire, due anni dopo il matrimonio, quando già... quando già il professor Toti filosoficamente aveva riconosciuto, che non poteva bastare a compensare il sacrifizio della moglie la sola pensioncina ch'egli le avrebbe un giorno lasciata.

Avendo già concesso tutto prima, il professor Toti crede d'aver più che mai ragione di pretendere la pace e il riso ora, con l'aggiunta di quell'eredità vistosa. Tanto più, poi, in quanto egli – uomo saggio veramente e dabbene – non si è contentato di beneficar la moglie, ma ha voluto anche beneficare... sì, lui, il suo buon Giacomino, già tra i più valenti alunni suoi al liceo, giovane timido, onesto, garbatissimo, biondo, bello e ricciuto come un angelo.

Ma sì, ma sì – ha fatto tutto, ha pensato a tutto il vecchio professore Agostino Toti. Giacomino Delisi era sfaccendato, e l'ozio lo addolorava e lo avviliva; ebbene, lui, il professor Toti, gli ha trovato posto nella Banca Agricola, dove ha collocato le duecentomila lire dell'eredità.

C'è anche un bambino, ora, per casa, un angioletto di due anni e mezzo, a cui egli si è dedicato tutto, come uno schiavo innamorato. Ogni giorno, non gli par l'ora che finiscano le lezioni al liceo per correre a casa, a soddisfare tutti i capriccetti del suo piccolo tiranno. Veramente, dopo l'eredità, egli avrebbe potuto mettersi a riposo, rinunziando a quel massimo della pensione, per consacrare tutto il suo tempo al bambino. Ma no! Sarebbe stato un peccato! Dacché c'è, egli vuol portare fino all'ultimo quella sua croce, che gli è stata sempre tanto gravosa! Se ha preso moglie proprio per questo, proprio perché recasse un beneficio a qualcuno ciò che per lui è stato un tormento tutta la vita!

Sposando con quest'unico intento, di beneficare una povera giovine, egli ha amato la moglie quasi paternamente soltanto. E più che mai paternamente s'è messo ad amarla, da che è nato quel bambino, da cui quasi quasi gli piacerebbe più d'esser chiamato nonno, che papà. Questa bugia incosciente sui puri

labbruzzi del bambino ignaro gli fa pena; gli pare
che anche il suo amore per lui ne resti offeso. Ma come si fa? Bisogna pure che si prenda con un bacio
quell'appellativo dalla boccuccia di Ninì, quel «papà» che fa ridere tutti i maligni, i quali non sanno
capire la tenerezza sua per quell'innocente, la sua felicità per il bene che ha fatto e che seguita a fare a
una donna, a un buon giovinotto, al piccino, e anche a sé – sicuro! – anche a sé – la felicità di vivere
quegli ultimi anni in lieta e dolce compagnia, cammi-
nando per la fossa così, con un angioletto per mano.

Ridano, ridano pure di lui tutti i maligni! Che risate facili! che risate sciocche! Perché non capiscono... Perché non si mettono al suo posto... Avvertono soltanto il comico, anzi il grottesco, della sua situazione, senza saper penetrare nel suo sentimento!... Ebbene, che glie n'importa? Egli è felice.

Se non che, da tre giorni...

Che sarà accaduto? La moglie ha gli occhi gonfii e
rossi di pianto; accusa un forte mal di capo; non vuole uscir di camera.

– Eh, gioventù!... gioventù!... – sospira il professor Toti, scrollando il capo con un risolino mesto e
arguto negli occhi e sulle labbra. – Qualche nuvola..
qualche temporaletto...

E con Ninì s'aggira per casa, afflitto, inquieto, anche un po' irritato, perché... via, proprio non si me-
rita questo, lui, dalla moglie e da Giacomino. I giovani non contano i giorni: ne hanno tanti ancora innanzi a sé... Ma per un povero vecchio è grave perdita un giorno! E sono ormai tre, che la moglie lo lascia così per casa, come una mosca senza capo, e non
lo delizia più con quelle ariette e canzoncine cantate
con la vocetta limpida e fervida, e non gli prodiga
più quelle cure, a cui egli è ormai avvezzo.

Anche Ninì è serio serio, come se capisca che la
mamma non ha testa da badare a lui. Il professore se

lo conduce da una stanza all'altra, e quasi non ha bisogno di chinarsi per dargli la mano, tant'è piccolino anche lui; lo porta innanzi al pianoforte, tocca qua e là qualche tasto, sbuffa, sbadiglia, poi siede, fa galoppare un po' Ninì su le ginocchia, poi torna ad alzarsi: si sente tra le spine. Cinque o sei volte ha tentato di forzar la mogliettina a parlare.

– Male, eh? ti senti proprio male?

Maddalenina seguita a non volergli dir nulla: piange; lo prega di accostar gli scuri del balcone e di portarsi Ninì di là: vuole star sola e al bujo.

– Il capo, eh?

Poverina, le fa tanto male il capo... Eh, la lite dev'essere stata grossa davvero!

Il professor Toti si reca in cucina e cerca d'abbordar la servetta, per avere qualche notizia da lei; ma fa larghi giri, perché sa che la servetta gli è nemica; sparla di lui, fuori, come tutti gli altri, e lo mette in berlina, brutta scema! Non riesce a saper nulla neanche da lei.

E allora il professor Toti prende una risoluzione eroica: reca Ninì dalla mamma e la prega che glielo vesta per benino.

– Perché? – domanda ella.

– Lo porto a spassino, – risponde lui. – Oggi è festa... Qua s'annoja, povero bimbo!

La mamma non vorrebbe. Sa che la trista gente ride vedendo il vecchio professore col piccino per mano; sa che qualche malvagio insolente è arrivato finanche a dirgli: – Ma quanto gli somiglia, professore, il suo figliuolo!

Il professor Toti però insiste.

– No, a spassino, a spassino...

E si reca col bimbo in casa di Giacomino Delisi.

Questi abita insieme con una sorella nubile, che gli ha fatto da madre. Ignorando la ragione del beneficio, la signorina Agata era prima molto grata al professor Toti; ora invece – religiosissima com'è – lo tiene in conto d'un diavolo, né più né meno, perché ha indotto il suo Giacomino in peccato mortale.

Il professor Toti deve aspettare un bel po', col piccino, dietro la porta, dopo aver sonato. La signorina Agata è venuta a guardar dalla spia ed è scappata. Senza dubbio, è andata ad avvertire il fratello della visita, e ora tornerà a dire che Giacomino non è in casa.

Eccola. Vestita di nero, cerea, con le occhiaje livide, stecchita, arcigna, appena aperta la porta, investe, tutta vibrante, il professore.

– Ma come... scusi... viene a cercarlo pure in casa adesso?... E che vedo! anche col bambino? ha condotto anche il bambino?

Il professor Toti non s'aspetta una simile accoglienza; resta intronato; guarda la signorina Agata, guarda il piccino, sorride, balbetta:

– Per... perché?... che è?... non posso... non... posso venire a...

– Non c'è! – s'affretta a rispondere quella, asciutta e dura. – Giacomino non c'è.

– Va bene, – dice, chinando il capo, il professor Toti. – Ma lei, signorina... mi scusi... lei mi tratta in un modo che... non so! Io non credo d'aver fatto né a suo fratello, né a lei...

Ecco, professore, – lo interrompe, un po' rabbonita, la signorina Agata. – Noi, creda pure, le siamo... le siamo riconoscentissimi; ma anche lei dovrebbe comprendere...

Il professor Toti socchiude gli occhi, torna a sorridere, alza una mano e poi si tocca parecchie volte con la punta delle dita il petto, per significarle che, quanto a comprendere, lasci fare a lui.

– Sono vecchio, signorina, – dice, – e comprendo... tante cose comprendo io! e guardi, prima di tutte, questa: che certe furie bisogna lasciarle svaporare, e che, quando nascono malintesi, la miglior cosa è chiarire... chiarire, signorina, chiarire francamente, senza sotterfugi, senza riscaldarsi... Non le pare?

– Certo, sì... – riconosce, almeno così in astratto, la signorina Agata.

– E dunque, – riprende il professor Toti, – mi lasci entrare e mi chiami Giacomino.

– Ma se non c'è!

– Vede? No. Non mi deve dire che non c'è. Giacomino è in casa, e lei me lo deve chiamare. Chiariremo tutto con calma... glielo dica: con calma! Io sono vecchio e comprendo tutto, perché sono stato anche giovane, signorina. Con calma, glielo dica. Mi lasci entrare.

Introdotto nel modesto salotto, il professor Toti siede con Ninì tra le gambe, rassegnato ad aspettare anche qua un bel pezzo, che la sorella persuada Giacomino.

– No, qua, Ninì... buono! – dice di tratto in tratto al bimbo, che vorrebbe andare a una mensoletta, dove luccicano certi gingilli di porcellana; e intanto si scapa a pensare che diamine può essere accaduto di così grave in casa sua, senza ch'egli se ne sia accorto per nulla. Maddalenina è così buona! Che male può ella aver fatto, da provocare un così aspro e forte risentimento, qua, anche nella sorella di Giacomino?

Il professor Toti, che ha creduto finora a una bizza passeggera, comincia a impensierirsi e a costernarsi sul serio.

Oh, ecco Giacomino finalmente! Dio, che viso alterato! che aria rabbuffata! E come? Ah, questo no! Scansa freddamente il bambino che gli è corso incontro gridando con le manine tese:

– «Giamì! Giamì!»

– Giacomino! – esclama, ferito, con severità, il professor Toti.

– Che ha da dirmi, professore? – s'affretta a domandargli quello, schivando di guardarlo negli occhi. – Io sto male... Ero a letto... Non sono in grado di parlare e neanche di sostener la vista d'alcuno...

– Ma il bambino?!

– Ecco, – dice Giacomino; e si china a baciare Ninì.

– Ti senti male? – riprende il professor Toti, un po' racconsolato da quel bacio. – Lo supponevo. E son venuto per questo. Il capo, eh? Siedi, siedi... Discorriamo. Qua, Ninì... Senti che «Giamì» ha la bua? Sì, caro, la bua... qua, povero «Giamì» ... Sta' bonino; ora andiamo via. Volevo domandarti – soggiunge, rivolgendosi a Giacomino, – se il direttore della Banca Agricola ti ha detto qualche cosa.

– No, perché? – fa Giacomino, turbandosi ancor più.

– Perché jeri gli ho parlato di te, – risponde con un risolino misterioso il professor Toti. – Il tuo stipendio non è molto grasso, figliuol mio. E sai che una mia parolina...

Giacomino si torce su la sedia, stringe le pugna fino ad affondarsi le unghie nel palmo delle mani.

– Professore, io la ringrazio, – dice, – ma mi faccia il favore, la carità, di non incomodarsi più per me, ecco!

– Ah sì? – risponde il professor Toti con quel risolino ancora su la bocca. – Bravo! Non abbiamo più bisogno di nessuno, eh? Ma se io volessi farlo per mio piacere? Caro mio, ma se non debbo più curarmi di te, di chi vuoi che mi curi io? Sono vecchio, Giacomino! E ai vecchi – badiamo, che non siano egoisti! – ai vecchi, che hanno tanto stentato, come me, a prendere uno stato, piace di vedere i giovani, come te meritevoli, farsi avanti nella vita per loro mezzo; e godono della loro allegria, delle loro speranze, del posto ch'essi prendono man mano nella società. Io poi per te... via, tu lo sai... ti considero come un figliuolo... Che cos'è? Piangi?

Giacomino ha nascosto infatti il volto tra le mani e sussulta come per un impeto di pianto che vorrebbe frenare.

Ninì lo guarda sbigottito, poi, rivolgendosi al professore, dice:

– «Giamì, bua»...

Il professore si alza e fa per posare una mano su la spalla di Giacomino; ma questi balza in piedi, quasi ne provi ribrezzo, mostra il viso scontraffatto come per una fiera risoluzione improvvisa, e gli grida esasperatamente:

– Non mi s'accosti! Professore, se ne vada, la scongiuro, se ne vada! Lei mi sta facendo soffrire una pena d'inferno! Io non merito codesto suo affetto e non lo voglio, non lo voglio... Per carità, se ne vada, si porti via il bambino e si scordi che io esisto!

Il professor Toti resta sbalordito; domanda:

– Ma perché?

– Glielo dico subito! – risponde Giacomino. – Io sono fidanzato, professore! Ha capito? Sono fidanzato!

Il professor Toti vacilla, come per una mazzata sul capo; alza le mani; balbetta:

– Tu? fi... fidanzato?

– Sissignore, – dice Giacomino. – E dunque, basta... basta per sempre! Capirà che non posso più... vederla qui...

– Mi cacci via? – domanda, quasi senza voce, il professor Toti.

– No! – s'affretta a rispondergli Giacomino, dolente. – Ma è bene che lei... che lei se ne vada, professore...

Andarsene? Il professore casca a sedere su la seg giola. Le gambe gli si sono come stroncate sotto. Si prende la testa tra le mani e geme:

– Oh Dio! Ah che rovina! Dunque per questo? Oh povero me! Oh povero me! Ma quando? come? senza dirne nulla? con chi ti sei fidanzato?

– Qua, professore... da un pezzo... – dice Giacomino. – Con una povera orfana, come me... amica di mia sorella...

Il professor Toti lo guarda, inebetito, con gli occhi spenti, la bocca aperta, e non trova la voce per parlare.

– E... e... e si lascia tutto... così... e... e non si pensa più a... a nulla... non si... non si tien più conto di nulla...

Giacomino si sente rinfacciare con queste parole l'ingratitudine, e si ribella, fosco:

– Ma scusi! che mi voleva schiavo, lei?

– Io, schiavo? – prorompe, ora, con uno schianto nella voce, il professor Toti. – Io? E lo puoi dire? Io che ti ho fatto padrone della mia casa? Ah, questa, questa sì che è vera ingratitudine! E che forse t'ho beneficato per me? che ne ho avuto io, se non il dileggio di tutti gli sciocchi che non sanno capire il sentimento mio? Dunque non lo capisci, non lo hai capito neanche tu, il sentimento di questo povero vecchio, che sta per andarsene e che era tranquillo e contento di lasciar tutto a posto, una famigliuola bene avviata, in buone condizioni... felice? Io ho settant'anni; io domani me ne vado, Giacomino! Che ti sei levato di cervello, figliuolo mio! Io vi lascio tutto, qua... Che vai cercando? Non so ancora, non voglio saper chi sia la tua fidanzata; se l'hai scelta tu, sarà magari un'onesta giovine, perché tu sei buono...; ma pensa che... pensa che... non è possibile che tu abbia trovato di meglio, Giacomino, sotto tutti i riguardi... Non ti dico soltanto per l'agiatezza assicurata... Ma tu hai già la tua famigliuola, in cui non ci sono che io solo di più, ancora per poco... io che non conto per nulla... Che fastidio vi do io? Io sono come il padre... Io posso anche, se volete... per la vostra pace... Ma dimmi com'è stato? che è accaduto? come ti s'è voltata la testa, così tutt'a un tratto? Dimmelo! dimmelo...

E il professor Toti s'accosta a Giacomino e vuol prendergli un braccio e scuoterglielo; ma quegli si restringe tutto in sé, quasi rabbrividendo, e si schermisce.

– Professore! – grida. – Ma come non capisce, come non s'accorge che tutta codesta sua bontà...

– Ebbene?

– Mi lasci stare! non mi faccia dire! Come non capisce che certe cose si possono far solo di nascosto, e non son più possibili alla luce, con lei che sa, con tutta la gente che ride?

– Ah, per la gente? – esclama il professore. – E tu...

– Mi lasci stare! – ripete Giacomino, al colmo dell'orgasmo, scotendo in aria le braccia. – Guardi! Ci sono tant'altri giovani che han bisogno d'ajuto, professore!

Il Toti si sente ferire fin nell'anima da queste parole, che sono un'offesa atroce e ingiusta per sua moglie; impallidisce, allividisce, e tutto tremante dice:

– Maddalenina è giovine, ma è onesta, perdio! e tu lo sai! Maddalenina ne può morire... perché è qui, è qui, il suo male, nel cuore... dove credi che sia? È qui, è qui, ingrato! Ah, la insulti, per giunta? E non ti vergogni? e non ne senti rimorso di fronte a me? Puoi dirmi questo in faccia? tu? Credi che ella possa passare, così, da uno all'altro, come niente? madre di questo piccino? Ma che dici? Come puoi parlar così?

Giacomino lo guarda trasecolato, allibito.

– Io? – dice. – Ma lei piuttosto, professore, scusi, lei, lei, come può parlare così? Ma dice sul serio?

Il professor Toti si stringe ambo le mani su la bocca, strizza gli occhi, squassa il capo e rompe in un pianto disperato. Ninì anche lui, allora, si mette a piangere. Il professore lo sente, corre a lui, lo abbraccia.

– Ah, povero Ninì mio... ah che sciagura, Ninì mio, che rovina! E che sarà della tua mamma ora? e che sarà di te, Ninì mio, con una mammina come la tua, inesperta, senza guida... Ah, che baratro!

Solleva il capo, e, guardando tra le lagrime Giacomino:

– Piango, – dice, – perché mio è il rimorso; io t'ho protetto, io t'ho accolto in casa, io le ho parlato sempre tanto bene di te, io... io le ho tolto ogni scrupolo d'amarti... e ora che ella ti amava sicura... madre di questo piccino... tu...

S'interrompe e, fiero, risoluto, convulso:

– Bada, Giacomino! – dice. – Io son capace di presentarmi con questo piccino per mano in casa della tua fidanzata!

Giacomino, che suda freddo, pur su la brace ardente, nel sentirlo parlare e piangere così, a questa minaccia giunge le mani, gli si fa innanzi e scongiura:

– Professore, professore, ma lei vuol dunque proprio coprirsi di ridicolo?

– Di ridicolo? – grida il professore. – E che vuoi che me n'importi, quando vedo la rovina d'una povera donna, la rovina tua, la rovina d'una creatura innocente? Vieni, vieni, andiamo, su via, Ninì, andiamo!

Giacomino gli si para davanti:

– Professore, lei non lo farà!

– Io lo farò! – gli grida con viso fermo il professor Toti. – E per impedirti il matrimonio son anche capace di farti cacciare dalla Banca! Ti do tre giorni di tempo.

E, voltandosi su la soglia, col piccino per mano:

– Pensaci, Giacomino! Pensaci!

NON È UNA COSA SERIA

Perazzetti? No. Quello poi era un genere particolare.

Le diceva serio serio, che non pareva nemmeno
lui, guardandosi le unghie adunche lunghissime, di
cui aveva la cura più meticolosa.

È vero che poi, tutt'a un tratto, senz'alcuna ragione apparente... un'anatra, ecco, tal'e quale! scoppiava in certe risate, che parevano il verso di un'anatra; e ci guazzava dentro, proprio come un'anatra.

Moltissimi trovavano appunto in queste risate la
prova più lampante della pazzia di Perazzetti. Nel
vederlo torcere con le lagrime agli occhi, gli amici gli
domandavano:

– Ma perché?

E lui:

– Niente. Non ve lo posso dire.

A veder ridere uno così, senza che voglia dirne la
ragione, si resta sconcertati, con un certo viso da
scemi si resta e una certa irritazione in corpo, che
nei così detti «urtati di nervi» può diventar facilmente stizza feroce e voglia di sgraffiare.

Non potendo sgraffiare, i così detti «urtati di nervi» (che sono poi tanti, oggidì) si scrollavano rabbiosamente e dicevano di Perazzetti:

– È pazzo!

Se Perazzetti, invece, avesse detto loro la ragione
di quel suo anatrare... Ma non la poteva dire, spesso,
Perazzetti; veramente non la poteva dire.

Aveva una fantasia mobilissima e quanto mai ca-
pricciosa, la quale, alla vista della gente, si sbizzarri-

va a destargli dentro, senza ch'egli lo volesse, le più stravaganti immagini e guizzi di comicissimi aspetti inesprimibili; a scoprirgli d'un subito certe strane, riposte analogie, a rappresentargli improvvisamente certi contrasti così grotteschi e buffi, che la risata gli scattava irrefrenabile.

Come comunicare altrui il giuoco istantaneo di queste fuggevoli immagini impensate?

Sapeva bene Perazzetti, per propria esperienza, quanto in ogni uomo il fondo dell'essere sia diverso dalle fittizie interpretazioni che ciascuno se ne dà spontaneamente, o per inconscia finzione, per quel bisogno di crederci o d'esser creduti diversi da quel che siamo, o per imitazione degli altri, o per le necessità e le convenienze sociali.

Su questo fondo dell'essere egli aveva fatto studii particolari. Lo chiamava l'«antro della bestia». E intendeva della bestia originaria acquattata dentro a ciascuno di noi, sotto tutti gli strati di coscienza, che gli si sono a mano a mano sovrapposti con gli anni.

L'uomo, diceva Perazzetti, a toccarlo, a solleticarlo in questo o in quello strato, risponde con inchini, con sorrisi, porge la mano, dice buon giorno e buona sera, dà magari in prestito cento lire; ma guai ad andarlo a stuzzicare laggiù, nell'antro della bestia: scappa fuori il ladro, il farabutto, l'assassino. È vero che, dopo tanti secoli di civiltà, molti nel loro antro ospitano ormai una bestia troppo mortificata: un porco, per esempio, che si dice ogni sera il rosario.

In trattoria, Perazzetti studiava le impazienze raffrenate degli avventori. Fuori, la creanza; dentro, l'asino che voleva subito la biada. E si divertiva un mondo a immaginare tutte le razze di bestie rintanate negli antri degli uomini di sua conoscenza: quello aveva certo dentro un formichiere e quello un porcospino e quell'altro un pollo d'India, e così via.

Spesso però le risate di Perazzetti avevano una ragione, dirò così, più costante; e questa davvero non era da spiattellare, là, a tutti; ma da confidare, se mai, in un orecchio pian piano a qualcuno. Confidata così, vi assicuro che promoveva inevitabilmente il più fragoroso scoppio di risa. La confidò una volta a un amico, presso al quale gli premeva di non passare per matto.

Io non posso dirvela forte; posso accennarvela appena; voi cercate d'intenderla a volo, giacché, detta forte, rischierebbe, tra l'altro, di parere una sconcezza, e non è.

Perazzetti non era uomo volgare; anzi dichiarava d'avere una stima altissima dell'umanità, di tutto quanto essa, a dispetto della bestia originaria, ha saputo fare; ma Perazzetti non riusciva a dimenticare che l'uomo, il quale è stato capace di crear tante bellezze, è pure una bestia che mangia, e che mangiando, è costretto per conseguenza a obbedire ogni giorno a certe intime necessità naturali, che certamente non gli fanno onore.

Vedendo un pover'uomo, una povera donna in atto umile e dimesso, Perazzetti non ci pensava affatto; ma quando invece vedeva certe donne che si davano arie di sentimento, certi uomini tronfii, gravidi di boria, era un disastro: subito, irresistibilmente, gli scattava dentro l'immagine di quelle intime necessità naturali, a cui anch'essi per forza dovevano ogni giorno ubbidire; li vedeva in quell'atto e scoppiava a ridere senza remissione.

Non c'era nobiltà d'uomo o bellezza di donna, che si potesse salvare da questo disastro nell'immaginazione di Perazzetti; anzi quanto più eterea e ideale gli si presentava una donna, quanto più composto a un'aria di maestà un uomo, tanto più quella maledetta immagine si svegliava in lui all'improvviso.

Ora, con questo, immaginatevi Perazzetti innamorato.

E s'innamorava, il disgraziato, s'innamorava con una facilità spaventosa! Non pensava più a nulla, s'intende, finiva d'esser lui, appena innamorato; diventava subito un altro, diventava quel Perazzetti che gli altri volevano, quale amava foggiarselo la donna nelle cui mani era caduto, non solo, ma quale amavano foggiarselo anche i futuri suoceri, i futuri cognati e perfino gli amici di casa della sposa.

Era stato fidanzato, a dir poco, una ventina di volte. E faceva schiattar dalle risa nel descrivere i tanti Perazzetti ch'egli era stato, uno più stupido e imbecille dell'altro: quello del pappagallo della suocera, quello delle stelle fisse della cognatina, quello dei fagiolini dell'amico non so chi.

Quando il calore della fiamma, che lo aveva messo per così dire in istato di fusione, cominciava ad attutirsi, ed egli a poco a poco cominciava a rapprendersi nella sua forma consueta e riacquistava coscienza di sé, provava dapprima stupore, sbigottimento nel contemplare la forma che gli avevano dato, la parte che gli avevano fatto rappresentare, lo stato d'imbecillità in cui lo avevano ridotto; poi, guardando la sposa, guardando la suocera, guardando il suocero, ricominciavano le terribili risate, e doveva scappare – non c'era via di mezzo – doveva scappare.

Ma il guajo era questo, che non volevano più lasciarlo scappare. Era un ottimo giovine, Perazzetti, agiato, simpaticissimo: quel che si dice un partito invidiabile.

I drammi attraversati in quei suoi venti e più fidanzamenti, a raccoglierli in un libro, narrati da lui, formerebbero una delle più esilaranti letture dei giorni nostri. Ma quelle che per i lettori sarebbero risa, sono state pur troppo lagrime, lagrime vere per il povero Perazzetti, e rabbie e angosce e disperazione.

Ogni volta egli prometteva e giurava a se stesso di non ricascarci più; si proponeva di escogitare qualche rimedio eroico, che gl'impedisse d'innamorarsi di nuovo. Ma che! Ci ricascava poco dopo, e sempre peggio di prima.

Un giorno, finalmente, scoppiò come una bomba la notizia, ch'egli aveva sposato. E aveva sposato nientemeno... Ma no, nessuno in prima ci volle credere! Pazzie ne aveva fatte Perazzetti d'ogni genere; ma che potesse arrivare fino a tal punto, fino a legarsi per tutta la vita con una donna come quella...

Legarsi? Quando a uno dei tanti amici, andato a trovarlo in casa, gli scappò detto così, per miracolo Perazzetti non se lo mangiò.

– Legarsi? come legarsi? perché legarsi? Stupidi, scemi, imbecilli tutti quanti! Legarsi? Chi l'ha detto? Ti sembro legato? Vieni, entra qua... Questo è il mio solito letto, sì o no? Ti sembra un letto a due? Ehi, Celestino! Celestino!

Celestino era il suo vecchio servo fidato.

– Di', Celestino. Vengo ogni sera a dormire qua, solo?

– Sissignore, solo.

– Ogni sera?

– Ogni sera.

– Dove mangio?

– Di là.

– Con chi mangio?

– Solo.

– Mi fai tu da mangiare?

– Io, sissignore.

– E sono sempre lo stesso Perazzetti?

– Sempre lo stesso, sissignore.

Mandato via il servo, dopo questo interrogatorio, Perazzetti concluse, aprendo le braccia:

– Dunque...

– Dunque non è vero? – domandò quello.

– Ma sì, vero! verissimo! – rispose Perazzetti. –
L'ho sposata! L'ho sposata in chiesa e allo stato civile! Ma che per questo? Ti pare una cosa seria?

– No, anzi ridicolissima.

– E dunque! – tornò a concludere Perazzetti. –
Escimi dai piedi! Avete finito di ridere alle mie spalle! Mi volevate morto, è vero? col cappio sempre alla
gola? Basta, basta, cari miei! Ora mi sono liberato
per sempre! Ci voleva quest'ultima tempesta, da cui
sono uscito vivo per miracolo.

L'ultima tempesta a cui alludeva Perazzetti era il
fidanzamento con la figlia del capodivisione al Ministero delle finanze, commendator Vico Lamanna; e
aveva proprio ragione di dire Perazzetti che ne era
uscito vivo per miracolo. Gli era toccato di battersi
alla spada col fratello di lei, Lino Lamanna; e poiché
di Lino egli era amicissimo e sentiva di non aver nulla, proprio nulla contro di lui, s'era lasciato infilzare
generosamente come un pollo.

Pareva quella volta – e ci avrebbe messo chiunque la mano sul fuoco – che il matrimonio dovesse
aver luogo. La signorina Ely Lamanna, educata al-
l'inglese – come si poteva conoscere anche dal nome – schietta, franca, solida, bene azzampata (leggi
«scarpe all'americana»), era riuscita senza dubbio a
salvarsi da quel solito disastro nell'immaginazione
di Perazzetti. Qualche risata, sì, gli era scappata
guardando il suocero commendatore, che anche con
lui stava in aria e gli parlava alle volte con quella
sua collosità pomatosa... Ma poi basta. Aveva confi-
dato con garbo alla sposa il perché di quelle risate;
ne aveva riso anche lei; e, superato quello scoglio,
credeva anche lui, Perazzetti, che quella volta finalmente avrebbe raggiunto il tranquillo porto delle
nozze (per modo di dire). La suocera era una buona

vecchietta, modesta e taciturna, e Lino, il cognato, pareva fatto apposta per medesimarsi in tutto e per tutto con lui.

Perazzetti e Lino Lamanna diventarono infatti fin dal primo giorno del fidanzamento due indivisibili. Più che con la sposa si può dire che Perazzetti stava col futuro cognato: escursioni, cacce, passeggiate a cavallo insieme, insieme sul Tevere alla società di canottaggio.

Tutto poteva immaginarsi, povero Perazzetti, tranne che questa volta il «disastro» dovesse venirgli da questa troppa intimità col futuro cognato, per un altro tiro dell'immaginazione sua morbosa e buffona.

A un certo punto, egli cominciò a scoprire nella fidanzata una rassomiglianza inquietante col fratello di lei.

Fu a Livorno, ai bagni, ov'era andato, naturalmente, coi Lamanna.

Perazzetti aveva veduto tante volte Lino in maglia, alla società di canottaggio; vide ora la sposa in costume da bagno. Notare che Lino aveva veramente un che di femineo, nelle anche.

Che impressione ebbe Perazzetti dalla scoperta di questa rassomiglianza? Cominciò a sudar freddo, cominciò a provare un ribrezzo invincibile al pensiero d'entrare in intimità coniugale con Ely Lamanna, che somigliava tanto al fratello. Gli si rappresentò subito come mostruosa, quasi contro natura, quella intimità, giacché vedeva il fratello nella fidanzata; e si torceva alla minima carezza ch'ella gli faceva, nel vedersi guardato con occhi ora incitanti e aizzosi, ora che s'illanguidivano nella promessa d'una voluttà sospirata.

Poteva intanto gridarle Perazzetti:

– Oh Dio, per carità, smetti! finiamola! Io posso essere amicissimo di Lino, perché non debbo sposar-

lo; ma non posso più sposar te, perché mi parrebbe
di sposare tuo fratello?

La tortura che soffrì questa volta Perazzetti fu di
gran lunga superiore a tutte quelle che aveva sofferto per l'innanzi. Finì con quel colpo di spada, che
per miracolo non lo mandò all'altro mondo.

E appena guarito della ferita, trovò il rimedio
eroico che doveva precludergli per sempre la via del
matrimonio.

– Ma come – voi dite – sposando?

Sicuro! Filomena: quella del cane. Sposando Filomena, quella povera scema che si vedeva ogni sera
per via, parata con certi cappellacci carichi di verdu-
ra svolazzante, tirata da un barbone nero, che non
le lasciava mai il tempo di finir certe sue risatelle as-
sassine alle guardie, ai giovanottini di primo pelo e ai
soldati, per la fretta che aveva – maledetto cane –
d'arrivare chi sa dove, chi sa a qual remoto angolo
bujo...

In chiesa e allo stato civile la sposò; la tolse dalla
strada; le assegnò venti lire al giorno e la spedì lontano, in campagna, col cane.

Gli amici – come potete figurarvi – non gli dette-
ro più pace per parecchio tempo. Ma Perazzetti era
ritornato ormai tranquillo, a dirle serio serio, che
non pareva nemmeno lui.

– Sì, – diceva, guardandosi le unghie. – L'ho
sposata. Ma non è una cosa seria. Dormire, dormo solo, in casa mia; mangiare, mangio solo, in casa mia; non la vedo; non mi dà alcun fastidio... Voi
dite per il nome? Sì: le ho dato il mio nome. Ma,
signori miei, che cosa è un nome? Non è una cosa
seria.

Cose serie, a rigore, non ce n'erano per Perazzetti. Tutto sta nell'importanza che si dà alle cose. Una
cosa ridicolissima, a darle importanza, può diventare
seriissima, e viceversa, la cosa più seria, ridicolissi-

ma. C'è cosa più seria della morte? Eppure, per tanti che non le danno importanza...

Va bene; ma tra qualche giorno lo volevano vedere gli amici. Chi sa come se ne sarebbe pentito!

– Bella forza! – rispondeva Perazzetti. – Sicuro che me ne pentirò! Già già comincio a esserne pentito...

Gli amici, a questa uscita, levavano alte le grida:

– Ah! lo vedi?

– Ma imbecilli, – rimbeccava Perazzetti, – giusto quando me ne pentirò per davvero, risentirò il beneficio del mio rimedio, perché vorrà dire che mi sarò allora innamorato di nuovo, fino al punto di commettere la più grossa delle bestialità: quella di prendere moglie.

Coro:

– Ma se l'hai già presa!

Perazzetti:

– Quella? Eh via! Quella non è una cosa seria.

Conclusione:

Perazzetti aveva sposato per guardarsi dal pericolo di prendere moglie.

TIROCINIO

Da una settimana vedevamo Carlino Sgro per il Corso, per Via Nazionale, per Via Ludovisi, passare in *botte*, di galoppo, accanto a un enorme mammifero in gonnella. Le lunghe piume nere del cappellaccio, che pareva un nido di corvi, le svolazzavano al vento.

Tutta la gente si fermava a mirare con occhi spalancati, a bocca aperta.

Noi amici, quasi sgomenti, nel vedercelo passar davanti, gli lanciavamo ogni volta un grido affettuoso o lo chiamavamo per nome, tendendogli le braccia; e lui, lui subito si voltava a salutarci con larghi e ripetuti gesti, che ci pareva invocassero disperatamente ajuto.

Carlino Sgro da due anni aveva lasciato Roma per Milano, e non s'era più fatto vivo con nessuno di noi. Ora, d'improvviso, rieccolo a Roma, in quella turbinosa apparizione che aveva del tragico e del carnevalesco.

Qualcuno di noi finse di mostrarsene seriamente impensierito. Senza dubbio Carlino era in pericolo; dovevamo salvarlo a ogni costo da quel mostro che lo aveva rapito e se lo trascinava chi sa a qual bufera infernale. Come salvarlo? Ma volando a San Marcello, perdio, a denunziare il ratto alla questura, o piuttosto, assaltando, là, senz'altro, la carrozza e strappando, a viva forza, la vittima dalle braccia di quell'orribile mostro.

Discutevamo ancora, al Circolo, sul partito da

prendere, quand'ecco – fresco e sorridente – Carlino Sgro davanti a noi.

Gli saltammo al collo tutti quanti insieme, baciandolo dove ci veniva fatto, alle spalle, sul petto, sulle braccia, sulla nuca, fino a lasciarlo per un pezzo boccheggiante come un pesce. Per farlo rinvenire, gli rovesciammo subito addosso una tempesta di domande insieme con gli epiteti più graziosi, con cui eravamo soliti d'accoglierlo ogni sera, al Circolo, quand'egli stava a Roma: – Vecchia canaglia! Mummia inglese! Orangutàn! Figlio di Nouma Hawa! – ecc. ecc.

(Veramente Carlino Sgro pare una scimmia e pare un inglese: una scimmia, perché – non ci ha colpa – ha la bocca per lo meno quattro dita sotto al naso; un inglese, perché biondo, con gli occhi ceruli, e perché nessun inglese al mondo ha mai vestito e camminato più inglesemente di lui.)

Chi lo crederebbe? Si mostrò stupito della profonda costernazione in cui noi tutti eravamo stati per lui un'intera settimana.

– Come! – esclamò. – Ma quella è la Montroni, signori miei! Non conoscete la Montroni?

Ci guardammo tutti negli occhi. Nessuno di noi conosceva la Montroni. Solo Carinèi domandò:

– Pompea Montroni, la cantante?

Sgro indignato e stizzito, diede una spallata:

– Ma celebre, perdio! Soprano di cartello! Dite sul serio o siete della Papuasia? Non la ricordate più nella *Gioconda*? Era il nostro cavallo di battaglia! *L'amo come il fulgor del creato...* Faceva tremare la Scala e il San Carlo.

– Faceva? Dunque ora è sfiatata?

Carlino Sgro atteggiò la faccia di fierissimo disprezzo e rispose:

– Vi prego di credere che la nostra voce è ancora divinamente bella, più divinamente bella di quando facevamo andare in visibilio le platee del mondo intero, e ci staccavano i cavalli dalla vettura. Ma abbiamo una piccola palpitazione di cuore, un disturbetto cardiaco che non è nulla, rassicuratevi, ma che potrebbe diventare grave, Dio liberi e anche... sì, anche fatale, ci hanno detto i medici, se seguitiamo a rimanere nell'arte e a cantare. Così, per prudenza, ci siamo ritirati.

– E tu, vecchio scimmione, – gli gridammo, – hai il coraggio di scarrozzarti per il Corso quella carcassa sfiatata? E non ti vergogni?

– Vedo, – disse Carlino Sgro addoloratissimo, – che voi malignate, amici miei. Vi compatisco. Ah che vuol dire non vivere a Milano!

Casa Castiglione Montroni, signori, è a Milano tra le più rispettabili e rispettate. Pompea Montroni è donna esemplare. Forse non c'è bisogno di dirlo, perché... – non ridete, via! – io lo ammetto, non è più tanto bella... non è stata mai bella, va bene così? Ma non l'avete veduta sul palcoscenico, dove faceva una magnifica figura. Lo afferma il marchese Colli, e mi pare che possa bastare!

Chi è il marchese Colli? Datemi tempo, santo Dio, e vi dirò tutto. Lasciatemi intanto premetter questo: che, se io ammiro Pompea Montroni, la ammiro, diciamo così, in blocco; e che mi sono sempre guardato bene dal turbare la pace, l'armonia che regnano sovrane tra lei e il suo legittimo consorte. L'ho accompagnata qua a Roma per affari, o meglio, per preparare una certa sorpresa, che non vi posso dire, alla nostra piccola Medea.

Piano! Vi dirò anche chi è Medea. Ma vi faccio notare che voi, senza saperlo, mi avete aggredito con volgari e sanguinosi insulti. È inutile, povera gente: bisogna vivere a Milanòooo!

Omero, come sapete, non descrive la bellezza di Elena: la lascia argomentare da quel che dicono i vecchi di Troja, quando la vedono apparire sulle mura, se non sbaglio. Non sono Omero, voi non siete vecchi di Troja, ma vi giuro che Medea è centomila volte più bella di Elena e vi prego d'argomentare similmente quella sua divina, indescrivibile bellezza dal vedermi ora andare attorno per le vie di Roma con questa filuca di mammina sua. Vi basta, sì o no? Se non vi basta

Vi dirò tutta la miseria mia.

Sappiate che da circa otto mesi io sono per lei in tirocinio di vecchio amico di casa.

Amici miei, se io non divento al più presto vecchio amico di casa Castiglione Montroni, vecchio amico di mammà Pompea, sono perduto. Per me, non c'è più speranza, né salute. Medea ha già compiuto quattordici anni.

A questo annunzio ci levammo tutti in piedi, indignati, e coprimmo Carlino Sgro di vituperii. Egli protese le mani, si cacciò la testa tra le spalle come una tartaruga, e gridò:

– Adagio! adagio! aspettate. Dico quattordici, perché la mamma deve averne ancora per forza trent'otto... Non capite niente, perdio? Ma ne ha già, per lo meno diciannove, la quattordicenne Medea!

Non capirete certo neppure che cosa possa voler dire vecchio amico di casa. Veramente, per capirlo, bisognerebbe che conosceste bene *quella casa*. Ma lo so io e gli altri quattro disgraziati che sono in tirocinio, con me, a Milano.

Siamo in cinque, cari miei: un'infunata da mandare per grazia alla forca!

Già Pompea, la madre, l'avete intraveduta. Non è niente! Bisognerebbe che conosceste il padre, cioè il marito di Pompea, e un po' anche il marchese Colli che abita con loro.

Il marito è un bell'uomo. Aitante della persona, con una magnifica barba bionda, compitissimo e pieno di dignità, anzi di gravità quasi diplomatica. Credo che si sia fatta apposta un po' di radura sul cranio, perché una leggera calvizie, in certi casi e per certe professioni, è veramente indispensabile. Non vi potete figurare con che aria d'importanza e che cipiglio vi dica, inserendo due dita tra i bottoni del panciotto:

– Caldo, quest'oggi.

Si chiama Michelangelo. Di casato Castiglione, nientemeno. Secondo me, è l'uomo più straordinario che viva di questi tempi in Europa. Straordinario per la serietà con cui si vendica di ciò che gli hanno fatto fare.

Dovete sapere che, or saranno circa vent'anni, Pompea Montroni andò a cantare a Parma nella *Gioconda*. Vi fece furore, si sa! E il marchese Colli – Mino Colli – la vide dalla barcaccia, e se ne innamorò; poi la vide in camerino, e non si spaventò. Non si spaventò perché la vanità di ricco nobiluccio di provincia gliela fece vedere, anche lì da vicino, come la vedevano gli amici della barcaccia, gli amici che allora lo invidiavano e lo stimavano l'uomo più fortunato del mondo.

La grande Pompea, naturalmente, non se lo lasciò scappare. Considerando però la propria corporatura e prevedendo che, a lungo andare, egli per troppa abbondanza avrebbe forse perduto l'appetito, trovò subito in sé da mettergli a disposizione una figliuola piccolina. Niente di male!

Piccolino, difatti, lui; ma panciutello, tutto panciutello, anche nella faccia... – tanto carino, se vedeste! Corto di braccia, corto di gambe, s'adopera con queste e con quelle a camminare; porta adesso le lenti su la punta del nasetto a becco, e spesso, quando parla tutto affannato, si spunta come può la barbetta ispida, sale e pepe, più sale che pepe, divenuta a furia di tagliare come una bella virgola sul primo mento. Ne ha tre o quattro, di menti, quell'ometto lì. E tante altre virtù che non vi dico.

Basta. Prima che la figliolina venisse al mondo, l'una e l'altro, dopo molte lagrime da parte di lei e molte promesse da parte di lui, si misero d'accordo per trovarle un onesto genitore.

Non avevano che due mesi di tempo; perché, di sette mesi, come sapete, si può nascere benissimo – onestamente.

Michelangelo Castiglione era un genitore a spasso, bell'uomo, – v'ho detto – di buoni natali, di bella reputazione e presero lui; a patto però che facesse il galantuomo, il padre di famiglia intemerato e irreprensibile, il custode geloso della illibatezza della propria casa.

Ebbene, signori, Michelangelo Castiglione è d'una onestà, d'una illibatezza da fare spavento. Si vendica, stando ai patti, scrupolosissimamente.

Molto impensierito della diffusione del mal costume per opera della stampa quotidiana, proibisce alla moglie e alla figliuola la lettura dei giornali. La piccola Medea è stata educata secondo le rigide massime di condotta, che a lui, fin dalla più tenera infanzia, furono inculcate nella nobile casa paterna.

Non c'è mica bisogno d'entrare con lui in qualche dimestichezza per sapere ch'egli non avrebbe mai e poi mai sposato una cantante, se non gli fosse capitata la disgrazia d'averne una figliuola. Insomma, via, egli sposò la Montroni per scrupolo di coscienza. Non che avesse minimamente da ridire su la condotta di lei, badiamo! Nel mondo dell'arte, la Montroni, vera e rara eccezione! Ma che volete? l'educazione ricevuta in casa, i rigidi costumi della sua famiglia non gli avrebbero consentito di farla sua moglie, per la sola ragione ch'ella era una cantante, ecco. E se la Montroni vi susurra in un orecchio ch'ella smise di cantare per il disturbo cardiaco, il marito dichiara apertamente, invece, che egli lo pose per patto, prima di sposare. Ah, inflessibile, su questo punto, Michelangelo! Non avrebbe potuto assolutamente tollerare che sua moglie seguitasse a offrirsi in pascolo all'ammirazione del pubblico, a girovagare di città in città, e che la figliuola crescesse in quel mondo teatrale, di cui egli sente tuttora un istintivo orrore.

Il povero marchese Colli, ponendo i patti, tutto poteva aspettarsi tranne quest'ira di Dio. Ha cercato e credo che cerchi tuttora di smontare in qualche modo quel mostro d'onestà; ma non ci riesce.

Michelangelo non transige!

Capirete bene che a lui non par vero di poter fare l'onest'uomo sul serio: ci ha preso un gusto matto; il suo amor proprio ne gongola, c'ingrassa; e tanto il marchese quanto la moglie e la figliuola sono divenute tre vittime di lui.

Impossibile ribellarglisi.

Se il marchese talvolta arrischia qualche discorsetto un po' vivace, è subito richiamato all'ordine e, non c'è cristi, deve smettere, accucciarsi e abbozzare. Ma c'è ben altro! Sapete fino a qual punto è arrivato Michelangelo?

Per lui, il marchese Colli, non è che un vecchio amico di casa Montroni, presso a poco come siamo noi, ma con l'aggravante d'un fidanzamento fantastico con Carlotta, che sarebbe una non meno fantastica sorella di Pompea, crudelmente rapita dalla morte a soli diciott'anni. Orbene, Michelangelo esige che ogni 12 aprile – presunto anniversario di questa morte – il marchese Colli pianga. Sicuro! Se non gli riesce di spremere qualche lagrima, si mostri almeno addogliatissimo.

Credo che, dopo tant'anni, povero marchese, paja anche a lui che gli sia morta sul serio la fidanzata, in quel giorno. Ma, certe volte, si sente girar l'anima e non sa tenersi di sbuffare, mentre Michelangelo, con gli occhi socchiusi, tentennando il capo, sospira, geme:

– La nostra buona Carlotta! La nostra impareggiabile Carlottina!

Non sapendo più oltre resistere a una siffatta oppressione, Colli ha comperato ultimamente, a nome di Michelangelo, non so più quante azioni d'una nuova società industriale per la produzione del carburo di calcio; e, tanto ha fatto, tanto ha detto, che è riuscito a ficcarlo nel consiglio d'amministrazione.

Signori miei, Michelangelo Castiglione esercita ora la sua esosa, feroce onestà anche in quel consiglio d'amministrazione. I suoi colleghi consiglieri lo vedono e basiscono: non respirano più! Egli si è già imposto. E vedrete che la fama di questa sua onestà diventerà presto popolare; lo faranno consigliere comunale, lo eleggeranno deputato, e io non dispero di vederlo col tempo anche ministro del regno d'Italia. Sarà una fortuna per la patria.

Intanto, egli salva per lo meno una volta al giorno quella Società del carburo di calcio.

Potete immaginarvi se il marchese e tutti noi ne siamo convinti e se lo incoraggiamo a più non posso in questa sua provvidenziale opera di salvataggio. Da circa un mese, difatti, oppresso dal lavoro, egli ha preso l'abitudine di uscir di casa anche di sera, a fare una giratina per sollievo. Ne ha tanto bisogno, pover'uomo!

Avete veduto i ragazzi di scuola, quando il maestro esce per un momento dalla classe, dopo due o tre ore di lezione? Così siamo noi, appena egli volta le spalle. Per poco non ci buttiamo le braccia al col-

lo. Ballare, balliamo davvero. Il marchese Colli salta
al pianoforte e attacca un galoppo. Pompea voleva
prima ballare anche lei; ma quelli del piano di sotto
si sono ribellati, per fortuna. Così abbiamo una sola
dama, Medea, instancabile. Facciamo a turno.

Più di questo – ahimè – non possiamo fare, o in-
toppiamo negli occhiacci dell'altro papà, meno legittimo, se vogliamo, ma forse più naturale.

Bisogna essere ragionevoli. Il marchese Colli si è
sacrificato per quella ragazza, e vuole che ella almeno, prima, sposi onestamente, per davvero.

Ora, riflettete. Data questa condizione di cose,
chi sarà il marito? Uno come Castiglione evidentemente; a cui però il marchese, si spera, dopo aver
sofferto un così lungo supplizio, non porrà per patto
d'essere tanto onesto.

Comincerà allora la vera lotta, lotta accanita, fra
noi cinque che facciamo il tirocinio di vecchi amici
di casa.

Ah cari miei, mi vengono i brividi a pensarci.
Perché, parliamo sul serio, adesso. Io sono innamorato, innamorato, innamorato di quella ragazza. Medea non è soltanto bella, è anche buona, squisita-
mente buona, piena d'ingegno e d'una leggiadria in-
comparabile.

Perché non la sposo? Quanto siete ingenui! Non
ve l'ho detto? Siamo in cinque! Come io non vorrei
che suo marito, domani, chiudesse la porta in faccia
a me, vecchio amico di casa; così Medea non potrebbe permettere che la chiudessi io in faccia a
quegli altri quattro, vecchi amici di casa anche loro,
vecchi amici di mammà Pompea. Non si scherza:
noi abbiamo acquistato un titolo serio, data l'onestà
di Michelangelo. Una vecchia amicizia, come questa
nostra, che dura già da otto mesi, costa sudori di
sangue.

Ne volete una prova? Che ora è? Perbacco, le dieci e mezzo... Lasciatemi scappare! Alle undici devo andare a prendere Pompea: abbiamo chiesto un'udienza al Santo Padre. Ce l'ha imposta Michelangelo prima di partire.

E Carlino Sgro scappò via a gambe levate.

L'ILLUSTRE ESTINTO

I

Messo a sedere sul letto, perché l'asma non lo soffocasse, abbandonato su i guanciali ammontati, l'on. Costanzo Ramberti guardava, attraverso le gonfie palpebre semichiuse, il raggio di sole che, entrando dalla finestra, gli si stendeva su le gambe e indorava la calugine di uno scialle grigio, di lana, a quadri neri.

Si sentiva morire; sapeva che per lui non c'era più rimedio, e se ne stava ormai tutto ristretto in sé, vietandosi anche d'allungare lo sguardo oltre le sponde del letto, nella camera; non già per raccogliersi nel pensiero della fine imminente, ma, al contrario, per timore che, allargando anche d'un po' l'orizzonte al suo sguardo, la vista degli oggetti attorno lo richiamasse con qualche rimpianto alle relazioni che poteva avere ancora con la vita, e che la morte tra poco avrebbe spezzate.

Raccolto, rimpiccolito entro quel limite angustissimo, si sentiva più sicuro, più riparato, quasi protetto. E, tutt'intento ad avvistar le minime cose, gli esilissimi fili arricciolati e indorati dal sole della calugine di quello scialle, assaporava la lunghezza del tempo, di tutto il suo tempo, che poteva essere di ore; o forse di qualche altro giorno; di due o di tre giorni; fors'anche – al più – d'una settimana. Ma se un minuto, tra quelle minuzie là, passava così lento, così lento, eh! avrebbe avuto anche il tempo di stancarsi – sì, proprio di stancarsi – in una settimana. Non avrebbe avuto mai fine, così, una settimana!

La stanchezza però, che già egli avvertiva, non era

a cagione di quell'eternarsi del tempo tra la peluria del suo scialle di lana: era effetto dello sforzo che faceva su se stesso per impedirsi di pensare.

Ma a che voleva pensare, ormai? Alla sua morte? Piuttosto... ecco: poteva darsi a immaginare tutto ciò che sarebbe avvenuto dopo. Sì: sarebbe stato un modo anche questo d'impedire che, almeno al suo pensiero smarrito, privo d'ogni conforto di religione, la vita diventasse d'un tratto – fra breve – come niente; un modo di rimanere di qua ancora, per poco, innanzi a gli occhi degli altri, se non più innanzi ai suoi proprii.

E – coraggiosamente – l'on. Costanzo Ramberti si vide morto, come gli altri lo avrebbero veduto; com'egli aveva veduto tanti altri: morto e duro, lì, su quel letto; coi piedi rattratti nelle scarpine di coppale; cereo in volto e gelido, le mani quasi sassificate; composto e... ma sì, elegante anche, nell'abito nero, tra tanti fiori sparsi lungo la persona e sul guanciale.

La marsina doveva esser di là, nel baule; insieme con l'uniforme nuova, lo spadino e la feluca di ministro.

Intanto, per far la prova, rattrasse i piedi e se li guatò. Sentì come una vellicazione al ventre; levò una mano e si lisciò sul capo i capelli; poi si strinse la barba rossiccia, spartita sul mento. Pensò che, morto, gli avrebbe pettinato quella barba e raffilato sul cranio quei pochi peli il suo segretario particolare, cav. Spigula-Nonnis, che da tanti giorni e tante notti lo assisteva, pover'uomo, con devoto affetto, senza lasciarlo solo neanche un momento, struggendosi, a piè del letto, di non potere in alcun modo alleviargli le sofferenze.

Ma pure lo ajutava quel cav. Spigula-Nonnis, senza saperlo; lo ajutava a morire con dignità, filosoficamente. Forse, se fosse stato solo, si sarebbe

messo a smaniare, a piangere, a gridare con disperata rabbia; col cav. Spigula-Nonnis lì a piè del letto,
che lo chiamava «Eccellenza», non fiatava nemmeno: guardava fisso, attento, quasi meravigliato, innanzi a sé, con le labbra sfiorate da un leggero sorriso.

Sì, la presenza di quell'uomo squallido, allampanato, miope, lo teneva per un filo, esilissimo ormai, su
la scena, investito della sua parte, fino all'ultimo.
L'esilità di questo filo gli esasperava internamente di
punto in punto l'angoscia e il terrore, poich'egli non
poteva non sentir vano, vano e disperato lo sforzo
con cui tutta l'anima sua si aggrappava ad esso, simile in tutto a quello, cui tante volte aveva assistito
con curiosità crudele, di qualche bestiolina agoniz-
zante, d'un insetto caduto nell'acqua, appeso a un
bioccolo, a un peluzzo natante.

Tutte quelle cose, con le quali aveva riempito il
vuoto, in cui davanti a gli occhi gli vaneggiava ora
la vita, erano impersonate nel cav. Spigula-Nonnis:
la sua autorità, il suo prestigio, cose vane che gli venivano meno, che non avevano più pregio, ma che
tuttavia sul vuoto che tra poco lo avrebbe inghiotti-
to campeggiavano come larve di sogno, parvenze di
vita, che per poco ancora, dopo la sua morte, egli poteva prevedere si sarebbero agitate attorno a lui, attorno al suo letto, attorno alla sua bara.

Quel cav. Spigula-Nonnis, dunque, lo avrebbe la-
vato, vestito e pettinato, amorosamente, ma pur
con un certo ribrezzo. Ribrezzo provava anche lui,
del resto, pensando che le sue carni, il suo corpo
nudo sarebbe stato toccato dalle grosse mani ossu-
te e visto da quell'uomo lì. Ma non aveva altri accanto: nessun parente, né prossimo, né lontano:
moriva solo, com'era sempre vissuto; solo, in quel-
l'amena villetta di Castel Gandolfo presa in affitto
con la speranza che, dopo due o tre mesi di riposo,

si sarebbe rimesso in salute. Aveva appena quarantacinque anni!

Ma s'era ucciso lui, bestialmente, con le sue mani;
se l'era troncata lui l'esistenza, a furia di lavoro e di
lotta testarda, accanita. E quando alla fine era riuscito a strappar la vittoria, aveva la morte dentro, la
morte, la morte che gli s'era insinuata da un pezzo
nel corpo, di soppiatto. Quand'era andato dal Re a
prestare il giuramento; quando, con un'aria di afflit-
ta rassegnazione, ma in cuore tutto ridente, aveva ricevuto le congratulazioni dei colleghi e degli amici,
aveva la morte dentro e non lo sapeva. Due mesi addietro, di sera, essa gli aveva allungato all'improvviso una strizzatina al cuore e lo aveva lasciato boccheggiante, col capo riverso su la sua scrivania di ministro al palazzo dei lavori pubblici.

Tutti i giornali d'opposizione, che avevano tanto
malignato su la sua nomina, qualificandola favoriti-
smo sfacciato del presidente del Consiglio, ora, nel
dare l'annunzio della sua morte immatura, avrebbero forse tenuto conto de' suoi meriti, de' suoi studii
lunghi e pazienti, della sua passione costante, unica,
assorbente, per la vita pubblica, dello zelo che aveva
posto sempre nell'adempimento de' suoi doveri di
deputato prima, di ministro poi, per poco. Eh, sì! Si
possono dare di queste consolazioni a uno che se n'è
andato: e tanto più poi, in quanto che l'amicizia, la
famosa protezione del presidente del Consiglio non
erano arrivate fino al punto di concedergli quell'altra
di morire almeno da ministro. Subito dopo quella
sincope gli s'era lasciato intendere con bella maniera
che sarebbe stato opportuno – oh, soltanto per riguardo alla sua salute, non per altro – lasciare il por-
tafoglio.

Cosicché, neanche per i giornali amici del Ministero la sua morte sarebbe stata «un vero lutto nazionale». Ma sarebbe stato a ògni modo per tutti «un il-

lustre estinto»: questo sì, senza dubbio. E tutti avrebbero rimpianto la sua «esistenza innanzi tempo spezzata», che «certamente altri nobili servigi avrebbe potuto rendere ancora alla patria», ecc., ecc.

Forse, data la vicinanza e dato il breve tempo trascorso dalla sua uscita dal Ministero, S.E. il presidente del Consiglio e i ministri già suoi colleghi e i sotto-segretarii di Stato e i molti deputati amici sarebbero venuti da Roma a vederlo morto, lì, in quella camera, che il sindaco del paese, per farsi onore, con l'ajuto del cav. Spigula-Nonnis, avrebbe trasformato in cappella ardente, con cassoni di lauro e altre piante e fiori e candelabri. Sarebbero entrati tutti a capo scoperto, col presidente del Consiglio in testa; lo avrebbero contemplato un pezzo, muti, costernati, pallidi, con quella curiosità trattenuta dall'orrore istintivo, che tante volte egli stesso aveva provato davanti ad altri morti. Momento solenne e commovente.

– «Povero Ramberti!»

E tutti si sarebbero quindi ritirati di là ad aspettare ch'egli fosse chiuso nella cassa già pronta.

Valdana, la sua città natale, Valdana che da quindici anni lo rieleggeva deputato, Valdana per cui aveva fatto tanto, avrebbe certamente voluto le sue spoglie mortali; e il sindaco di Valdana sarebbe accorso con due o tre consiglieri comunali per accompagnare la salma.

L'anima... eh, l'anima, partita da un pezzo, e chi sa dove arrivata...

L'on. Costanzo Ramberti strizzò gli occhi. Volle ricordarsi d'una vecchia definizione dell'anima, che lo aveva molto soddisfatto, quand'era ancora studente di filosofia all'Università: «L'anima è quell'essenza che si rende in noi cosciente di se stessa e delle cose poste fuori di noi». Già! Così... Era la definizione d'un filosofo tedesco.

«Quell'essenza?» pensò adesso. «Che vuol dire? Quella certa cosa "che è", innegabilmente, per la quale io, mentre sono vivo, differisco da me quando sarò morto. È chiaro! Ma questa essenza dentro di me è per se stessa o in quanto io sono? Due casi. Se è per sé, e soltanto dentro di me si rende cosciente di se stessa, fuori di me non avrà più coscienza? E che sarà dunque? Qualche cosa che io non sono, che essa medesima non è, finché mi rimane dentro. Andata fuori, sarà quel che sarà... seppure sarà! Perché c'è l'altro caso: che essa cioè sia in quanto io sono; sicché, dunque, non essendo più io...»

– Cavaliere, per favore, un sorso d'acqua...

Il cav. Spigula-Nonnis balzò in piedi quant'era lungo, riscotendosi dal torpore; gli porse l'acqua; gli chiese premuroso:

– Eccellenza, come si sente?

L'on. Costanzo Ramberti bevve due sorsi: poi, restituendo il bicchiere, sorrise pallidamente al suo segretario, richiuse gli occhi, sospirò:

– Così...

Dov'era arrivato? Doveva partire per Valdana. La salma... Sì, meglio tenersi alla salma soltanto. Ecco: la prendevano per la testa e per i piedi. Nella cassa era già deposto un lenzuolo zuppo d'acqua sublimata, nel quale la salma sarebbe stata avvolta. Poi lo stagnajo... Come si chiamava quello strumento rombante con una livida lingua di fuoco? Ecco la lastra di zinco da saldare su la cassa; ecco il coperchio da avvitare...

A questo punto, l'on. Costanzo Ramberti non vide più se stesso dentro la cassa: rimase fuori e vide la cassa, come gli altri la avrebbero veduta: una bella cassa di castagno, in forma d'urna, levigata, con borchie dorate. I funerali e il trasporto sarebbero stati certamente a spese dello Stato.

E la cassa, ecco, era sollevata: attraversava le camere, scendeva stentatamente le scale della villetta, attraversava il giardino, seguita da tutti i colleghi di nuovo a capo scoperto col presidente del Consiglio innanzi a tutti; era introdotta nel carro del Municipio tra la curiosità timorosa e rispettosa di tutta la popolazione accorsa allo spettacolo insolito.

Qui ancora l'on. Ramberti lasciò cacciar dentro del carro la cassa e rimase fuori a vedere il carro che, accompagnato da tanto popolo, scendeva lentamente, con solennità, dal borgo alla stazione ferroviaria. Un vagone di quelli con la scritta *Cavalli 8, Uomini 40*, era bell'e pronto, con le assi inchiodate per chiudervi il feretro. L'on. Costanzo Ramberti rivide la propria cassa tratta fuori del carro e la seguì entro il vagone nudo e polveroso, che certamente a Roma sarebbe stato addobbato e parato con tutte le corone che il Re e il Consiglio dei ministri, il Municipio di Valdana e gli amici avrebbero inviato. Partenza!

E l'on. Costanzo Ramberti seguì il treno, col suo carro-feretro in coda, per tanta e tanta via, fino alla stazione di Valdana, gremita anch'essa di popolo. Ecco, a uno a uno, i suoi più fedeli e affezionati amici, consiglieri provinciali e comunali, alcuni un po' goffi nell'insolito abito nero o col cappello a stajo. Il Robertelli... eh, sì!... lui sì... caro Robertelli... piangeva, si faceva largo...

– Dov'è? dov'è?

Dove poteva essere? Là, nella cassa, caro Robertelli. Eh, uno alla volta...

Ma l'on. Costanzo Ramberti vedeva quella scena, come se egli veramente non fosse dentro la cassa, che pur pesava, sì, sì, pesava e lo dimostravano chiaramente gli uscieri del Municipio in guanti bianchi e livrea, che stentavano a caricarsela sulle spalle.

Vedeva... uh, il Tonni, che ogni volta, poveretto, usciva di casa coi minuti contati dalla moglie ferocemente gelosa – eccolo lì, irrequieto, sbuffava, cavava fuori ogni momento l'orologio, maledicendo al ritardo di un'ora con cui il treno era arrivato, e a cui certo la moglie non avrebbe creduto. Eh, pazienza, caro Tonni, pazienza! Avrai dalla moglie una scenata; ma poi ti rappacificherai. Rimani vivo, tu. All'altro mondo, invece, non si rivà due volte. Vorresti per l'amico tuo, che pur ti fece tanti favori, un funerale spiccio spiccio? Lasciaglielo fare con pompa e solennità... Vedi? ecco il signor prefetto... Largo, largo! Uh, c'è anche il colonnello... Ma già! gli toccava anche l'accompagnamento militare. E c'è anche tutta la scolaresca, con le bandiere dei varii istituti; e quant'altre bandiere di sodalizii! Sì, perché egli veramente pur tutto inteso ai problemi più alti della politica, alle questioni più ardue dell'economia sociale, non aveva mai trascurato gl'interessi particolari del collegio, che di molti beneficii doveva essergli grato a lungo. E Valdana forse gli avrebbe dimostrato questa gratitudine con qualche ricordo marmoreo nella villa comunale o intitolando dal nome di lui qualche via o qualche piazza; e, intanto, con quelle esequie solenni... Rivide col pensiero la via principale della città tutta imbandierata a mezz'asta:

VIA COSTANZO RAMBERTI

E le finestre gremite di gente in attesa del carro tirato da otto cavalli bardati, coperto di corone; e tanti per via che si mostravano a dito quella del Re, bellissima fra tutte. Il cimitero era laggiù, dietro il colle, fosco e solitario. I cavalli andavano a passo lento, quasi per dargli il tempo di godere di quegli estremi onori che gli si rendevano e che gli prolungavano d'un breve tratto ancora la vita oltre la fine...

II

Tutto questo l'on. Costanzo Ramberti immaginò alla vigilia della morte. Un po' per colpa sua, un po' per colpa d'altri, la realtà non corrispose interamente a quanto egli aveva immaginato.

Già morì di notte, non si sa se durante il sonno; certo senza farsi sentire dal cav. Spigula-Nonnis che, vinto dalla stanchezza, s'era profondamente addormentato sulla poltrona a piè del letto. Questo sarebbe stato poco male, in fondo, se il cav. Spigula-Nonnis, svegliandosi di soprassalto verso le quattro del mattino e trovandolo già freddo e duro, non fosse rimasto straordinariamente impressionato, prima da uno strano ronzio nella camera, poi dalla luna piena, che, nel declinare, pareva si fosse arrestata in cielo a mirare quel morto sul letto, attraverso i vetri della finestra rimasta per inavvertenza con gli scuri aperti. Il ronzio era d'un moscone, a cui egli col suo destarsi improvviso aveva rotto il sonno.

Quando, all'alba, accorse il sindaco Agostino Migneco, chiamato in fretta in furia dal cameriere, il cav. Spigula-Nonnis:

– C'era la luna... c'era la luna...

Non sapeva dir altro.

– La luna? che luna?

– Una luna!... una luna!...

– Va bene, c'era la luna... ma, caro signore, qua bisogna spedire un telegramma d'urgenza a S.E. il presidente della Camera; un altro a S.E. il presidente del Consiglio; un altro al sindaco di... di dov'era deputato Sua Eccellenza?

– Valdana... (Che luna!)

– Lasci stare la luna! Dunque al sindaco di Valdana, si dice: e tre, tutti d'urgenza: per dar l'infausto annunzio alla cittadinanza, mi spiego? a gli elettori...

Avrà da fare quel sindaco! Si sbrighi, per carità! Bisognerà fare aprire l'ufficio telegrafico: si faccia accompagnare da una guardia, a nome mio. E poi subito qua! Bisognerà vestirlo al più presto. Vede? il cadavere è già irrigidito.

Per miracolo il cav. Spigula-Nonnis non mise in tutti quei telegrammi, che c'era la luna.

Davvero, per farsi onore, il sindaco Migneco avrebbe voluto metter su una camera ardente da far restare tutti a bocca aperta, col catafalco e ogni cosa. Ma... paesetti; non si trovava nulla; mancavano i bravi operai. Era corso in chiesa per qualche paramento. Tutti damaschi rossi a strisce d'oro. Fossero stati neri! Prese quattro candelabri dorati, roba del mille e uno... Fiori, sì, e piante: fiori per terra, fiori sul letto: tutta la camera piena.

La marsina intanto non si trovò nel baule, e il cav. Spigula-Nonnis fu costretto a correre a Roma, nel quartierino in via Ludovisi; ma non la trovò neanche là: era nel baule, era, giù in fondo. Se aveva proprio perduto la testa quel pover'uomo! Oh, affezionatissimo... Lagrime a fontana. Ma la marsina si dovette spaccare in due, di dietro (peccato, nuova nuova!) perché le braccia del cadavere non si movevano più. E, appena vestito, sissignori, si dovette rispogliare e poi rivestire daccapo, perché dal Municipio di Valdana (questo sì, come l'on. Costanzo Ramberti aveva immaginato) giunse un telegramma d'urgenza, nel quale si annunziava che la cittadinanza addoloratissima con voto unanime reclamava la salma del suo illustre rappresentante per onorarla con esequie solenni: monumento... anche un monumento! cose grandi, e sì, proprio una piazza, quella della Posta, ribattezzata col nome di lui – e un medico arrivò a Roma per praticare al cadavere alcune iniezioni di formalina, diceva; «sformalina» avrebbe detto invece il sindaco Migneco, col dovuto rispetto, perché, dopo quelle iniezioni... – oh, il volto cereo, l'eleganza con cui si era rappresentato da morto l'on. Costanzo Ramberti! – Un faccione così gli fecero, senza più né naso, né guance, né collo, né nulla; una palla di sego, ecco. Tanto che si pensò di nascondergli il volto con un fazzoletto.

Molti più deputati amici, di quanto l'on. Costanzo Ramberti sapesse d'averne, accorsero la mattina seguente a Castel Gandolfo, insieme coi presidenti della Camera e del Consiglio e i ministri e i sotto-segretarii di Stato. Vennero anche alcuni senatori, tra i meno vecchi, e una frotta di giornalisti e anche due fotografi.

Era una splendida giornata.

A gente oppressa da tanti gravi problemi sociali, intristita da tante brighe quotidiane, doveva certo far l'effetto d'una festa quel tuffo nell'azzurro, la vista deliziosa della campagna rinverdita, dei Castelli romani solatii, del lago e dei boschi in quell'aria ancora un po' frizzante, ma nella quale si presentiva già l'alito della primavera. Non lo dicevano; si mostravano anzi compunti, ed erano forse; ma per il segreto rammarico d'aver consumato e di consumare tuttavia in lotte vane e meschine l'esistenza così breve, così poco sicura, e che pur sentivano cara, lì, in quella fresca, ariosa apparizione incantevole.

Un certo conforto veniva loro dal pensiero che essi ne potevano godere ancora, pur fuggevolmente, mentre quel loro compagno, no.

E così confortati, in fatti, a poco a poco, durante il breve tragitto cominciarono a conversare lietamente, a ridere, grati a quei cinque o sei più sinceri, che per i primi avevano rotto l'aria di compunzione con qualche frizzo e ora seguitavano a far da buffoni.

Pure, di tratto in tratto, come se dagli usciolini delle vetture intercomunicanti si affacciasse la testa di Costanzo Ramberti, le conversazioni gaje e le risate cadevano; e avvertivano tutti quasi uno smarrimento, un disagio impiccioso, segnatamente coloro che non avevano proprio alcuna ragione di trovarsi lì, tranne quella di fare una gita in larga compagnia, notoriamente avversarii del Ramberti o denigratori di lui in segreto. Avvertivano costoro che la loro presenza violentava qualche cosa. Che cosa? l'aspettazione del morto, l'aspettazione d'uno che non poteva più protestare e cacciarli via, svergognandoli?

Ma era, sì o no, una visita funebre, quella?

Se era, via! un morto non si va a visitarlo così, chiacchierando allegramente e ridendo.

Tutti quei colleghi là, amici e non amici, ignoravano la rappresentazione che il povero Ramberti si era fatta, alla vigilia della morte, di quella loro visita, naturalmente secondo il carattere che essa avrebbe dovuto avere, di tristezza, di rimpianto, di commiserazione per lui. La ignoravano; e tuttavia, per il solo fatto che essa ora si effettuava, non potevano non avvertire di tratto in tratto, che era sconveniente il modo con cui si effettuava; e i non amici non potevano non avvertire che essi vi erano di più, e che commettevano una violenza.

Appena scesi alla stazione di Castel Gandolfo tutti però si ricomposero, riassunsero l'aria grave e compunta, si vestirono della solennità del momento luttuoso, dell'importanza che dava loro la folla rispettosa, accorsa per assistere all'arrivo.

Guidati dal sindaco Migneco e dai consiglieri comunali, affocati in volto, tutti in sudore, coi polsini che scappavan fuori dalle maniche e il giro delle cravatte dai colletti, ministri e deputati si recarono a piedi, in colonna, coi due presidenti in testa, fra due ali e un codazzo enorme di popolo, alla villa del Ramberti.

Quest'arrivo, questa entrata nel paese imbandierato a lutto, questo corteo, furono realmente di gran lunga superiori a quanto il Ramberti aveva immaginato. Se non che, proprio nel momento più solenne, allorché il presidente della Camera e quello del Consiglio con tutti i ministri e i sotto-segretarii e i deputati e la folla dei curiosi entrarono nella camera ardente, a capo scoperto, accadde una cosa che l'on. Ramberti non si sarebbe potuto mai immaginare: una cosa orribile, nel silenzio quasi sacro di quella scena: un improvviso borboglio lugubre, squacquerato, nel ventre del cadavere, che intronò e atterrì tutti gli astanti. Che era stato?

– *Digestio post mortem*, – sospirò, dignitosamente in latino, uno di essi, ch'era medico, appena poté rimettersi un po' di fiato in corpo.

E tutti gli altri guatarono sconcertati il cadavere, che pareva si fosse coperto il volto col fazzoletto, per fare, senza vergogna, una tal cosa in faccia alle supreme autorità della nazione. E uscirono, gravemente accigliati, dalla camera ardente.

Quando, tre ore dopo, alla stazione di Roma, il cav. Spigula-Nonnis, vide con infinita tristezza allontanarsi tutti coloro che erano venuti a Castel Gandolfo, senza volgere nemmeno uno sguardo, un ultimo sguardo d'addio al carro, ove S.E. l'on. Ramberti era chiuso, ebbe l'impressione d'un tradimento. Era tutto finito così?

E restò, lui solo, nell'incerto, afflitto lume del giorno morente, sotto l'alto, immenso lucernario affumicato, a seguire con gli occhi le manovre del treno, che si scomponeva. Dopo molte evoluzioni su per le linee intricate, vide alla fine quel carro lasciato in capo a un binario, in fondo, accanto a un altro, su cui già era incollato un cartellino con la scritta *Feretro*.

Un vecchio facchino della stazione, mezzo sciancato e asmatico, venne col pentolino della colla ad attaccare anche sul carro dell'on. Ramberti lo stesso cartellino, e se ne andò. Il cav. Spigula-Nonnis si accostò per leggerlo con gli occhi miopi: lesse più su: «*Cavalli 8, Uomini 40*» e scrollò il capo e sospirò. Stette ancora un pezzo, un lungo pezzo a contemplare quei due carri-feretro lì accanto.

Due morti, due già andati, che dovevano ancora viaggiare!

E sarebbero rimasti lì, soli, quella notte, tra il frastuono dei treni in arrivo e in partenza, tra l'andar frettoloso dei viaggiatori notturni; lì stesi, immobili, nel bujo delle loro casse, fra il tramenio incessante d'una stazione ferroviaria. Addio! addio!

E anche lui, il cav. Spigula-Nonnis, se ne andò. Se ne andò angosciato. Per via però, comperati i giornali della sera, si riconfortò nel vedere le lunghe necrologie, che tutti recavano in prima pagina, col ritratto dell'illustre estinto in mezzo.

A casa, s'immerse nella lettura di esse, e si commosse molto al cenno, che uno di quei giornali faceva, delle cure, dell'amorosa assistenza, della devozione, di cui egli, il cav. Spigula-Nonnis, aveva circondato in quegli ultimi mesi l'on. Costanzo Ramberti.

Peccato che il Nonnis del suo cognome fosse stampato con un'«enne» sola!

Ma si capiva ch'era lui.

Rilesse quel cenno, a dir poco, una ventina di volte; e, ridisceso su la via, per recarsi a cenare alla solita pensione, volle prima di tutto comperare in un'edicola altre dieci copie di quel giornale, per mandarle a Novara, il giorno appresso, ai parenti, a gli amici, con l'«enne» aggiunta, s'intende, e il passo segnato con un tratto di lapis turchino.

Grandi elogi, grandi elogi facevano tutti dell'on. Costanzo Ramberti: il compianto era unanime, e debitamente erano messi in rilievo i meriti, lo zelo, l'onestà. Tutto, come l'on. Costanzo Ramberti s'era figurato. C'era «l'esistenza innanzi tempo spezzata» e c'erano «i grandi servigi che certamente egli avrebbe potuto rendere ancora alla patria». E i telegrammi di Valdana parlavano della profonda costernazione della cittadinanza al ferale annunzio, delle straordinarie, indimenticabili onoranze che la città natale avrebbe fatto al suo Grande Figlio, e annunziavano che già il sindaco, una rappresentanza del Consiglio comunale e altri egregi cittadini, devoti amici dell'illustre estinto, erano partiti alla volta di Roma per scortare il cadavere.

Rincasando verso la mezzanotte, nel silenzio delle vie deserte, vegliate lugubremente dai lampioni, il cav. Spigula-Nonnis ripensò ai due carri-feretro là in capo a un binario della stazione, in attesa. Se quei due morti avessero potuto farsi compagnia, conversando tra loro, per ingannare il tempo! Sorrise mestamente, a questo pensiero, il cav. Spigula-Nonnis. Chi sa chi era quell'altro, e dove sarebbe andato a finire... Stava lì, quella notte, senza alcun sospetto dell'onore che gli toccava, d'avere accanto uno che riempiva di sé, in quel momento, tutti i giornali d'Italia, e che il giorno appresso avrebbe avuto accoglienze trionfali da tutta una città che lo piangeva.

Poteva mai passare per il capo al cav. Spigula-Nonnis, che il carro-feretro dell'on. Costanzo Ramberti, verso le due, da alcuni ferrovieri cascanti a pezzi dal sonno dovesse essere agganciato al treno che partiva in quell'ora per l'Abruzzo, e che l'illustre estinto dovesse così essere sottratto alle accoglienze trionfali, alle onoranze solenni della sua città natale?

Ma l'on. Costanzo Ramberti, uomo politico, già salito al potere, addentro perciò «nelle segrete cose», l'on. Costanzo Ramberti che conosceva tutte le magagne del servizio ferroviario, avrebbe potuto prevedere facilmente un simile tradimento. Dati due carri-feretro in attesa in una stazione di tanto traffico, niente di più facile e di più ovvio, che uno fosse spedito al destino dell'altro, e viceversa.

Chiuso, inchiodato lì nel suo carro, ora, egli non poté protestare contro quello scambio indegno, allo strappo che sei facchini bestiali facevano in quel momento di tutte le gramaglie, di cui la sua Valdana si parava quella notte, per accoglierlo solennemente il giorno appresso. E in coda a quel treno che partiva per l'Abruzzo, quasi vuoto, e che, coi freni logori, finiva di sconquassare le povere, vecchie, sporche vetture di cui era composto, gli toccò a viaggiare per tutto il resto della notte, via lentamente, via lugubremente, verso la destinazione di quell'altro morto, ch'era un giovine seminarista di Avezzano, per nome Feliciangiolo Scanalino.

Naturalmente, il carro-feretro di questo, la mattina dopo, fu adornato con magnificenza, sotto la vigilanza dello stesso capo della casa di pompe funebri, che si era assunto l'incarico del funerale a spese dello Stato. Paramenti ricchissimi di velluto con frange d'argento, a padiglione, e veli e nastri e palme! Sul feretro, coperto da una splendida coltre, la sola corona del Re; ai due lati, quelle dei presidenti della Camera e del Consiglio dei ministri. Circa una settantina di altre corone furono allogate nel carro appresso.

E alle ore otto e mezzo precise innanzi a gli occhi ammirati d'una vera folla d'amici dell'on. Costanzo Ramberti, Feliciangiolo Scanalino partì verso le onoranze solenni di Valdana.

Quando, verso le tre del pomeriggio, il treno arrivò alla stazione di Valdana, rigurgitante di popolo commosso, il sindaco, che aveva accompagnato la salma con la rappresentanza comunale, fu chiamato misteriosamente in disparte, nella sala del telegrafo, dal capo-stazione, che tremava tutto, pallidissimo.

Era arrivato dalla stazione di Roma un telegramma,
che avvertiva in gran segreto dello scambio dei vagoni mortuarii. La salma dell'on. Ramberti si trovava
alla stazione d'Avezzano.

Il sindaco di Valdana restò come basito.

E come si faceva adesso con tutto il popolo lì in
attesa? con la città parata?

– Commendatore, – suggerì sottovoce il caposta-
zione, ponendosi una mano sul petto, – lo so io solo
e il telegrafista, qua; anche a Roma e ad Avezzano, il
capo-stazione e il telegrafista. Commendatore, è interesse nostro, dell'Amministrazione ferroviaria, tener segreta la cosa. Si affidi!

Che altro si poteva fare in un frangente come
quello? E l'innocente seminarista Feliciangiolo Scanalino ebbe le accoglienze trionfali della città di Valdana, nel carro funebre che pareva una montagna di
fiori, tirato da otto cavalli; ebbe la corona del Re;
ebbe l'elogio funebre del sindaco, ebbe l'accompagnamento di tutto un popolo fino al cimitero.

L'on. Costanzo Ramberti viaggiava frattanto, da
Avezzano, nel carro nudo e polveroso *Cavalli 8, Uomini 40*, senza un fiore, senza un nastro: povera
spoglia rimandata via, sballottata fuori di strada,
per luoghi così lontani dal suo destino.

Arrivò di notte alla stazione di Valdana. Il solo
sindaco e quattro fidati beccamorti erano ad aspet-
tarla alla stazione, e zitti zitti, col passo dei ladri
che sottraggono alla vista dei doganieri un contrabbando, su e giù per viottoli di campagna stenebrati a
malapena da un lanternino, se la portarono al camposanto e la seppellirono, traendo un gran sospiro di
sollievo.

IL GUARDAROBA DELL'ELOQUENZA

Ascoltando per via o nelle case dei conoscenti o nei pubblici ritrovi le chiacchiere della gente sugli avvenimenti del giorno, Bonaventura Camposoldani aveva intuito che sopra i comuni bisogni materiali e i casi quotidiani della vita e le ordinarie occupazioni, gravita una certa atmosfera ideale, fatta di concetti più o meno grossolani, di riflessioni più o meno ovvie, di considerazioni generiche, di motti e proverbi e via dicendo, a cui nei momenti d'ozio tutti coloro che sogliono stare l'intero giorno sotto il peso delle loro meschine esistenze cercano di sollevarsi per prendere una boccata d'aria. Naturalmente, in questa atmosfera ideale sono come tanti pesci fuor d'acqua; si smarriscono facilmente, abbagliati dallo sprazzo di qualche pensiero improvviso. Bisognava saper cogliere questo momento per prenderli all'amo.

Bonaventura Camposoldani s'era addestrato meravigliosamente.

Avere un'idea «unificatrice»; proporla a una dozzina d'amici di qualche autorità e di molte aderenze; indire una prima riunione per lo svolgimento dell'idea e la dimostrazione dei vantaggi da cavarne, delle benemerenze da acquistarne; poi nominare una commissione per compilare uno statuto: tutto era qui.

Nominata la commissione, compilato lo statuto, indetta una nuova riunione per discuterne e approvarne gli articoli; per la nomina delle cariche sociali; eletto ad unanimità presidente Bonaventura Camposoldani che ne aveva avuto l'idea e aveva trovato la sede provvisoria senza darsi un momento di requie; il circolo nasceva e cominciava subito a morire per tutti i socii che non se ne curavano più; seguitava a vivere soltanto per Bonaventura Camposoldani che – presidente, consigliere, amministratore, cassiere, segretario – al primo d'ogni mese mandava l'esattore a svegliare con garbo, per un momentino solo, gli addormentati, il cui sonno, leggero nel primo mese, diveniva a mano a mano più grave e infine letargo profondo.

L'esattore di tutti i circoli fondati da Bonaventura Camposoldani era sempre lo stesso: un vecchietto che si chiamava Bencivenni. Squallido piccolo gracile tremulo, spirava dai chiari occhietti cilestri, perennemente pieni di lagrime, una serafica ingenuità.

Camposoldani lo aveva da un pezzo soprannominato Geremia, e tutti credevano che si chiamasse davvero Geremia di nome e Bencivenni di cognome.

Lo proteggeva Camposoldani perché veramente il povero vecchio meritava d'essere protetto: reduce dalle patrie battaglie, superstite di Villa Glori e – per modestia – morto di fame.

A voltare la pagina, un po' sciocco era anche stato, per dire la verità. S'era presa in moglie la vedova d'un suo fratello d'armi morto a Digione; s'era tirati su quattro figliuoli non suoi; la moglie dopo cinque anni gli era morta; i tre figliastri, appena cresciuti, lo avevano abbandonato; ed era rimasto solo, così vecchio, nella miseria, con la figliastra femmina, amata come una figlia vera. Se piangeva sempre, dunque, Geremia ne aveva ragione.

Ma non piangeva nient'affatto Geremia. Pareva che piangesse; non piangeva. Linfatico di natura, andava facilmente soggetto ai raffreddori. E non solo gli occhi gli sgocciolavano, ma il naso, quel povero naso gracile e pallidissimo, affilato, stirato a furia di soffiarselo per impedire ogni volta un'ira di Dio, certe scariche interminabili di starnuti comicissimi, piccoli, rapidi, secchi, durante le quali pareva che, terribilmente stizzito contro se stesso, volesse col naso beccarsi il petto.

– *Mea culpa... mea culpa... mea culpa...* – diceva Camposoldani, imitando a ogni starnuto le scrollatine del vecchio.

Il quale, andando in giro tutto il giorno, arrivava sempre stanco morto nelle case dei socii. Perduto in vecchi abiti sempre fuor di stagione, avuti in elemosina o comperati di combinazione, coi poveri piedi imbarcati in certe scarpacce legate con lo spago, entrava parlando sottovoce, quasi tra sé, con una larva di sorriso su le labbra, sorriso ragionevole e pur mesto. Certe mossettine di capo aveva poi, aggraziate, e un muover di palpebre pieno di filosofica indulgenza su quegli occhietti chiari, ingenui e acquosi, che tutti a guardarlo non sapevano che pensarne.

Pareva seguitasse un discorso per cui gli avessero dato corda la mattina, uscendo di casa: un discorso ch'egli forse non interrompeva neanche per via, né salendo o scendendo le scale. Infatti, nelle case dei socii entrava parlando, e parlando ne usciva, senza smettere un momento, neppure mentre con la mano tremicchiante raspava sul registro la ricevuta della tassa mensile.

Ma nessuno riusciva a capire che cosa dicesse.

Tutti supponevano che il povero vecchio si lamentasse del troppo camminare, del salire e scendere troppe scale, alla sua età, così mal ridotto. Se non che, in mezzo a quel biascichio fitto, tra un sorrisetto e l'altro mesto e ragionevole, ecco che si coglieva ora il nome di un ministro o di questo o quel deputato al Parlamento, ora il titolo d'un giornale. E tutti allora restavano stupiti e frastornati a mirarlo, non comprendendo come c'entrassero quei nomi e quei titoli di giornali nelle sue lamentele.

C'entravano, invece, benissimo. Perché Geremia Bencivenni non si lamentava affatto, ma intendeva di conversare, così sottovoce e quasi tra sé; forse credeva ne avesse l'obbligo, avvicinando tanta gente perbene; e parlava di politica, delle belle leggi che si votano in Parlamento, o commentava un fatto di cronaca, o dava notizia del socio A da cui era stato poc'anzi, o del socio B dal quale si sarebbe or ora recato.

Se qualcuno gli diceva che non intendeva più pagare perché non voleva più far parte del circolo, Geremia non se ne dava per inteso: staccava, come se niente fosse, la ricevuta debitamente firmata e la lasciava lì sul tavolino; quasi che questo solo fosse il suo compito e non dovesse curarsi d'altro, almeno fin tanto che c'era qualche socio, il quale, o per levarselo davanti o per pietà o per dabbenaggine, seguitava a pagare.

Quando poi Geremia, più cadente che mai, veniva ad annunziare che proprio non c'era più nessuno che volesse pagare e, in prova, tirava fuori rovesciate tutte le tasche della giacca, del panciotto, dei calzoni e mostrava anche la fodera del cappelluccio bisunto; Bonaventura Camposoldani restava per un momento perplesso, se disperdere con un soffio quella larva di circolo di cui Geremia gli rappresentava l'immagine, o se risuscitarla con un lampo geniale.

Nel primo caso, avrebbe dovuto rimettersi alla fatica di fondarne subito un altro. Gli seccava. E poi, meglio non abusare. Dunque, un lampo... un lampo... Che lampo?

Contava segnatamente su due cose, Camposoldani. Cioè, su quella che egli chiamava «elasticità morale» del popolo italiano e su la pigrizia mentale di esso.

Martino Lutero avrebbe voluto pagare centomila fiorini perché gli fosse risparmiata la vista di Roma?

Martino Lutero era uno sciocco.

Ecco qua: temperamenti per temperature. Bisognava considerare prima di tutto la temperatura.

In Germania fa freddo.

Ora, naturalmente, il freddo, come congela l'acqua, così irrigidisce gli spiriti. Formule precise. Precetti e norme assolute. Non c'è elasticità.

In Italia fa caldo.

Il sole, se da un canto addormenta gl'ingegni e intorpidisce le energie, dall'altro mantiene elastiche, accese, in continua fusione le anime. Tirate, le anime cedono, s'allungano come una pasta molle, si lasciano aggirare intorno a un gomitolo qualsiasi, purché si faccia con garbo, s'intende, e pian pianino. Tolleranza. Che vuol dire tolleranza? Ma appunto questo: pigrizia mentale, elasticità morale. Vivere e lasciar vivere.

Il popolo italiano non vuol darsi la pena di pensare: commette a pochi l'incarico di pensare per lui.

Ora questi pochi, siamo giusti, anche per poter pensare così in grande, per tutti, senza stancarsi, bisogna che siano ben nutriti. *Mens sana in corpore sano*. E il popolo italiano li lascia mangiare, purché facciano sempre con garbo, s'intende, e salvino in certo qual modo le apparenze. Poi batte le mani, senza troppo scaldarsi, ogni qual volta i suoi commessi pensatori riescano per avventura a procurargli qualche soddisfazioncella.

Ecco qua: qualche soddisfazioncella doveva egli procurare ai socii del circolo moribondo per destarli dalla loro morosità.

E Bonaventura Camposoldani ci riusciva quasi sempre.

Quest'ultimo non era propriamente un circolo, ma un'associazione nazionale con un intento eminentemente patriottico e civile.

Si proponeva di raccogliere in esercito operoso, in ogni provincia e comune d'Italia, tutti coloro cui stesse a cuore sanare finalmente la piaga vergognosa dell'analfabetismo e diffondere per via di letture e conferenze il gusto della cultura nel popolo italiano.

Nel fondo dell'anima Bonaventura Camposoldani stimava pregio inestimabile del popolo italiano la costante avversione a ogni genere di cultura e d'educazione, come quelle che, appena conquistate, rendono necessarie tante cose di cui, per esser saggi veramente, si dovrebbe fare a meno. Ma non osava più dirselo neanche *in tacito sinu*, ora che ben settantacinque sezioni contro l'analfabetismo s'erano formate in meno d'un anno, delle quali quarantadue (sintomo consolantissimo di salutare risveglio!) nelle provincie meridionali. La nuova *Associazione nazionale per la cultura del popolo* contava ormai più di mille e seicento soci. Sede centrale, Roma. E il Governo saggiamente aveva concesso, per costituirle un fondo di riserva necessario, una tombola telegrafica, che aveva fruttato la bellezza di quarantacinque mila lire, poco più, poco meno.

Le aveva inaugurate quasi tutte lui, quelle settantacinque sezioni, improvvisando un discorso di un'ora per ciascuna, sui beneficii dell'alfabeto e i vantaggi della cultura. Solo quattro o cinque, per non parer troppo invadente, le aveva lasciate inaugurare a un tal Pascotti, professore di storia in un liceo di Roma, vicepresidente della sede centrale, bell'uomo, tutto quanto rotondo, anche nella voce: rotondo e pastoso. Pover'uomo, bisognava compatirlo; aveva la debolezza di credersi sul serio un forte oratore: aveva veramente una grande facilità di parola, e parlava dipinto, con frasi fiorite, a periodi numerosi; s'impostava che neanche Demostene o Cicerone, e giù per ore e ore, senza mai concludere nulla, abbandonato beatamente all'onda sonora che gli fluiva dalle labbra. Come se fosse una pasta molle, con le mani grassocce levate davanti alla bocca, pareva palpeggiasse quella sua eloquenza e la arrotondasse e la appallottolasse, atteggiati gli occhi di voluttà. Per un momento, tutti stavano a sentirlo con piacere; ma poi, le fronti che s'erano aggrottate nell'attenzione, cominciavano a tirar su a poco a poco le sopracciglia; gli occhi si ingrandivano, si spalancavano intorno smarriti, come per cercare una via di scampo.

Indignato dell'esito di quei suoi cinque discorsi inaugurali, Pascotti s'era dimesso da vicepresidente e non s'era fatto più vivo. Ottenuta la tombola, sbollito il primo fervore, la sede centrale di Roma s'era profondamente addormentata. Lavoravano ancora con alacrità un po' inquietante le sezioni, segnatamente due o tre, ma per fortuna molto lontane, in Calabria e in Sicilia.

Che risate si faceva Bonaventura Camposoldani nel leggere le relazioni in istile eroico dei presidenti di quelle sezioni, poveri maestri elementari! Certuni mandavano finanche allegri trattatelli di pedagogia interi interi. Ma che fatica anche, doverli abbassar di tono, riassumere, e qua raddrizzare un periodo, e là pescare il senso miseramente naufragato in un mare di frasi accavallate e spumanti! Doveva pure mandarle a stampa, quelle relazioni, nel *Bollettino* dell'Associazione, che aveva stimato opportuno pubblicare almeno una volta al mese, perché le quarantacinquemila lire della tombola dessero qualche segno di vita.

E questa volta aveva dovuto anche dar sede stabile all'Associazione. Aveva preso in affitto un quartierino al primo piano d'una vecchia casa in via delle Marmorelle, due stanzette e una bella sala per le sedute, caso mai i soci di Roma per qualche miracolo si fossero sognati di tenerne qualcuna.

Una tavola coperta da un panno verde per la Presidenza e il Consiglio, penne e calamai, una cinquantina di seggiole, tre tende alle finestre, cinque ritratti oleografici dei tre re e delle due regine alle pareti, un mezzobusto di gesso abbronzato, indispensabile, di Dante Alighieri su una colonnina pure di gesso dietro la tavola della Presidenza, un vassojo con due bottiglie da acqua e quattro bicchieri, una cassetta da sputare... che altro? ah, la bandiera dell'Associazione: tutto questo, nella sala delle sedute.

In una delle due stanzette s'era allogato lui, Camposoldani: non per dormirci, no: per lavorare dalla mattina alla sera, poiché i consiglieri eletti e il segretario, al solito, lo lasciavano solo e doveva far tutto da sé; tanto che, a un certo punto, aveva stimato inutile tenere ancora in affitto la camera mobigliata in via Ovidio, in fondo ai Prati, e la notte, stanco del lavoro di tutta la giornata, si buttava a dormire vestito, lì su l'ottomana, per poche ore.

Nell'altra stanzetta c'era allogato Geremia con la figliuola. Povero Geremia! Aveva finalmente una retribuzione fissa, sul fondo della tombola telegrafica, e casa franca. Poteva ormai dire che l'Italia, per cui aveva sofferto e combattuto, s'era alla fine costituita e rassettata. In premio delle eroiche fatiche della sua gioventù, in compenso dei molti stenti patiti fino alla vecchiaja, alloggiava nella sede d'una Associazione nazionale, e Tudina, la figliastra, poteva alla fine stendere ad asciugare su le cinquanta sedie della sala tutti i suoi straccetti, talvolta anche sul mezzobusto di Dante Alighieri; per ignoranza, badiamo, povera Tudina, non per mancanza di rispetto al padre della lingua italiana.

Dante Alighieri, per Tudina, era tutto in quel naso sdegnosamente arricciato. Lo chiamava: *Quell'uomo che sente puzza.*

E non capiva, Tudina, perché Camposoldani lo tenesse lì, in capo alla sala, dietro la tavola della Presidenza. Stendendo il bucato su le sedie non poteva soffrire quella faccia di gesso che la guardava dalla colonnina con quel cipiglio sdegnoso, e correva subito a nasconderla con uno straccetto.

Non era brutta Tudina, ma neanche bella. Belli, veramente belli, aveva gli occhi soltanto, e anche i capelli: neri profondi e brillanti, gli occhi; neri e riccioluti, i capelli.

Aveva già ventiquattro anni, ma pareva ne avesse quindici, non più. Nelle carni, nell'aria della testa, in quegli occhi brillanti, in quei capelli riccioluti, sempre arruffati, era rimasta ragazza, una ragazza mezzo selvaggia, irriducibile a ogni principio d'esperienza e di cultura.

Era stata a scuola, da bambina; in parecchie scuole: da tutte era stata cacciata via. Una volta s'era messa sotto i piedi una compagna, e per miracolo non le aveva strappato gli occhi; un'altra volta s'era ribellata con atti non meno violenti di insubordinazione alla maestra. Nessuno aveva voluto tener conto della ragione di quegli atti violenti. Ma s'era messa quella compagna sotto i piedi vedendosi derisa per aver detto che aveva paura dei cani perché una gatta, da bambina, l'aveva sgraffiata. Quella compagna non sapeva ch'ella teneva amorosamente in braccio quella gatta, la quale aveva fatto da poco certi gattini bellini bellini, e che un cane s'era accostato minaccioso, abbajando, e che la gatta allora s'era arruffata e, non potendo sgraffiare il cane, aveva sgraffiato lei: donde, logicamente, la sua paura dei cani. Quella maestra poi, aveva voluto nientemeno costringerla a intingere nel calamajo il pennino, un bel pennino tutto pulito e lucente che figurava una mano con l'indice teso, un amore di pennino che a lei, per altro, pareva quasi un'arma, di cui, mandandola a scuola, la avessero munita e che ella dovesse custodire gelosamente e conservare intatta.

Più volte, il patrigno, tornando a casa stanco, la sera, s'era provato prima di cena o dopo cena a insegnarle con molta pazienza un po' di alfabeto sul sillabario.

Il fatto che *b* e *a* fa *ba*, enunziato dal patrigno con quella vocina di zanzara e quel sorrisetto mesto e ragionevole che gli era abituale, non le era sembrato né serio né verosimile. Era rimasta a mirarlo negli occhi a bocca aperta.

Spesso, anche adesso, rimaneva a lungo a mirarlo così, per una ragione, che più speciosa non si sarebbe potuta immaginare.

Non era mica certa, Tudina, che quel suo patrigno fosse vero, un uomo vero, di carne e ossa come tutti gli altri, e non piuttosto una larva d'uomo, un'ombra che un soffio poteva portar via. Lo vedeva parlare, sorridere; ma che dicesse, perché o di che sorridesse, non capiva neanche lei. Non capiva perché talvolta gli brillassero gli occhi chiari dietro il velo perenne delle lagrime. E non sapeva credere che le dita tremicchianti di quelle manine esangui avessero tatto, da sentir le cose che toccavano, o ch'egli avvertisse il gusto dei cibi che mangiava, o che in quella testa candida si potessero volgere pensieri. Le pareva quasi aereo, quel patrigno; un uomo che per sé, di suo, non avesse nulla, a cui tutto venisse di combinazione, non perché lui facesse qualche cosa per averlo, ma perché gli altri glielo davano, quasi per ridere, per il gusto di vedere come stava così parato e messo su, con quella camicia, con quel cappello, con quelle scarpe, con quei calzoni, con quel pastrano: tutto, sempre, troppo largo, tanto largo che vi sembrava dentro perduto.

Quegli abiti, quel cappello, quelle scarpe conservavano tutti qualche cosa della loro provenienza;

Tudina li riconosceva per quelli di Tizio o di Cajo; ma chi era, che consistenza aveva colui che li portava?

Mai una camicia di suo; mai un pajo di scarpe fatte per i suoi piedi; mai un cappello che gli calzasse giusto in capo!

La miseria, l'incertezza d'ogni stato, quel vederlo andare sempre vagando quasi per aria, smarrito, dietro a faccende vane, con quel ronzio di parole senza senso su le labbra tra i risolini e le lagrime, le davano quell'idea dell'irrealità di lui, non solo, ma anche di se stessa e di tutto. Dove, in che poteva toccarla, la realtà, lei, in quella perpetua precarietà d'esistenza, se attorno e dentro di lei tutto era instabile e incerto, se non aveva niente né nessuno a cui appoggiarsi?

E Tudina balzava talvolta d'improvviso a stracciare, a rompere, a fracassare, un fascio di carte, un vaso, un qualunque oggetto, che stranamente a poco a poco le s'avvistasse davanti agli occhi; così, apparentemente per un impeto selvaggio, ma in realtà per un bisogno istintivo, incosciente, di togliersi dinanzi e distruggere certe cose di cui non riusciva a cogliere il senso e il valore, o di sperimentare la sua presenza, la sua forza contro di esse, per il dispetto ch'esse le facevano nel vedersele star lì davanti, ecco, come se lei non ci fosse, come se lei, volendo, non le potesse stracciare, rompere, fracassare. Quel vaso lì... ma sì che lei poteva da lì metterlo qui, e da qui lì, e anche sbatterlo forte, così, sul davanzale della finestra, e fracassarlo... ecco fatto... Perché? Ma per niente... così... perché le faceva dispetto! Invece per certi altri oggetti tenui, labili, minuscoli, di nessun valore, un pezzetto di carta velina colorata, un chicco di vetro, un bottone di camicia di finta madreperla, aveva protezione, cura, delicatezza infinita: li lisciava con un dito e se li metteva fra le labbra. E certi giorni non finiva mai di carezzarsi con le dita i folti riccioli neri, asserpolati sul capo, allungandoli pian piano e poi lasciandoli riasserpolare, non per civetteria, ma per il piacere che le dava quella carezza; cert'altri giorni al contrario se li stracciava col pettine rabbiosamente.

Bonaventura Camposoldani non aveva mai badato a quella figliastra di Geremia.

Le donne non entravano, se non per poco e di passata, nella sua vita. Tutt'al più, la donna, ecco, così in astratto, la donna come questione sociale, il problema giuridico della donna, sì, un giorno o l'altro avrebbe potuto interessarlo. Era un problema, una questione sociale come un'altra, da studiare, a cui attendere; e poteva entrare nel campo della sua attività: non da risolvere, Dio guardi!

Se tutti i problemi sociali, come a mano a mano sorgono dalla vita e s'impongono all'attenzione e allo studio dei commessi pensatori, si risolvessero in quattro e quattr'otto, addio professione!

È vero, sì, che la vita è prolifica di problemi sociali e se qualcuno per miracolo se ne risolve, ne sorgono subito altri due o tre nuovi; ma è una fatica, mettersi ogni volta daccapo a pensare a un problema nuovo, quand'è così comodo adagiarsi nei vecchi, bastando al pubblico che i problemi sociali sieno posti e il sapere che c'è chi pensa a risolverli. Si sa che è proprio di tutti i problemi sociali esser posti e non mai risolti. I problemi nuovi, del resto, hanno questo di male, che sono avvertiti soltanto da pochi in principio. Non era dunque per lui, che non aveva ancora un ufficio fisso, stabilmente retribuito e con diritto a pensione, per cui si sarebbe potuto prendere il lusso di studii sempre nuovi e difficili, di lente e accorte preparazioni. Egli professava liberamente, creando circoli, istituzioni accanto a quelli dello Stato; e aveva perciò bisogno di problemi posti da lunga data, di cui fosse largamente riconosciuta la gravità.

Ne aveva uno per le mani, che prima d'esser risolto, non una vita, ma gli avrebbe dato tempo di viverne dieci di novant'anni ciascuna! Il guajo era che i denari della tombola telegrafica, purtroppo, si assottigliavano di giorno in giorno...

S'accorse di Tudina per quello straccetto bagnato messo ad asciugare sul mezzo busto di Dante Alighieri. La prima volta che lo vide corse a farle in camera una severa riprensione, ma non poté fare a meno di sorridere quando Tudina si mostrò stupita, che meritasse tanto rispetto quell'uomo lì con quel naso arricciato, come se sentisse puzza.

Tudina interpretò il sorriso di lui come una concessione, e seguitò a stendere lo straccetto, non ostante le rinnovate riprensioni. Bonaventura Camposoldani interpretò questa pervicacia della ragazza come un'arte per attirar la sua attenzione, e una mattina, che si trovava di buon umore, entrò nella cameretta di lei per tirarle l'orecchio come a una bambina discola e impertinente, e dirle che non doveva farlo più, o che, se voleva farlo ancora... Ma Tudina si ribellò a quella tirata d'orecchio, respingendolo gagliardamente; Bonaventura Camposoldani si sentì allora eccitato alla lotta: l'afferrò; tutti e due si dibatterono, un po' ridendo, un po' facendo sul serio; finché Tudina, nel vedersi presa da lui come non s'aspettava affatto di potere esser presa, non diventò furibonda: urlò, morse, sgraffiò, dapprima; poi, non volendo concedere, si sentì costretta dal suo stesso corpo a cedere; e restò alla fine come esterrefatta nello scompiglio.

Basta, eh? Parentesi chiusa, per Camposoldani, o da riaprirsi una volta tanto, a comodo, poiché la ragazza abitava lì, nella cameretta accanto. Curiosa, però, tutta quella ribellione, dopo ch'ella lo aveva provocato... e poi, quello spavento... e ora, che?

piangeva? oh là là, che storie! Basta, via! che c'era da piangere così? Geremia poteva sopravvenire da un momento all'altro, e perché dargli un dispiacere, povero vecchio, dopo che il fatto era fatto, e si poteva bene nascondere, e anche di nascosto seguitare... perché no? senza furie, con prudenza...

– Ah, brava! Così...

Tudina d'un balzo, come una tigre, gli era saltata al collo, e lo aveva abbracciato freneticamente, quasi volesse strozzarlo. Sentiva tanta vergogna... tanta... tanta... e voleva che quella sua vergogna egli la riparasse con tanto, tanto amore... sempre, perché sempre, se no, ella la avrebbe sentita, quella vergogna, e ne sarebbe morta, ecco.

Ma sì, ma sì... Intanto perché tremava così? perché piangeva così? Zitta, calma: c'era da godere, non da morire... Perché quella vergogna? Nessuno avrebbe saputo... Stava a lei, che nessuno sapesse...

A lei? Eh, fosse dipeso soltanto da lei, povera Tudina... Poteva non parlare, Tudina, non dirne nulla neanche a lui; ma, dopo tre mesi...

Bonaventura Camposoldani rimase per più di cinque minuti a grattarsi la fronte. Oh Dio! oh Dio! un figliuolo... da quella ragazza... in quelle circostanze... E che avrebbe fatto, ora, che avrebbe detto quel povero Geremia?

Da un giorno all'altro Camposoldani s'aspettava che il vecchio gli si parasse davanti a domandargli conto e ragione di quell'ignominiosa complicazione del suo alloggio gratuito con la figliuola nella sede dell'Associazione nazionale per la cultura del popolo. Stimando ormai inevitabile una scenata, avrebbe voluto che avvenisse al più presto, per uscirne comunque e togliersi questo pensiero.

Ogni mattina entrava con l'animo sospeso e costernato nella sala, si faceva all'uscio della cameretta ove

abitavano il padre e la figliuola; guardava accigliato
l'uno e l'altra, che lo accoglievano in desolato silenzio; e, stizzito, domandava quasi per provocarli:

– Nulla di nuovo?

Geremia chiudeva gli occhi e apriva le mani.

Quasi quasi Camposoldani lo avrebbe preso per il
petto, gli avrebbe dato uno scrollone, gridandogli in
faccia:

– Ma parla! Smuoviti! Dimmi quello che mi devi
dire e facciamola finita!

Sicché, quando una mattina, alla sua solita domanda: – «Nulla di nuovo?» – Geremia, invece di
chiudere gli occhi e aprir le mani, crollò più volte il
capo in segno affermativo, Camposoldani non poté
fare a meno di sbuffare:

– Ah, finalmente! Sentiamo!

Ma Geremia, placido placido, si cacciò una mano
nella tasca interna della giacca, ne trasse un foglio di
carta protocollo ripiegato in quattro e glielo porse.

– Che significa? – fece Camposoldani, guardando
quel foglio spiegazzato, senza prenderlo.

Geremia si strinse nelle spalle e rispose:

– Non c'è altro...

– E che è questo?

– Non so. L'ha portato un ragazzino...

Camposoldani, con le ciglia aggrondate, prese rabbiosamente il foglio; lo spiegò; cominciò a leggere; a
un tratto alzò gli occhi a fulminare Geremia.

– Ah! Hai fatto questo?

Era una domanda firmata da venticinque socii,
perché fosse indetta al più presto un'adunanza. Ca-
polista, il professor Agesilao Pascotti.

Geremia si portò le mani tremicchianti al petto e
aprendo le squallide labbra al solito sorrisetto mesto e ragionevole:

– Io? – sospirò con un filo di voce. – Che c'entro io?

– Pezzo d'imbecille! – proruppe allora Camposoldani. – E giusto al Pascotti ti sei rivolto?

– Io?

– Che ti figuri che ci guadagnerai adesso? Vogliono i conti? Ma subito! Comincerai dal risponderne tu, intanto!

– Io?

– Tu, tu per il primo, caro! tu che da tant'anni vai seminando le ricevute delle tasse mensili senza riscuoterne l'importo! Pezzo d'imbecille, sono tutti morosi questi firmatarii qua, tutti... Cardilli, Voceri, Spagna, Falletti, Romeggi... Toh! uno solo no! Concetto Sbardi... O dove sei andato a pescarlo costui? Non sta in Abruzzo? Quello che scrive *idega*! È a Roma? Ah, è venuto qua? E ti sei rivolto a lui?

Investito così, il povero vecchio s'era provato più volte a interromperlo, con le mani protese, battendo continuamente le palpebre su gli occhietti acquosi. Pareva cascato dalle nuvole! Non sapeva nulla di nulla, proprio... Se la prendeva con lui?

All'improvviso sorse in mezzo, tra i due, Tudina, che ormai non pareva più lei. Gonfia, scarduffata, imbruttita, si levò davanti a Camposoldani come l'immagine viva dell'infamia commessa, del laido delitto di cui s'era macchiato. Che c'entrava il patrigno in quell'istanza? Che interesse poteva avere a metter su i socii contro di lui?

– E allora? – fece Camposoldani.

Come, donde era venuta fuori quell'istanza? a chi era saltato quel grillo? Per qual ragione, così tutt'a un tratto? Gente che non pagava più, gente che non s'era fatta più viva da tanto tempo...

Grattandosi nervosamente la bella barba nera spartita sul mento, Camposoldani s'immerse a considerare di nuovo quell'istanza che, dalla prima firma, poteva argomentarsi scritta tutta di pugno dal Pascotti stesso; lesse, rilesse più volte quella filza di nomi; alla fine levò il volto sorridente verso Geremia.

– Pascotti? – domandò quasi a se stesso.

E di nuovo si mise a considerare le firme. Una sola gli dava ombra: quella dello Sbardi abruzzese. Aveva sempre pagato, costui, puntualissimamente. Come si trovava lì con quegli altri a schiera? Gli faceva l'effetto d'un lupo tra un branco di pecore. Sì, era lui il nemico; lui, senza dubbio... Era venuto a Roma, era andato a trovare il Pascotti già vicepresidente, e tutti e due... Che volevano da lui? I conti? Padronissimi. Ma se lo Sbardi era andato a trovare Pascotti per eleggerlo comandante supremo della battaglia, era segno che, per lo meno, non sapeva parlare. E se mancava a lui il coraggio dell'accusa, il coraggio più difficile, lo avrebbe avuto il rotondo Pascotti? Via! Lo faceva ridere Pascotti.

Di nuovo Camposoldani levò il volto sorridente verso Geremia.

– I conti... – disse.

– I... i conti? – balbettò il vecchio. – Da me?

Camposoldani lo guatò, come se quella ingenua domanda che i socii volessero i conti da lui Geremia, gli avesse fatto balenare qualche idea.

– Da te... da me.... vedremo – disse.

E si ritirò nella sua cameretta.

Più tardi Geremia fu mandato in giro a distribuire gli inviti all'adunanza per la sera del giorno successivo. Era come intronato e pareva che le gambe gli si fossero stroncate sotto.

Camposoldani rimase tutto il giorno all'Associazione a preparare la difesa. Aveva avuto la debolezza di pagare alcuni debiti che lo opprimevano; e questa sottrazione si poteva mascherare benissimo col viaggio che diceva d'aver fatto in Germania per studiare l'organismo dei Circoli di Cultura, fiorentissimi, come tutti sapevano, in quel paese. Poi c'erano

le spese per la sede sociale, arredo, pigione; le spese
per la pubblicazione del Bollettino; lo stipendio di
Geremia... che altro? ah, le spese di viaggio per le
inaugurazioni... spese che, venuto meno quasi del
tutto l'introito delle rate mensili dei socii, avevano
naturalmente assottigliato il fondo della tombola telegrafica. Tutto sommato però, quanto restava?

Camposoldani tirò la somma. Pur largheggiando
nelle spese, pure arrotondando più volte le cifre, la
somma totale era ben lungi dal mettersi d'accordo
col magro residuo effettivo.

Perdersi, no: non era uomo da perdersi così facilmente, massime di fronte a quei venticinque firmatarii con un Pascotti per capitano. Ma i conti, no,
ecco! i conti doveva trovar modo di non presentarli.
Se poi, proprio proprio vi fosse stato costretto... un
lampo, uno dei suoi soliti lampi geniali doveva salvarlo... Che lampo?

Ci pensò tutta la notte Camposoldani e il giorno
appresso. Poche ore prima dell'adunanza, si vide al-
l'improvviso comparire davanti Geremia, più che
mai come una larva, che un soffio sospingesse: entrò parlando, al suo solito, sottovoce, con un tremo-
lio più accentuato del capo e delle mani, e con l'ombra, l'ombra appena del consueto risolino mesto e ragionevole su le labbra.

– L'I... l'Italia... che... ta-tanti sacrifizii... tanti
eroismi... l'Italia che... Vittorio... Cavour... chi sa
che... che cosa credevano... dovesse diventare... ecco qua... donnaccia da trivio... vergogna... figli bastardi... il di-disonore... si sa!... fratelli contro fratelli... la... la pa... la palla d'Aspromonte... bollati d'infamia... patria di ladri... per forza!... madre di... di
figlie sgualdrine... per forza!... L'I... l'Italia... l'Italia...

E bisbigliate queste parole, se n'andò.

Camposoldani rimase sbalordito; non trovò la vo-

ce per richiamarlo indietro, per saper che cosa volesse dire.

Che niente niente Geremia aveva protestato in
quel modo contro la seduzione e la gravidanza della
figliastra?

Alla seduta, oltre ai venticinque firmatarii, inter-
vennero appena una dozzina di socii, che non avevano mai posto piede nella sala dell'Associazione.

Dei sei consiglieri della sede centrale di Roma,
nessuno volle presentarsi. Per lettera, chi dichiarò
che, secondo lo statuto sociale, si riteneva già da un
pezzo scaduto dalla carica; chi, dimesso anche da socio per non aver più pagato; chi fece finanche le meraviglie che l'Associazione fosse tuttora in vita.

Alla tavola della Presidenza si presentò solo, a testa alta, Bonaventura Camposoldani. Più a testa alta
di lui e con cipiglio più sdegnoso del suo, si ergeva però dietro la tavola della Presidenza qualche altro:
Dante Alighieri su la colonnina di gesso abbronzato.

Dante Alighieri pareva che sentisse più puzza che
mai.

Era evidentissimo che prima di intervenire alla seduta, quei trentasette socii avevano concertato fra
loro un piano di battaglia. Si leggeva chiaramente
negli occhi dei più stupidi, alcuni intozzati, su di sé,
altri spavaldi, altri sdegnosi, col labbro in fuori e le
palpebre basse attraverso le quali guardavano le sedie, le tende, la tavola della Presidenza e lo stesso
Dante Alighieri, come per compassione.

Pascotti prese posto in prima fila, nel mezzo;
Concetto Sbardi, invece, in fondo, appartato. Era
un ometto tozzo, ispido, aggrondato, che teneva
continuamente una mano spalmata sul mento e si
raschiava con le unghie adunche le guance rase, stri-
denti. Molti si voltavano a guardarlo, ed egli, secca-
to, s'insaccava di più nelle spalle. Ma se c'era Pa-

scotti! Perché non guardavano Pascotti? Che stupidi!

Camposoldani, un po' pallido, con occhi gravi, ma pur con un sorrisino ironico appena percettibile sotto i baffi, prima di aprir la seduta, chiamò con un cenno della mano Geremia, che s'era seduto, trepidante, presso l'uscio, e gli diede un foglio di carta perché gl'intervenuti vi apponessero la firma di presenza.

Quando riebbe il foglio firmato, sonò il campanello e disse pacatamente:

– Signori, l'adunanza era indetta per le ore 20: sono già circa le 21. Da questa nota di presenza risulta che non siamo in numero. I soci iscritti nella sede di Roma sono novantasei...

– Domando la parola! – esclamò Pascotti.

– Prego, professore, – seguitò Camposoldani. – Indovino ciò che ella vorrebbe dire: di questi novantasei socii molti debbono ritenersi dimissionarii, perché da un pezzo...

– Domando la parola! – insisté Pascotti.

– L'avrà; ma prima mi lasci dire! – replicò con fermo accento Camposoldani. – Io sono qui anche per far rispettare lo statuto sociale: e dico loro innanzi tutto che avrei potuto benissimo non tener conto della loro istanza, perché tutti i venticinque firmatarii, tranne uno, come del resto la maggioranza dei socii inscritti a questa sede, avrei potuto considerare come dimissionarii.

– No! no! no! – gridarono a questo punto parecchi insieme.

E Pascotti, per la terza volta:

– Domando la parola! Dimissionarii perché, signor Presidente? Io già – siamo in un circolo di cultura – mi perdoni – non userei mai codesta parola entrata purtroppo nell'uso, e non nostra! Ma diciam pure dimissionarii, poiché di ben altro qua, che di parole più o meno pure, questa sera, dovremo discutere. Dimissionarii perché, domando io, signor Presidente?

– Ecco! – lo interruppe Camposoldani, accennando Geremia in fondo alla sala. – Lo domandi laggiù al nostro esattore, egregio signor Pascotti.

Tutti si voltarono a guardare: due o tre esclamarono:

– E chi l'ha mai veduto?

– Non dicano così! – esclamò allora Camposoldani, dando un pugno su la tavola. – Lo hanno veduto benissimo, Lor Signori, per due o tre mesi, puntuale! E non solo lo hanno veduto, ma egli ha lasciato nelle loro case la ricevuta della tassa, fidandosi che, forse impediti per il momento, Lor Signori sarebbero poi venuti a pagarne l'importo qua, nella sede sociale aperta tutto il giorno, a loro disposizione. Nessuno s'è mai fatto vedere! Io sono stato qua a lavorare, qua a mantener vivo il fuoco dell'Associazione, di cui loro questa sera, senza averne il diritto, vengono a domandarmi conto. Sì, o Signori, senza averne il diritto. Perché, delle due l'una: o non debbono ritenersi dimissionarii tutti coloro che non sono in regola coi pagamenti, e allora – c'è poco da dire – qui manca il numero legale, ed io non potrei aprir la seduta; o debbono ritenersi dimissionarii, e allora anche tutti voi, o Signori, tranne uno, non avete più veste di socii e potete andar via. Ma no, no, no, Signori miei – s'affrettò a soggiungere Camposoldani. – Vedete bene che io ho accolto la vostra istanza, felicissimo di vedervi qua, finalmente! in pochi, va bene; ma con la speranza che da questa sera in poi, dietro l'esempio vostro, la nostra Associazione si risvegli a quella vita feconda, ch'era nei miei voti nel fondarla. Ma figuratevi se poteva mai passarmi per la mente di non accogliere la vostra domanda! Io sono qua, sono stato sempre qua a lavorare per tutti, a tenere una continua, attiva corrispondenza con le nostre sezioni, ad attendere alla pubblicazione del nostro *Bollettino*, che si diffonde anche all'estero! Voi vi siete finalmente risolti a venire, a partecipare alla vita della nostra Associazione? Ma, figuratevi, figuratevi se io, stanco come sono, non vi apro le braccia e non vi benedico.

Non si aspettava applausi Camposoldani, dopo questa volata. Ottenne però l'effetto voluto. Tutti apparvero lì per lì sconcertati; e di nuovo molti si voltarono a guardar l'unico che non si dovesse sentire fuor di posto e ammesso per indulgenza. Concetto Sbardi, questa volta, si scrollò tutto rabbiosamente e si alzò come per andar via; contemporaneamente quattro o cinque si levarono e accorsero a trattenerlo, mentre gli altri gridavano:

– Parli Sbardi! Parli Sbardi!

– Parli Pascotti, perdio – urlò lo Sbardi, divincolandosi. – Lasciatemi andare! O parla Pascotti, o io me ne vado!

– Ecco, parlo io – disse allora Pascotti, alzandosi un po' impacciato. – Col permesso dell'egregio signor Presidente.

– No! no! Parli Sbardi! Parli Sbardi!

– Parlo io...

– Sbardi! Sbardi!

Camposoldani sonò, sogghignando, il campanello:

– Signori miei, vi prego... Che cos'è?

– Parlo io, – tuonò Pascotti. – Domando la parola!...

– Parli... Parli...

– ...soltanto per dire, – seguitò il professor Agesilao Pascotti, levando un braccio maestosamente, – soltanto per dire che nella condizione in cui mi ha messo e ci ha messo il signor presidente, o amici miei, quantunque acceso di candida e, vorrei dire, apostolica condiscendenza, con la sua pregiudiziale, io stimo e faccio notare all'egregio collega Sbardi che il mio discorso non avrebbe più quell'efficacia che dovrebbe avere, che sarebbe giusto che avesse, secondo l'intendimento nostro e la nostra intesa.

– Benissimo!

– Aspettate! Ragion per cui, io prego, io prego caldamente, a nome di tutti i colleghi qui presenti, e, lasciatemelo supporre, a nome anche di tutti i socii del Sodalizio nostro sparsi per le terre d'Italia. – (*Benissimo!*) – Aspettate! – Prego, dicevo, il professor Concetto Sbardi perché voglia far violenza alla sua natural ritrosia, alla sua... un po' troppo ribelle modestia, e che parli lui, che porti qua lui, con la rigidezza severa che gli è solita, le sante ragioni che ci hanno spinto, o Signori, a domandare questa solenne adunanza!

Scoppiarono applausi e nuove grida: – *Parli Sbardi! Viva Sbardi!*

– Signor Sbardi, – disse allora Camposoldani con aria di sfida. – Via! faccia contenti i suoi amici! Sono curioso anch'io di sentire quel che lei ha da dire, quel che aveva divisato d'esprimere con la parola adorna ed eloquente del professor Pascotti.

Concetto Sbardi diede una bracciata a coloro che gli s'erano fatti intorno e si fece innanzi per parlare. Pareva un bufalo parato per scagliarsi, a testa bassa. Afferrò con una mano la spalliera della seggiola che gli stava davanti, rimase con l'altra sul mento a raschiarsi la guancia, poi cominciò:

– Agesilago... Agesilago Pascotti e tutti voi, Signori, avete torto a tirarmi per forza a parlare. Vi avevo detto... vi avevo pregato che non so parlare. Io non possiedo come il signor Camposoldani, come Pascotti, il... il come si chiama... sì, insomma, la parola... La guardaroba, volevo dire, signori, la guardaroba dell'eloquenza.

Alcuni applaudirono alla frase per rianimare l'oratore, altri scoppiarono a ridere.

– Sissignori, – riprese Concetto Sbardi. – Io la chiamo così... La guardaroba dell'eloquenza... Avete un pensieruzzo tisico? E tisico sempre vi resterà, se non avete la guardaroba dell'eloquenza. Ma se avete la guardaroba dell'eloquenza, il pensieruzzo tisico vi uscirà dalla bocca imbottito di tanta stoppa di frasi, che, parrà un gigante, un Ercole parrà, con la clava e la pelle del legone... Avete un'ideguccia sporca? fatela entrare nella guardaroba dell'eloquenza e l'oratore, Camposoldani, Pascotti, che farà? ve la farà uscire con la faccia lavata, pettinata, attillata, con certi pennacchi di parole, tutta appuntata di virgole e punt'e virgole, che l'ideguccia sporca non si riconoscerà più neanche lei stessa... Signori, io non possiedo la guardaroba dell'eloquenza; voi mi forzate a parlare; io non ho nemmanco uno straccio, nemmanco un cencio, per vestire le mie ideghe: e se parlo, qua stasera, ho pagura che mi scappi dalla bocca... non so che cosa... ma qualche cosa che al signor Camposoldani, il quale mi sfida anche lui, non farebbe piacere... insomma, ve lo dico, ho pagura che mi scappi dalla bocca... mi scappi dalla bocca...

– E se lo lasci scappare! – esclamò Camposoldani, pallidissimo, dando un altro pugno su la tavola. – Parli! dica! siamo qua per parlare e per sentire!

Concetto Sbardi allora levò il capo, si tolse la mano dal mento, e gridò:

– Signor Camposoldani, il ladro nudo!

Successe un pandemonio! Scattarono tutti in piedi; primo fra tutti Camposoldani: un balzo da tigre; brandì la seggiola, si scagliò contro lo Sbardi. Molti lo trattennero, altri afferrarono lo Sbardi; tutti gridavano in grande orgasmo tra le seggiole rovesciate. Pascotti montò su la tavola della presidenza.

– Signori! signori! È deplorevole! Vi prego, signori! Ascoltatemi! C'è un malinteso, perdio! Ragioniamo! Signori... signori...

Nessuno gli dava ascolto.

– Signori! che vergogna! Ci guarda Dante Alighieri!

Camposoldani, disarmato della seggiola, sconvolto, ansimante, trattenuto per le braccia, cessò alla fine di divincolarsi e disse a quelli che cercavano di calmarlo:

– Basta... basta... Son calmo... Lasciatemi. Signori, ai vostri posti. Sono il presidente.

Andò alla tavola, tutti rimasero in piedi, e in piedi egli parlò:

– Non posso stasera, perché veramente non mi aspettavo una siffatta aggressione. Domani! Ho il modo – semplice – dignitoso – degno di me – di ricacciare in gola a un incosciente l'offesa che ha creduto di scagliarmi. Venite domani sera, signori, voi e tutti gli altri: renderò conto di tutto, minutamente, coi documenti alla mano. La seduta è tolta.

Sonò il campanello, e tutti uscirono in silenzio dalla sala.

Dopo mezzanotte, Bonaventura Camposoldani, uscito a prendere un po' d'aria per riconnettere le idee scompigliate e disporsi, con la calma, ad aver quel lampo geniale che doveva salvarlo, rientrando nella sede dell'Associazione, restò meravigliato su la soglia della sala.

Geremia ancora col lume acceso, stava seduto davanti alla tavola della presidenza, col capo appoggiato sul tappeto verde di essa.

Camposoldani pensò che il povero vecchio aveva forse voluto aspettarlo, dopo quella seduta tempestosa, e s'era addormentato lì.

Attraverso l'uscio della cameretta s'udiva il ronfo cadenzato di Tudina.

Bonaventura Camposoldani s'accostò alla tavola per scuotere il vecchio e mandarlo a dormire: ma presso la testa abbandonata, di cui il lume lasciava vedere il roseo della cute di tra la rada canizie, scorse una lettera chiusa e allibì.

Il lampo geniale, lo aveva avuto lui, Geremia Bencivenni.

– L'I... l'Italia... vergogna... figli bastardi...

Ma se la figliastra aveva già compreso che l'Italia era fatta male, e che a tutti gli onesti e i modesti che avevano concorso a farla non restava altro che servire ai ladri, che bisogno c'era più di lui?

Nella busta, due lettere. In una si accusava di essersi approfittato indegnamente della cieca fiducia che il signor Presidente dell'Associazione, suo benefattore, aveva riposto in lui per tanti anni, e d'aver sottratto quasi tutti i fondi della tombola telegrafica. Diceva di averli in gran parte buttati nei botteghini del lotto, e chiedeva perdono al Presidente e a tutti i socii.

Nell'altra, scritta per il solo Bonaventura Camposoldani, diceva testualmente così:

«Nella guardaroba dell'eloquenza vesti della mia camicia rossa di garibaldino il tuo furto, o ladro nudo! Mi accuso, mi uccido per salvarti, e ti do la stoffa per un magnifico discorso. In compenso ti chiedo solamente di rendere l'onore alla mia povera figliuola!»

PALLOTTOLINE

Ventotto agosto. Benone! Pochi giorni ancora: meno che un mese. Benone!

E riponeva da parte il fogliolino del calendario insieme con gli altri precedenti, perché ottimo per...

– Ssss!

– Che c'è di male?

– Bada, vien gente.

– Zitta lì, zitta lì. Non ci sono; o, se mai: *Il professore studia!* di' così, di' così, mi raccomando.

Chiudeva subito l'uscio; poi, *trac!* accostava la persiana. Oh, e ora... Eccolo là: segnale a pagina 124.

L'universo è finito o infinito? Questione antica. È certo che a noi riesce assolutamente impossibile...

– Ufff! ufff! ufff! – tre volte di seguito, sempre allo stesso posto: lì, nel mezzo della fronte, ronzando. Ah, ma anche per le mosche, se Dio voleva, erano gli ultimi giorni di baldoria, come per gli «insetti umani» che, a piedi o su somarelli, s'inerpicavano fin lassù, a circa mille metri sul livello del mare. E per vedere che cosa infine? I laghi d'Albano e di Nemi: un paio d'occhiali insellato su quel gran naso con la punta all'insù, ch'è il Monte Cave.

Già cominciavano infatti a spesseggiare i giorni di nebbia: quella nebbia umida e densa che toglie lo spettacolo incantevole dei due laghi gemelli ora vaporosi ora morbidi come azzurri veli di seta: occhi, più che occhiali, tra le folte ciglia dei boschi di ippocastani; occhi della pianura laziale, in cui, come serpente lucido enorme, il Tevere, dall'oscuro grembo di Roma, visibile appena là in fondo, si svolge, ricomparendo qua e là nelle ampie volute, fino al mare visibile appena laggiù.

Ma nel mentre Jacopo Maraventano si fregava lieto le mani, tappato là, in quel camerino dell'Osservatorio Meteorologico, al piano superiore dell'antico convento, situato con l'attigua chiesetta su la cima del monte; alla nebbia invadente imprecava all'incontro l'oste velletrano, che aveva avuto la cattiva ispirazione di ridurre a miseri camerini d'albergo le povere cellette dei frati cacciati via da quel loro alpestre romitorio, e tavole e tavolini aveva disposti per gli avventori su la spianata dietro al convento, dalla parte di levante, sotto un enorme faggio secolare.

– Asino! Ci ho piacere! Piacerone!

Quell'alta vetta di monte, di cui egli con la famigliuola pativa per tutto l'inverno i rigori crudissimi, la desolazione della neve, l'esiliante assedio della nebbia, la furia dei venti doveva con la bella stagione diventare per gli altri a un tratto luogo di delizia!

– Ecco la nebbia, asino! Ben ti stia! Piacere, piacerone!

Non la pensavano però come lui la moglie e la figlia Didina, già su i vent'anni, e neanche Franceschino, che pure era nato e cresciuto lassù. Per loro l'estate era una benedizione, e la sospiravano ardentemente in segreto tutto l'inverno. Potevano almeno sentire in quei mesi un po' di vita attorno e veder gente e scambiare qualche parola; e Didina, chi sa! poteva anche dar nell'occhio a qualche giovanotto, tra i tanti che salivano a visitare l'Osservatorio, ai quali la buona signora Guendalina, bruna, magra, ossuta, col volto bruciato dai rigori invernali, non mancava di ripetere, invece del marito, come poteva (cioè sempre con le stesse parole e gli stessi gesti), la spiegazione dei pochi strumenti per le osservazioni meteorologiche. Dopo la spiegazione presentava ai visitatori un registro, perché vi apponessero la firma e, accanto, qualche pensiero.

Lasciava andar certi sospironi la povera Didina rileggendo in quel registro, nelle serate d'inverno lassù, quei pensieri in margine e talvolta qualche poesiola: quella, per esempio, indirizzata proprio a lei (*All'edelweiss di Monte Cave*). Ah, il giovane poeta che l'aveva scritta chi sa dov'era ormai, se pensava più a lei, se sarebbe ritornato la ventura estate!

La signora Guendalina tentava, ma timida, d'indurre il marito rinchiuso a farsi vedere dai visitatori. Non foss'altro, per dovere d'ospitalità, diceva. Ma Didina, ogni qualvolta la madre si provava a muovere questo discorso, le dava sotto sotto gomitate: poi, a quattr'occhi, le faceva notare che, se il babbo non si persuadeva prima a farsi tagliare quell'aspra selva di capelli riccioluti e quel barbone mostruoso, arruffato che gli aveva invaso le guance fin sotto gli occhi, era meglio che non si lasciasse vedere.

La madre ne conveniva, sospirando; e alla domanda dei visitatori:

– Il professore dov'è?

– Il professore studia, – rispondeva con gli occhi bassi, invariabilmente.

Studiava davvero il Maraventano, o almeno stava immerso tutto il giorno nella lettura di certi libracci che trattavano d'astronomia, unico suo pascolo. La lettura però andava a rilento, poiché egli si lasciava distrarre dalla fantasia, rapire da ogni frase per le infinite plaghe dello spazio, da cui non sapeva poi ridiscendere più, come la moglie avrebbe desiderato. Ma ridiscendere perché? Per mostrare lì alla gente che veniva a frastornarlo, a seccarlo, e da cui una così sterminata distanza lo allontanava, come agisse un pluviometro o un anemometro, per far vedere i sismografi o i barometri? Eh via! Un giorno gli sapeva un anno, che quella processione di seccatori terminasse.

Per fortuna, dei pochi matti che avevano preso alloggio nel sedicente albergo, uno solo resisteva ancora alle incalzanti minacce del tempo. Già l'autunno si ridestava con certi sbuffi che scotevano là sulla cima la grave e stanca immobilità dei grandi alberi esausti; e quando quegli sbuffi non avevano alcun impeto contro le povere foglie moribonde, erano fitti ribocchi di nebbia, che si ergevano a onde, impigliandosi pigri tra i rami attediati, in basso stagnando sui laghi; o fumigavano qua e là dai boschi sottoposti, che pareva ardessero a lento, senza fiamma, senza crepito. Sembrava certi giorni che tutta l'aria si fosse raddensata in un fumo bianchiccio, umido, accecante: e allora la vetta del monte restava come esiliata dal mondo, e dalla spianata non si sarebbe potuto scorgere neanche a un passo il convento.

E tuttavia quell'ultimo matto resisteva lì.

Jacopo Maraventano non tardò a intenderne la ragione.

Una sera, dalla sua finestretta, per entro a quella nebbia fittissima, udì, o gli parve, certi bisbigli, che non potevano esser presi per gli acuti stridii che sogliono lanciare nell'aria i pipistrelli, o gli scojattoli su per i rami degli alberi.

Zitto zitto, quatto quatto, scese su la spianata. Né egli discerneva tra la nebbia gl'innamorati, né questi tra loro si discernevano.

Dall'alto sospirava una voce:

– Cadrà tanta neve... tanta neve...

– Dev'esser bello, – rispondeva dalla spianata l'altra voce.

– Bello sarebbe per me, se tu rimanessi qua; ma per te no, caro. Si muore di freddo, sai?

– Povero amore! Ma ora io debbo partire. Ti giuro però che tornerò tra poco.

– Non tornerai, ne sono certa. Io resterò per te, nel tuo cuore, il ricordo di un'estate in montagna...

La voce dalla spianata voleva protestare; ma Jacopo Maraventano tossì forte, e subito corse con le mani avanti, come un cieco, in direzione del convento, per tagliar la via al giovanotto che se la svignava radendo il muro. Venne proprio a cadergli tra le braccia. All'inciampone, indietreggiò, balbettando:

– Oh, scusi... Buo... buona sera, professore.

– Buona sera. Lei va a far le valige, non è vero?

– Sì... sissignore... Conto di partire domattina.

– Fa bene. Buon viaggio! Quassù non tira più buon'aria. E neanche il babbo si riesce più a scorgere...

– Come dice?

– Non dico a lei, dico a mia figlia. È vero, Didina, che con questa nebbia non scorgi più neanche il babbo tuo?

Ma Didina era già scappata in lagrime a rifugiarsi presso la mamma.

Con la partenza di quel giovanotto parve davvero che l'inverno si stabilisse finalmente lassù. L'oste chiuse l'albergo e, borbottando imprecazioni, se ne discese a Velletri.

Su la vetta ormai si udiva solo il vento parlare con gli alberi antichi. Jacopo Maraventano restava assoluto padrone della solitudine, libero in mezzo alla nebbia, signore dei venti, piccolo su quell'alta punta nevosa al cospetto del cielo che da ogni parte lo abbracciava e nel quale d'ora in poi poteva tornare a immergersi, a naufragare, non più infastidito o distratto. Assistendo, come gli pareva d'assistere con la fantasia, nel fondo dello spazio, alla prodigiosa attività, al lavoro incessante della materia eterna, alla preparazione e formazione di nuovi soli nel grembo delle nebulose, al germogliare dei mondi dall'etere infinito: che cosa diventava per lui questa molecola solare, chiamata Terra, addirittura invisibile fuori del sistema planetario, cioè di questo punto microscopico dello spazio cosmico? Che cosa diventavano questi polviscoli infinitesimali chiamati uomini; che cosa, le vicende della vita, i casi giornalieri, le afflizioni e le miserie particolari, le generali calamità?

E di questo suo disprezzo, non che della Terra, ma di tutto il sistema solare, e della stima che si era ridotto a far delle cose umane, considerandole da tanta altezza, avrebbe voluto far partecipi moglie e figliuola, che si lamentavano di continuo ora per il freddo ora per la solitudine, traendo da ogni piccola infelicità argomento di lagni e di sospiri.

E le sere d'inverno, lassù, mentre Didina e la madre, infreddolite, se ne stavano raccolte in cucina e lui, senza neppure saperlo, sventolava davanti al fornello per far bollire la pentola, parlava loro delle meraviglie del cielo, spiegava la sua filosofia.

– Punto di partenza: ogni stella un mondo a sé. Un mondo, care mie, non crediate, più o meno simile al nostro; vale a dire: un sole accompagnato da pianeti e da satelliti che gli rotano intorno, come i pianeti e i satelliti del nostro sistema attorno al sole nostro, il quale, sapete che cos'è? Vi faccio ridere: nient'altro che una stella di media grandezza della Via Lattea. Ne volete un'idea? Trasportate nello spazio il nostro mondo – questo così detto sistema solare – a una distanza uguale... non dico molto – a poche migliaia di volte il suo diametro, cioè, alla distanza delle stelle più vicine. Orbene, il nostro gran sole sapete a che cosa sarebbe ridotto rispetto a noi? Alle proporzioni d'un puntino luminoso, alle proporzioni di una stella di quinta o sesta grandezza: non sarebbe più, insomma, che una stellina in mezzo alle altre stelle.

– Scusa, – interloquiva Didina, che insieme con la madre, non sapendo che fare, gli prestava ascolto, d'inverno. – Hai detto rispetto a noi. Ma, trasportando il sole, la terra non dovrà pure, per conseguenza...

– No, asinella! – la interrompeva il padre. – La terra lasciala qua. È un'ipotesi, per farti capace.

Didina alzava le spalle: non si capacitava.

– Che c'entra! Il sole è sempre il sole.

– E che cos'è? – le gridava allora il padre sdegnatissimo. – Ma lo sai che se Sirio sputa, il sole ti si spegne, come una candela di sego? Sappilo: – pah! si spegne.

– Jacopo, – diceva placidamente la signora Guendalina. – Se non ci metti altro carbone, ti si spegne pure il fuoco e l'acqua ti bolle per l'anno santo.

Egli allora scoperchiava la pentola, guardava dentro, poi rispondeva alla moglie:

– No, comincia a muoversi. Faccio vento, lo vedi. Ma veniamo ai nostri grandi pianeti. Care mie, alla distanza che vi ho detto, s'involerebbero addirittura al nostro sguardo, tutti, meno, forse, Giove... forse! Ma non crediate che potreste scorgerlo a occhio nudo! Forse con qualche telescopio di prim'ordine; e non lo so di certo. Pallottoline, care mie, pallottoline! Quanto a noi, alla nostra Terra, non se ne sospetterebbe nemmeno l'esistenza. E volete far sparire anche il sole? Basta, col beneplacito di Didina, senz'altro, là! retrospingerlo alla distanza delle stelle di prima grandezza. C'è? Non c'è? Uhm! Sparito.

Il vento cacciava dentro la stanza, attraverso la gola del camino, un mugolìo continuo, opprimente. Nei brevi intervalli tra una fase e l'altra del Maraventano pareva che il silenzio sprofondasse pauroso nella tenebra. Si udivano allora gemere gli alberi tormentati della vetta, e se questi alberi tacevano per un istante e si udiva invece da più lontano il frascheggiare confuso dei boschi sottoposti, lassù pareva si stesse sospesi tra le nuvole, come in un pallone. Ma se poi dal fornello scoppiava una favilla, le due donne sentivano il conforto di quella stanza familiare, illuminata, intepidita dal fuoco; e la immobilità delle stoviglie appese alle pareti e della povera e scarsa suppellettile rassettava il loro animo conturbato dal vento e dal panico della notte in quella orrenda solitudine alpestre.

Il Maraventano, sopra le regioni del vento, sopra le nuvole più alte, era rimasto intanto con la ventola da cucina in mano nella remotissima plaga dello spazio, dove un momento innanzi aveva lanciato, come un giocoliere i suoi globetti di vetro, tutto il sistema planetario, e scrollava il capo, con le ciglia aggrottate, gli occhi socchiusi e gli angoli della bocca contratti sdegnosamente in giù. A un tratto esplodeva tra il barbone abbatuffolato, come se ripiombasse su la terra, lì, in cucina:

– Bah!

E con la ventola faceva un largo gesto indeterminato. Poi riprendeva, con gli occhi immobili e invagati:

– Pensare... pensare che la stella Alfa della costellazione del Centauro, vale a dire la stella più vicina a questo nostro cece, alias il signor pianetino Terra, dista da noi trentatré miliardi e quattrocento milioni di chilometri! Pensare che la luce, la quale, se non lo sapete, cammina con la piccolissima velocità di circa duecento novantotto mila e cinquecento chilometri al minuto secondo (dico *secondo*), non può giungere a noi da quel mondo prossimo che dopo tre anni e cinque mesi – l'età cioè del nostro buon Fran-

ceschino che sta a sfruconarsi il naso col dito, e non
mi piace... Pensare che la Capra dista da noi seicen-
tosessantatré miliardi di chilometri, e che la sua luce, prima d'arrivare a noi, con quel po' po' di velocità che v'ho detto, ci mette settant'anni e qualche
mese, e, se si tien conto dei calcoli di certi astronomi, la luce emessa da alcuni remoti ammassi ci mette
cinque milioni d'anni, come mi fate ridere, asini!
L'uomo, questo verme che c'è e non c'è, l'uomo
che, quando crede di ragionare, è per me il più stupido fra tutte le trecento mila specie animali che po-
polano il globo terraqueo, l'uomo ha il coraggio di
dire: «Io ho inventato la ferrovia!». E che cos'è la
ferrovia? Non te la comparo con la velocità della luce, perché ti farei impazzire; ma in confronto allo
stesso moto di questo cece Terra che cos'è? Venti-
nove chilometri, a buon conto, ogni minuto secondo; hai dunque inventato il lumacone, la tartaruga,
la bestia che sei! E questo medesimo animale uomo
pretende di dare un dio, il suo Dio a tutto l'Universo!

Qui il Maraventano e la moglie si guastavano.

– Jacopo! – pregava la signora Guendalina. – Non
bestemmiare. Fallo almeno per pietà di noi due povere donne esposte quassù...

– Hai paura? – le gridava il marito. – Temi che
Dio, perché io bestemmio, come tu dici, ti mandi un
fulmine? C'è il parafulmine, sciocca. Vedi dond'è
nato il vostro Dio? Da codesta paura. Ma sul serio
potete credere, pretendere che un'idea o un sentimento nati in questo niente pieno di paura che si
chiama uomo debba essere il Dio, debba essere quello che ha formato l'Universo infinito?

Le due donne si turavano gli orecchi, chiudevano
gli occhi; allora il Maraventano scaraventava per terra la ventola, e gridando con le braccia per aria:

– Asine! asine! – andava a chiudersi nella sua stanzetta e, per quella sera, addio cena.

Simili scene avvenivano assai di frequente, poiché né Didina né la moglie volevano adattarsi alla filosofia di lui, specialmente quando avevano bisogno di qualche cosa.

– Diviene, – diceva loro il Maraventano – dal non sapere filare un ragionamento semplicissimo; dal non volere guardare in su un momentino. Oh Alfa del Centauro! oh Sirio, oh Capella! sapete perché piange Didina? Piange perché non ha una veste nuova d'inverno da farsi ammirare in chiesa, le domeniche, a Rocca di Papa. Roba da ridere!

– Roba da ridere; ma io mi muojo dal freddo, – rispondeva tra le lagrime Didina.

E il Maraventano:

– Senti freddo, perché non ragioni!

Non a parole soltanto dimostrava egli il disprezzo in cui teneva la terra e tutte le cose della vita. Soffriva di mal di denti, e talvolta la guancia per la furia del dolore gli si gonfiava sotto il barbone come un'anca di padre abate: ebbene, senz'altro, *retrospingeva* nello spazio il sistema planetario: spariva il sole, spariva la terra, tutto diventava niente, e con gli occhi chiusi, fermo nella considerazione di questo niente, a poco a poco addormentava il suo tormento.

– Un dente cariato, che duole nella bocca di un astronomo... Roba da ridere.

Sia d'estate, sia d'inverno, fosse nuvolo o sereno, si recava a piedi, dalla cima del monte, fino a Roma. Avrebbe potuto spedire per posta da Rocca di Papa il bollettino meteorologico all'ufficio centrale; ma a Roma lo attendeva il maggior godimento della sua vita. Vi si tratteneva ogni volta una notte, e per grazia particolare del Direttore del Collegio Romano la passava beatamente tutta intera al telescopio. La moglie, nel vederlo partire, tentava d'indurlo a servirsi della vettura da Rocca di Papa a Frascati o, almeno, della ferrovia da Frascati a Roma:

– Prenderai un'insolazione!

– Il sole, mia cara, ti serva: non è neanche buono da regolare gli orologi! – le rispondeva il Maraventano.

E il suo orologio, infatti, sul cui quadrante aveva scritto con inchiostro rosso: *Solis mendaces arguit horas*, non era regolato col tempo solare.

La distanza? Ma su la terra per lui non ci erano distanze. Congiungeva ad anello l'indice e il pollice d'una mano e diceva alla moglie sghignazzando:

– Ma se la Terra è tanta...

DUE LETTI A DUE

Nella prima visita alla tomba del marito, la vedova Zorzi, in fittissime gramaglie, fu accompagnata dall'avvocato Gàttica-Mei, vecchio amico del defunto, vedovo anch'egli da tre anni.

Le lenti cerchiate d'oro, con un laccetto pur d'oro che, passando sopra l'orecchio, gli scendeva su la spalla e s'appuntava sotto il bavero della «redingote» irreprensibile; la gran bazza rasa con cura e lucente; i capelli forse troppo neri, ricciuti, divisi dalla scriminatura fino alla nuca e allargati poi a ventaglio dietro gli orecchi; le spalle alte, la rigidità del collo, davano al contegno dell'avvocato Gàttica-Mei quella gravità austera e solenne, appropriata al luttuoso momento, e lo facevano apparire come impalato nel cordoglio.

Scese per primo dalla tranvia di San Lorenzo e, impostandosi quasi militarmente, alzò una mano per ajutare la vedova Zorzi a smontare.

Recavano entrambi, l'una per il marito, l'altro per la moglie, due grossi mazzi di fiori.

Ma la Zorzi, oltre il mazzo, nello smontare, doveva reggere la veste e, impedita dal lungo crespo vedovile che le nascondeva il volto, non vedeva dove mettere i piedi, non vedeva la mano guantata di nero che l'avvocato le porgeva e di cui ella, del resto, non avrebbe potuto valersi. Per poco non gli traboccò addosso, giù tutta in un fascio.

– Stupido! Non vedevi? Con le mani impicciate... – fischiò allora tra i denti, furiosa, la Zorzi, sotto il lunghissimo velo.

– Se ti porgevo la mano... – si scusò egli, mortificato, senza guardarla. – Non hai visto tu!

– Zitto. Basta. Per dove?

– Ecco, di qua...

E ricomposti, diritti e duri, ciascuno col suo mazzo di fiori in mano, si diressero verso il Pincetto.

Là, tre anni addietro, il Gàttica-Mei aveva fatto costruire per la moglie e per sé una gentilizia a due nicchie, una accanto all'altra, chiuse da due belle lapidi un po' rialzate da capo, con due colonnine che reggevano ciascuna una lampada; il tutto cinto da fiori e da una roccia di lava artificiale.

Il povero Zorzi, amico suo e della defunta, l'aveva tanto ammirata, questa gentilizia, l'anno avanti, nella ricorrenza della festa dei morti!

– Uh, bella! Pare un letto a due! Bella! bella!

E quasi presago della prossima fine, aveva voluto farne costruire un'altra tal quale, subito subito, per sé e per la moglie, poco discosto.

Un letto a due, precisamente! E difatti il Gàttica-Mei, uomo in tutto preciso, aveva allogato la moglie defunta nella nicchietta a sinistra, perché egli poi, a suo tempo, giacendo, avesse potuto darle la destra, proprio come nel letto matrimoniale.

Su la lapide aveva fatto incidere quest'epigrafe, anch'essa tanto lodata dallo Zorzi, buon'anima, per la semplicità commovente:

QVI

MARGHERITA GÀTTICA-MEI

MOGLIE ESEMPLARE

MANCATA AI VIVI ADDÌ $\overline{XV}$ $\overline{MAG.}$ $\overline{MCMII}$

ASPETTA IN PACE

LO SPOSO

Per sé il Gàttica-Mei aveva poi preparato un'altra epigrafe, che un giorno avrebbe figurato bellamente su la lapide accanto, degno complemento della prima. Diceva infatti questa epigrafe, che l'avvocato Anton Maria Gàttica-Mei, non già, al solito, QVI GIACE oppure MORÌ, ecc., ecc.; ma ADDÌ (puntini in fila) DELL'ANNO (puntini in fila) RAGGIVNSE LA SPOSA.

E quasi quasi, nel comporre l'epigrafe, avrebbe voluto saper la data precisa della sua morte per compier bene l'iscrizione e lasciare tutto in perfetto ordine.

Ma data – ecco – data quella concezione di tombe per coniugi senza prole, le epigrafi, necessariamente, per non rompere l'armonia dell'insieme, dovevano rispondersi così.

Assuntosi, com'era suo dovere, il triste incarico di provvedere ai funerali, al trasporto, al seppellimento del suo povero amico Zorzi, il Gàttica-Mei aveva trovato per l'epigrafe di lui una variante, una variante che, perbacconaccio! a pensarci prima... Ma già, avviene sempre così: col tempo, con la riflessione, tutto si perfeziona... Quell'«aspetta in pace lo sposo» dell'epigrafe della moglie gli sembrava adesso troppo freddo, troppo semplice, troppo asciutto, in confronto con Gerolamo Zorzi che, nella nicchia a destra della sua gentilizia, giaceva

IN ATTESA CHE LA FIDA COMPAGNA
VENGA A DORMIRGLI ACCANTO

Come sonava meglio! Come riempiva bene l'orecchio!

Non gli pareva l'ora d'arrivare a quella gentilizia per riceverne la lode, che in coscienza credeva di meritarsi, dalla vedova Zorzi.

Ma questa, dopo aver recitato in ginocchio una

preghiera e aver deposto il mazzo di fiori a piè della
lapide, rialzatosi il lungo velo e letta l'epigrafe, si
voltò a guardarlo, pallida, accigliata, severa, ed ebbe
un fremito nel mento, dove spiccava nero un grosso
porro peloso, animato da un tic, che le si soleva de-
stare nei momenti di più fiera irritazione.

– Mi pare che... che vada bene... no? – osò domandare egli, perplesso, afflitto, intimidito.

– Poi, a casa, – rispose con due scatti secchi la
Zorzi. – Non possiamo mica discutere qua, ora.

E riguardò la tomba, e scrollò lievemente il capo,
a lungo, e infine si recò a gli occhi il fazzoletto lista-
to di nero. Pianse veramente; si scosse tutta anzi per
un impeto violento di singhiozzi a stento soffocati.
Allora anche il Gàttica-Mei cavò fuori con due dita
da un polsino la pezzuola profumata, poi si tolse con
l'altra mano le lenti, e s'asciugò pian pianino, a più
riprese, prima un occhio e poi l'altro.

– No! Tu, no! – gli gridò, convulsa, rabbiosamente, la vedova, riavendosi a un tratto dal pianto. –
Tu, no!

E si soffiò il naso, rabbiosamente.

– Per... perché? – barbugliò il Gàttica-Mei.

– Poi; a casa, – scattò di nuovo la Zorzi.

Quegli allora si strinse nelle spalle, si provò ad
aggiungere:

– Mi pareva... non so...

Guardando ancora una volta l'epigrafe, fermò gli
occhi su quel «fida compagna» che... sì, certamente... ma, santo Dio! frase ovvia, consacrata ormai
dall'uso... Si diceva «fida compagna», come «vaso
capace», «parca mensa»... Non ci aveva proprio fatto
caso, ecco. Balbettò:

– Forse... capisco... ma...

– Ho detto, a casa, – ripeté per la terza volta la
Zorzi. – Ma, del resto, poiché ci teneva tanto... anche lui, povero Momo, ci teneva, a questo capolavo-

ro qua... faccio notare: due colonnine, due lampade... perché? Una bastava.

– Una? come? eh! – fece il Gàttica-Mei, stupito, aprendo le mani, con un sorriso vano.

– La simmetria, è vero? – domandò agra la Zorzi. – Ma, senza figli, senz'altri parenti: finché uno è in piedi, può venire ad accendere all'altro la candela. Chi la accenderà a me, quella, poi? E, di là, a te?

– Già... – riconobbe, un po' scosso e smarrito, il Gàttica-Mei, portandosi istintivamente le mani alla nuca per rialzarsi dietro gli orecchi le due ali di capelli, con un gesto che gli era solito, ogni qual volta perdeva – ma per poco – la padronanza di sé (veramente, con la Zorzi, gli avveniva piuttosto di frequente). – Però, ecco, – si riprese: – Faccio notare anch'io: allora... e non sia mai, veh: allora tutt'e due le lampade, qua e là, resteranno spente e...

La simmetria era salva. Ma la vedova Zorzi non volle darsi per vinta.

– E con ciò? Una, intanto, quella, resterà sempre lì, nuova, intatta, non accesa mai, inutile. Dunque, se ne poteva fare a meno, e una bastava.

– Lo stesso è da me, – disse il Gàttica-Mei. – E, – aggiunse più a bassa voce e abbassando anche gli occhi, – dovremmo morire tutt'e due insieme, Chiara...

– Tu verresti ad accendermi qua la candela, o io a te di là, è vero? – domandò con più acredine la Zorzi. – Grazie, caro, grazie! Ma questa è la discussione che faremo a casa.

E con un gesto della mano, quasi allontanandolo, lo mandò a deporre il mazzo di fiori su la tomba della moglie.

Ella, col capo inclinato su l'indice della mano destra teso all'angolo della bocca, rimase a mirare in silenzio la lapide del marito, mentre una rosa mezzo sfogliata accanto alla colonnina, tentennando appena sul gambo a un soffio di vento, pareva crollasse il capo amaramente per conto del buon Momolo Zorzi lì sottoterra.

Ma non s'era mica impuntata per la menzogna di quella frase convenzionale, la vedova Zorzi, come il Gàttica-Mei aveva ingenuamente supposto.

Sapeva, sapeva bene, ella, che nei cimiteri le epigrafi non sono fatte per l'onore dei morti, che se lo mangiano i vermi; ma solamente per la vanità dei vivi.

Non già, dunque, per l'inutile offesa al marito morto s'era ella indignata, ma per l'offesa che quell'epigrafe conteneva per lei viva.

Che intenzioni aveva il signor Gàttica-Mei? Con chi credeva d'aver da fare? S'era immaginato, dettando quell'epigrafe, che, lei viva e lui vivo, dovessero restar vincolati, schiavi dello stupido ordine, della stupida simmetria di quei due letti a due, là, fatti per la morte? che la menzogna, la quale... sì, poteva avere un certo valor decorativo per la morte, dovesse ancora sussistere e imporsi da quelle due lapidi alla vita? Ma per chi la prendeva, dunque, il signor avvocato Gàttica-Mei? Supponeva che ella, per quell'«aspetta in pace lo sposo» della gentilizia di lui e per quell'«in attesa che la fida compagna, ecc.» della gentilizia del marito, dovesse graziosamente prestarsi a rimanere ancora la sua comoda amante, per andarsene poi da «fida compagna» a giacere, anzi «a dormire» accanto allo sposo, e lui accanto alla «moglie esemplare»?

Eh, no! eh, no, caro signor avvocato!

Le menzogne inutili stavano bene lì, incise sui morti. Qua, nella vita, no. Qua le utili si era costretti a usare, o a subir le necessarie. E lei, donna onesta, ne aveva (Dio sa con che pena!) subita una per tre anni, vivendo il marito. Ora basta! Perché avrebbe dovuto subirla ancora, questa menzogna, finita la necessità con la morte dello Zorzi? per il vincolo di quelle tombe stupide? vincolo, ch'egli, ponendo subito le mani avanti, con la nuova epigrafe, s'era affrettato a ribadire?

Eh, no! eh, no, caro signor avvocato! Menzogna inutile, ormai, quella «fida compagna».

Donna onesta, lei, per necessità aveva potuto ingannare il marito, da vivo; avrebbe voluto il signor avvocato che seguitasse a ingannarlo anche da morto, ora, senza un perché, o per il solo fatto ridicolo, che esistevano là quelle due tombe gemelle? Eh via! Da vivo, va bene, ella non aveva potuto farne a meno; ma da morto, no, non voleva più ingannare il marito. La sua onestà, la sua dignità, il suo decoro non glielo consentivano. Libero il signor avvocato già da tre anni: libera anche lei, adesso; o ciascuno per sé, onestamente; o uniti, onestamente, innanzi alla legge e innanzi all'altare.

La discussione fu lunga e aspra.

L'avvocato Gàttica-Mei confessò in prima candidamente che nulla, proprio nulla di quanto ella aveva sospettato con maligno animo gli era passato per il capo nel dettar quell'epigrafe. Se per poco ella fosse entrata nello spirito di quella sua concezione di tombe per coniugi senza prole, avrebbe compreso che quelle epigrafi là venivano da sé, naturalmente, come conseguenze inevitabili. Ridicola quella concezione? Oh, questo poi no; questo poi no...

– Ridicola, ridicola, ridicola, – raffermò tre volte con focosa stizza la vedova Zorzi. – Ma pensa, lì, quella tua moglie esemplare che ti aspetta in pace... Non mi far dire ciò che non vorrei! So bene io, e tu meglio di me, quel che passasti con lei...

– E che c'entra questo?

– Lasciami dire! Quando mai ti comprese, povera

Margherita! Se ti afflisse sempre! E non venivi forse a sfogarti qua, con Momo e con me?

– Sì... ma...

– Lasciami dire! E perché t'amai io? io che, a mia
volta, non mi sentivo compresa dal povero Momo?
Ah, Dio, nulla più dell'ingiustizia fa ribellare... Ma
tu volesti rimaner fedele fino all'ultimo a Margherita, e dettasti quella bell'epigrafe. T'ammirai allora;
sì; ti ammirai tanto più, quanto più stimavo tua moglie indegna della tua fedeltà. Poi... sì, è inutile, è
inutile parlarne... non seppi dirti di no. Ma non
avrei dovuto farlo, io! come non lo facesti tu, finché
visse tua moglie. Avrei dovuto aspettare anch'io che
Momo morisse. Così, io sola sono venuta meno a'
miei doveri! Anche tu, sì... ma verso l'amico: sposo,
fosti fedele! E questo, vedi, ora che tua moglie e mio
marito se ne sono andati, e tu sei restato, solo, qua,
di fronte a me, questo mi pesa più di tutto. E perciò
parlo! Sono una donna onesta, io, come tua moglie;
onesta come te, come mio marito! E voglio essere
tua moglie, capisci? o niente! Ah, sei fanatico tu della bella concezione? Ma immagina me, ora, stesa lì
accanto a mio marito, «fida compagna»... E buffo!
atrocemente buffo! Chi sa, e anche chi non sa niente, vedendo lì quelle due gentilizie, – «Oh,» dirà,
«ma guardate, ma ammirate qua, che pace tra questi
coniugi!» – Sfido, morti! Caricatura, caricatura, caricatura.

E il porro peloso, animato dal tic, rimase a fre-
merle per più di cinque minuti sul mento, irritatis-
simo.

Il Gàttica-Mei restò proprio ferito fino all'anima
da questa lunga intemerata; ma più dalla derisione.
Serio e posato, non poteva ammettere neppure, che
si scherzasse con lui o d'una cosa sua; come non aveva potuto ammettere, viva la moglie, il tradimento.
La pretesa della Zorzi di farsi sposare gli guastava

tutto. Lasciamo andare quelle due tombe che aspettavano là; ma il nuovo ordinamento della sua vita da vedovo, a cui già da tre anni s'era acconciato così bene! Perché un nuovo rivolgimento, adesso, nella sua vita? Senza ragione, via, proprio senza ragione. Avrebbe capito gli scrupoli, il dolore, il rimorso di lei, finché era vivo il povero Zorzi; ma ora perché? Se ci fosse stato il divorzio, un matrimonio prima, sì, per riparare all'inganno che si faceva a un uomo, a quel furto d'onore, a quei sotterfugi, ch'eran pur tanto saporiti però; ma ora perché? ora che non si ingannava più nessuno, e – liberi entrambi, vedovi, d'una certa età – non dovevano più dar conto a nessuno, se seguitavano quella loro tranquilla relazione? Il decoro? Ma anzi adesso non c'era più nulla di male... Voleva ella riparare così il male passato? Il povero Momolo non c'era più! Di fronte a se stessa? E perché? Qual male da riparare di fronte a se stessa o a lui? È male l'amore? E poi... oh Dio, sì, perché non pensarci? voleva anche perdere l'assegnamento, circa centosessanta lire al mese di pensione lasciatale dal marito? Un vero peccato!

In tutti i modi l'avvocato Gàttica-Mei cercò di dimostrarle ch'era proprio una picca, una stoltezza, un'intestatura deplorevole, una pazzia!

Ma la vedova Zorzi fu irremovibile.

– O moglie, o niente.

Invano, sperando che col tempo quella fissazione le passasse, egli le disse ch'era inutile e anche crudele mostrarsi con lui adesso così dura, poiché la legge prescriveva che prima di nove mesi non si poteva contrarre un nuovo matrimonio; e che, se mai, ne avrebbero riparlato allora.

No, no, e no: – o moglie, o niente.

E tenne duro per otto mesi la vedova Zorzi. Egli, stanco di pregarla ogni giorno, storcendosi le mani, pover'uomo, alla fine si licenziò. Passò una settimana, ne passarono due, tre; passò un mese e più, senza che si facesse rivedere.

E ormai da quattro giorni ella, in grande orgasmo, metteva in deliberazione se cercare di farsi incontrare per istrada, come per caso, o se scrivergli, o se andare senz'altro ad affrontarlo in casa, quando il domestico di lui venne ad annunziarle, che il suo padrone era gravemente ammalato, di polmonite, e che la scongiurava d'una visita.

Ella accorse, straziata dal rimorso per la sua durezza, causa forse di qualche disordine nella vita di lui e, per conseguenza, di quella malattia; accorse funestata dai più neri presentimenti. E difatti lo trovò sprofondato nel letto, rantolante, strozzato, quasi con la morte in bocca: irriconoscibile. Dimenticò ogni riguardo sociale, e gli si pose accanto, notte e giorno, a lottare con la morte, senza un momento di requie.

Al settimo giorno, quand'egli fu dichiarato dai medici fuor di pericolo, la Zorzi, stremata di forze, dopo tante notti perdute, pianse, pianse di gioja, chinando il capo su la sponda del letto; ed egli allora, per primo, carezzandole amorosamente i capelli, le disse che subito, appena rimesso, la avrebbe fatta sua moglie.

Ma, lasciato il letto, dové prima di tutto imparar di nuovo a camminare, il Gàttica-Mei. Non si reggeva più in piedi. Lui, un tempo così solidamente e rigidamente impostato, ora curvo, tremicchiante, pareva proprio l'ombra di se stesso. E i polmoni... eh, i polmoni... Che tosse! A ogni nuovo accesso, ansimante, soffocato, si picchiava il petto con le mani e diceva a lei, che lo guardava oppressa:

– Andato... andato...

Migliorò un poco durante l'estate. Volle uscir di casa, esporsi un po' all'aria, prima in carrozza, poi a piedi, sorretto da lei e col bastone. Finalmente, riacquistate alquanto le forze, volle ch'ella s'affrettasse a preparar l'occorrente per le nozze.

– Guarirò, vedrai... Mi sento meglio, molto meglio.

Era rimasta intatta a lui, qua, la casa maritale: solo dalla camera aveva tolto il letto a due, o meglio, aveva staccato e fatto portar via quello de' due lettini gemelli d'ottone, su cui aveva dormito la moglie. Ma anch'ella, la Zorzi, aveva di là la sua casa maritale in pieno assetto.

Ora, sposando, quale delle due case avrebbero ritenuta? Ella non avrebbe voluto contrariar l'infermo, che conosceva metodico e schiavo delle abitudini; ma proprio non se la sentiva di viver lì, nella casa di lui, da moglie: tutto lì parlava di Margherita; ed ella non poteva aprire un cassetto senza provare uno strano ritegno, una costernazione indefinibile, quasi che tutti gli oggetti custodissero gelosi i ricordi di quella, ond'erano animati. Ma anch'egli, certo si sarebbe sentito estraneo fra gli oggetti della casa di lei. Prendere un'altra casa, una casa nuova, con nuova mobilia, e vendere la vecchia delle due case? Questo sarebbe stato il meglio... E a questo, senza dubbio, ella avrebbe indotto l'amico, se egli fosse stato sano, quello di prima... Adesso bisognava rassegnarsi e contentarlo, mutando il meno possibile. Il letto a due, intanto, quello sì, doveva esser nuovo. Poi, dismessa la casa del primo marito, ella avrebbe fatto trasportar qui i suoi mobili più cari; si sarebbe fatta una scelta tra quelli in migliore stato delle due case, e il superfluo scartato sarebbe stato venduto.

Così fecero: e sposarono.

Come se la cerimonia nuziale fosse di buon augurio, per circa tre mesi, fino a metà dell'autunno, egli stette quasi bene: colorito, forse un po' troppo, e senza tosse. Ma ricadde coi primi freddi; e allora comprese che era finita per lui.

Lungo tutto l'inverno, che passò miseramente tra il letto e la poltrona, assaporando la morte che gli stava sopra, fu tormentato fino all'ultimo da un pensiero, che gli si presentava come un problema insolubile: il pensiero di quelle due tombe gemelle, nel Pincetto, lassù al Verano.

Dove lo avrebbe fatto seppellire, ora, sua moglie?

E s'impossessò di lui, tra il lento cociore della febbre e le smanie angosciose del male, una stizza sorda e profonda, che di punto in punto si esasperava vieppiù, contro di lei, che aveva voluto a ogni costo quel matrimonio inutile, stolto e sciagurato. Sapeva che stolta per la moglie era stata invece l'idea di costruire quelle due tombe a quel modo; ma egli non voleva riconoscerlo. Del resto, discussione oziosa, questa, adesso, che non avrebbe avuto altro effetto che acuirgli la stizza. La questione era un'altra. Marito di lei, ora, poteva egli andare a giacer lassù accanto alla prima moglie? e domani lei, divenuta moglie d'un altro, accanto al primo marito?

Si tenne finché poté, e all'ultimo glielo volle domandare.

– Ma che vai pensando adesso! – gli gridò ella, senza lasciarlo finire.

– Bisogna invece pensarci a tempo, – brontolò egli, cupo, lanciandole di traverso sguardi odiosi. – Io voglio saperlo, ecco! voglio saperlo!

– Ma sei pazzo? – tornò a gridargli lei. – Tu guarirai, guarirai... Attendi a guarire!

Egli, convulso, si provò a levarsi dal seggiolone:

– Io non arrivo a finire il mese! Come farai? come farai?

– Ma si vedrà poi, Antonio, per carità! per carità! – proruppe ella, e si mise a piangere.

Il Gàttica-Mei, vedendola piangere, si stette zitto

per un pezzo; poi riprese a borbottare, guardandosi le unghie livide:

– Poi... sì... lo vedrà lei, poi... Tante spese... tante cure... Tutto per aria... tutto scombinato... Perché poi?... Poteva ogni cosa restar disposta come era... tanto bene...

Alludeva all'epigrafe conservata là nel cassetto della scrivania, all'epigrafe che quattr'anni addietro egli aveva preparata per sé, quella con l'ADDÌ (puntini in fila) DELL'ANNO (puntini in fila) RAGGIVNSE LA SPOSA.

Nella furia delle disposizioni da dare per i funerali, la trovò difatti, pochi giorni dopo, rimestando in quel cassetto, la moglie due volte vedova.

La lesse, la rilesse, poi la buttò via, sdegnata, pestando un piede.

Là, accanto alla prima moglie? Ah, no, no davvero, no, no e no! Egli era stato adesso suo marito, e lei non poteva affatto tollerare che andasse a giacere a fianco di quell'altra.

Ma dove, allora?

Dove? Lì, nella sepoltura dello Zorzi. Tutti e due insieme, i mariti: l'uno e l'altro per lei sola.

Così «la fida compagna», di cui il buon Momolo Zorzi stava «in attesa» che venisse «a dormirgli accanto», fu l'avvocato Gàttica-Mei. E ancora, nella nicchia dell'altro letto a due, Margherita, la moglie esemplare,

ASPETTA IN PACE
LO SPOSO

Ci verrà lei, ci verrà lei, la doppia vedova, qui, invece, il più tardi possibile.

Intanto, lì, le lampade delle colonnine sono accese tutt'e due; e qui, tutt'e due spente.

In questo, almeno, la simmetria era salva e il Gàttica-Mei poteva esserne contento.

Appendice

COME CORREGGEVA PIRANDELLO

A seguire il percorso delle novelle pirandelliane – di cui oggi ci dà la mappa dettagliata l'apparato curato da Mario Costanzo per l'edizione nei «Meridiani» –, ci sorprende il fitto tessuto di correzioni, revisioni e sin rifacimenti che emerge da questo multiplo e accidentato itinerario. Multiplo per la varietà dei passaggi, usualmente da rivista in raccolta fino al riordinamento finale nei volumi Bemporad-Mondadori; accidentato per il tormento correttivo cui di passaggio in passaggio (e si ha il caso di novelle trascorse per più di una rivista prima di approdare alla raccolta in volume) questi testi sono sottoposti dal loro sempre insoddisfatto autore. Questa inesausta istanza correttoria è, fino all'ultimo, confermata dall'ulteriore lavoro di revisione avviato per la nuova raccolta in due tomi nella collezione «Omnibus» di Mondadori: lavoro che fu interrotto da quella morte improvvisa e inopinata, e che giunse dunque a coprire solo cinque di quindici volumi (il terzo, quarto, quinto, nono e dodicesimo), oltre a parte della molto amata *Pena di vivere così*.

Pirandello, si sa, aveva portato anche un suo contributo teorico alla «solita quistione della lingua», e, sulla scia del *Premio* dell'Ascoli, si era trovato, sulle pagine della fiorentina «Vita Nuova», a polemizzare – botta e risposta – con un manzonista, tal Pietro Mastri, sulla soluzione fiorentina della lingua nazionale. Sono gli anni di Bonn, degli studi filologici, dunque, del giovane siciliano che proprio sul suo dialetto stenderà la propria tesi di laurea. Ed è, infatti, con l'*Italienische Grammatik* di Wilhelm Meyer-Lübke alla mano che l'apprendista-filologo dimostra al suo interlocutore, signor Mastri, che il fiorentino altri non è che uno dei dialetti italiani (*Per la solita quistione della lingua*, 1890).

Nell'articolo che aveva dato avvio alla polemica, *Prosa moderna* (1890), sottotitolato, significativamente, *Dopo la lettura del «Mastro don Gesualdo» del Verga*, dopo aver parlato, in nome della «spontaneità», a favore del giornalismo, meritevole di aver dato scioltezza alla gravità della nostra prosa classica e di aver spezzato «il contegno austero, da edifizii ambulanti, delle matrone periodesse» – la prosa dei *Dialoghi* del Tasso, per intenderci, contrapposta a quella della *Vita* del Cellini –, Pirandello continuava affermando:

Se letteratura, o meglio, tradizione letteraria ha mai fatto impedimento al libero sviluppo d'una lingua, questa più d'ogni altra è l'italiana. Dirò di più, la lingua nostra, che a volerla cercare, non si saprebbe dove trovarla, in realtà non esiste che nell'opera scritta soltanto, nel campo cioè della letteratura. Un gran numero di parole, che nella lotta per l'esistenza sarebbero cadute, hanno avuto in essa e per essa la loro forza di resistenza; e ora costituiscono una sovrabbondanza, che non è ricchezza, ma, come ogni eccesso, è vizio; e generano confusione e mancanza di sicurezza nella scelta. I letterati non conoscono altra lingua che quella dei libri; mentre gl'illetterati continuano a parlar quella a cui sono abituati, la provinciale; ossia i varii dialetti natali. (*Saggi*, p. 879).

Qual è, allora, il compito odierno dello scrittore, in questa mancanza di sicuri punti di riferimento? È munirsi di «disciplina filologica» e metter mano così alla «gran faccenda» di dare *tecnicità* alla parola, liberarla dagli ondeggiamenti di forma e di significato, promuovendo l'unità della lingua tramite, appunto, la sicurezza della parola, questo gran bene che manca all'Italia, secondo le parole dell'Ascoli.

Se, di fondo, rimane operante la suggestione dell'Ascoli e della sua visione socio-linguistica (unità di lingua connessa a unità politica, civile e culturale, insomma a «unione d'intenti e d'affetti»), sulla strada che così si era aperta Pirandello andrà personalmente avanti, scontrandosi – ed era inevitabile – col "bello stile" dannunziano e facendone suo idolo polemico. Non uno «stile di parole», in cui predomina l'attenzione ai puri valori formali, ma uno «stile di cose», inteso al contenuto da esprimere, alla "cosa" da dire, è la proposta civica dello scrittore Pirandello: Verga e non D'Annunzio, allora, quel Verga cui sono dedicati i due appassionati discorsi del 1920 e del 1931 (a Catania e alla Reale Accademia d'Italia). In un'Italia dove ha (pericolosamente) «più diritto di cittadinanza chi sa dire più parole che cose», si staglia l'operazione tutta antiletteraria di un Verga che nudamente delinea «le dure sagome delle cose da dire: cose e non parole, cose prepotenti che esigano da noi un assoluto rispetto per la loro nuda verginità» (*Saggi*, p. 393). E muovendo polemicamente da questa dicotomia, Verga e D'Annunzio, tutto il cammino della nostra letteratura si riatteggia allora per analoghe coppie antifrastiche: Dante e Petrarca; Machiavelli e Guicciardini; Ariosto e Tasso; Manzoni e Monti.

Con questo, Pirandello ben sapeva di tirarsi addosso l'accusa di «scriver male», tanto da prepararsi una difesa per interposta persona, schermandosi – in quella conferenza del 1922, *Teatro nuovo e teatro vecchio* – dietro «quello sgarbataccio d'un Goldoni» che neppur lui, ai suoi tempi, fu riconosciuto, «perché le sue espressioni, per determinare una nuova visione della vita, dovevano per forza stonare con quelle che erano negli orecchi di tutti, già composte, già studiate e perciò belle chiare» (*Saggi*, p. 239).

Ma lo scriver "bello" – lo troviamo affermato all'interno di *Soggettivismo e oggettivismo nell'arte narrativa*, un saggio del volume *Arte e scienza* (1908), in cui sono rifuse precedenti pagine teoriche – altro non è che sostitutivo dello scriver "bene", dello scrivere, cioè, una lingua che viva e in cui – sempre secondo la suggestione ascoliana – «la proposta individuale, la creazione, la disumazione, il rifiuto, la riforma, la diffusione, l'uso, sono avvenimenti ed effetti incessanti» (*Saggi*, p. 202).

La sensibilità linguistica di Pirandello era, dunque, in-

dirizzata alla formazione di una lingua antiletteraria che,
su basi unitarie, senza decadere di espressività e attingendo al fondo comune a tutti i dialetti italiani, si proponesse
a livello di larga diffusione e immediata comunicazione.
Di qui, anche, la rinuncia al dialetto come opzione univoca, poiché avvertito quale sistema chiuso, imprigionato
nei confini di una realtà regionale: anche se, come ci dirà
l'*Avvertenza* a *Liolà*, la concessione dialettale nasce talora
inevitabile, quando si voglia rappresentare una realtà locale altrimenti inesprimibile con pari immediatezza. Ma la
"dialettalità" che si ha qui di mira ha, in realtà, un referente ben preciso e certo non coincide con quella istrionicamente esportata per le scene italiane da attori come
Giovanni Grasso e Mimì Aguglia, contro le cui «spaventose bravure» Pirandello si trova anzi a polemizzare (*Teatro siciliano?*, 1909). E il referente, ancora una volta, è
Verga che, contro la «doviziosa lingua letteraria» di un
D'Annunzio, è «dialettale, sì, ma come è proprio che si
sia dialettali in una nazione che vive della varia vita e
dunque del vario linguaggio delle sue molte regioni» (*Saggi*, p. 395).

Si è dunque parlato (e l'ha fatto Terracini), per questa
proposta linguistica, di «dialettalità attenuata», passibile
di inserirsi entro le forme tradizionali della lingua senza
scosse sussultorie ed eversive. Ma proprio la ricerca di una
«lingua media», come è stata detta quella pirandelliana,
volutamente oppositiva alla letteraria ricchezza lessicale
dell'immaginifico vocabolario dannunziano, e, d'altra parte, lontana anche da altre proposte linguistiche di ben più
vistoso sperimentalismo innovativo (a iniziare dalle futuristiche parole in libertà), ha stornato a lungo la critica stilistica dai testi pirandelliani, la cui particolare operazione
linguistica è stata talora sbrigativamente liquidata. Ma già
negli anni Quaranta, sulla rivista argentina «Insula», uno
storico della lingua come Benvenuto Terracini si misurava
con Pirandello sul terreno proprio delle novelle, in un saggio (*Al margen de los cuentos de Pirandello*) che avrà un suo

sistematico rifacimento italiano nel volume del 1966, *Analisi stilistica (Le «Novelle per un anno» di Luigi Pirandello)*. Nei primi anni sessanta (1964) si collocava l'indagine di Marziano Guglielminetti sulla struttura del «soliloquio» nei romanzi pirandelliani, ma bisogna arrivare ai pieni anni settanta per ritrovar sommosse le acque stagnanti della critica stilistica su Pirandello grazie agli studi di linguisti come Giovanni Nencioni e Maria Luisa Altieri Biagi. Si sono così aperte nuove prospettive d'indagine, che puntano sulla problematicità e la fecondità di una soluzione che, apparentemente "neutra", risponde, in realtà, a una scelta etica a più livelli, se, come ha rilevato Maria Luisa Altieri Biagi, la «medietà» e la «trasparenza» della lingua pirandelliana

non è soltanto una "scelta" stilistica dello scrittore-*letterato*, impegnato a svecchiare senza avanguardismi, evitando sia il parlare "alto" che quello "basso", comune, sciatto; *non è soltanto* una scelta *linguistica* dello scrittore-*glottologo*, consapevole che la lingua nazionale avrebbe seguito la strada di una *Koinè supra-dialettale* sempre più adeguantesi a strutture tradizionali, debitamente alleggerite e rese dinamiche: *non è soltanto* una scelta *civica* dello scrittore-*cittadino "italiano"* che sente di dover collaborare alla formazione della lingua unitaria in un'Italia unita; ma è *anche* la scelta *epistemologica* dello scrittore-*filosofo* (nelle forme in cui può essere tale un narratore e un drammaturgo), convinto che medietà e trasparenza linguistiche siano funzionali alla trasmissione non equivoca del suo *messaggio* (*Pirandello: dalla scrittura narrativa alla scrittura scenica*, in *La lingua in scena*, pp. 188-189).

È in quest'ottica, dunque, che va letto il minuto lavoro di correzione che Pirandello protrae, negli anni, sulle sue novelle. Si tratta, infatti, di una revisione che non si limita a interventi radicali e macroscopici – pur presenti – quali espunzioni o rifacimenti di interi brani o inserimento di passi altri, ma (e per alcuni testi a questo solo si riduce) si esercita fin sulla singola parola e sul solo segno di interpunzione, denunciando così la vigile attenzione alla significanza anche dal menomo fatto linguistico. La prospettiva d'intervento è sempre in direzione di una ricerca anti-letteraria, nel perseguimento di un «parlato-scritto», per dirla con Nencioni che, per il teatro pirandelliano, ha appunto dimostrato la tensione a un «parlato-recitato» modellato sul vero parlato quotidiano, ovvero sul «parlato-parlato» (*Parlato-parlato, parlato-scritto, parlato-recitato*, in «Strumenti critici», febbraio 1976).

Già le varianti lessicali testimoniano una scelta sì più marcatamente espressiva – nella ricerca di una "visualità" di rappresentazione che è la direttiva ultima della scrittura pirandelliana –, ma comunque sempre rivolta verso l'immediatezza e la facilità comunicativa: il tentativo è di cogliere, negli anni e nelle varie tappe delle revisioni, le tendenze d'uso del parlato quotidiano.

Costante, per esempio, anche se non totalizzante, è la sostituzione di "egli" ed "ella" – forme indubbiamente letterarie – con "lui" e "lei", o, addirittura, la loro completa espunzione. Su altro versante, del resto, proprio con questi pronomi – lui e lei – come simboli dell'«individualità interiore ed esteriore dei suoi personaggi», Pirandello condurrà una sua lunga battaglia, di cui Terracini ha rilevato l'importanza e mostrato gli esiti.

Nel cerchio di tali opzioni antiletterarie, cadono forme come "innanzi", "ad onta di", "alcuno", in frasi negative, sostituito da "nessuno"; si espungono participi presenti, si uniscono (ma non sempre) le proposizioni articolate ("da la" diventa "dalla"; "a la" diventa "alla", etc.), si eliminano fenomeni di troncamento della vocale finale di parola (per esempio, "ciel" per "cielo"), trapassando così da un'aura poetica a un uso prosastico.

D'altra parte, non tutte le scelte pirandelliane puntano con sicurezza verso soluzioni poi vincenti nell'uso e nella modernizzazione della lingua: ed è, per portare un esempio, il caso della intervocalica da lui in molti casi addirittura restaurata – quando non presente in prima stesura – nel corso del suo lavoro di revisione novellistica.

Nel 1903, Pirandello, a Montepulciano per una commissione di esami, aveva appuntato su un taccuino varie frasi idiomatiche toscane, colte, evidentemente, dalla parlata della gente del luogo. Questi appunti (ora in *Saggi*, pp. 1242-1245) non resteranno confinati nella pagina di notes, a documentare una curiosità linguistica, ma saranno utilizzati nel testo proprio delle novelle. L'impiego, però, non sempre ne sarà senza ripensamenti: alcuni di questi termini avranno infatti lungo corso nella scrittura pirandelliana (come, per esempio, *roccioso* per «incrostato di sudiciume»), metre altri, e magari in più di un contesto, saranno espunti o sostituiti nel corso delle revisioni (e può essere il caso di *rottorio*, *farcelia* o *finirsi lo stomaco*). Il taccuino di Montepulciano è, comunque, ulteriore prova di una ricerca di espressività linguistica tratta dal parlato quotidiano regionale. E questa stessa tendenza, non circoscritta ad aree geografiche privilegiate a priori, condurrà lo scrittore a non sacrificare del tutto alcuni sicilianismi, giudicati di particolare potenzialità semantica e dunque usati previo «arrotondamento». «Basta sfuggire quei modi e quei nessi troppo idiotici e arrotondare un po' le desinenze, perché un dialetto divenga subito intelleggibile all'altro» (*Soggettivismo e oggettivismo*, in *Saggi*, p. 202), scriveva appunto Pirandello in difesa di una lingua parlata, regionalmente composta, e non di esclusiva autorizzazione libresca.

Così, troveremo ancora, nel corso di queste correzioni, l'inserzione, per esempio, di *brozzoloso*, voce dialettale settentrionale per «bitorzoluto», o di *bischenchi*, toscanismo per «brutti scherzi»: termini destinati a lasciare interdetto il lettore dell'oggi. Sono, queste, testimonianze del margine sperimentale presente nelle proposte linguistiche pirandelliane, tuttavia sempre operate con «discrezione filologica», (Altieri Biagi), cioè con un qualche avallo, di vocabolario o fonte parlata che sia. Se poi non tutte le scelte, come si è notato, saranno vincenti, questo rientra nei conti da fare con una lingua in accelerato processo evolutivo.

Su queste direttive di intervento, non sorprende, nel lavoro di revisione testuale pirandelliano, trovare accentuata una tendenza già documentata in alcune prime stesure di novelle: l'inserzione del termine dialettale, dove lo richieda il contesto per urgenza espressiva di una realtà strettamente locale. È il caso di "carusi" che, in *Il fumo*, sostituirà un generico "ragazzi"; ma, quando il vocabolo dialettale non è avvertito di sicura comprensione nazionale, se ne manterrà contestualmente la spiegazione italiana. Così, sempre in *Il fumo*, si introduce in seconda stesura il termine "trazzera", ma senza espungere il corrispettivo italiano («su la trazzera, cioè su la via mulattiera»): lo stesso avverrà, per esempio, per l'inserzione di termini come "trovature" (*Dono della Vergine Maria*) o "impuparsi" (*Lontano*). E talora potremo avere, nell'ultima stesura di un testo, vere e proprie iniezioni di sicilianismi (con qualche altro sporadico dialettalismo), come nel caso di *Il vitalizio*.

A questo punto, occorre fermarsi un momento per notare che, generalmente – e lo possiamo controllare sulle campionature portate in proposito da Maria Luisa Altieri Biagi –, ritroviamo le stesse tendenze correttive, anzi accentuate, anche nel passaggio da un testo novellistico al suo corrispettivo testo teatrale. Ed è certo, questa, una dimostrazione della convinzione pirandelliana nella strada da imboccare e dell'attenzione, ancor più affinata, da lui prestata alle forme del parlato per le esigenze della comunicazione scenica.

Proprio su questa linea di contiguità delle due esperienze – narrativa e teatrale – si inseriscono anche gli interventi sull'interpunzione: e già Nencioni, riferendosi al «parlato-recitato» pirandelliano, sottolineava come l'interpunzione, segno grafico spesso trascurato da scrittore e lettore, acquisti invece in Pirandello, anche nelle sue esplicazioni minimali, un rilievo centrale secondo scansioni non grammaticali ma melodiche.

Da queste convergenze, appare assottigliato in Pirandello il confine fra pagina destinata al lettore e testo predisposto per lo spettatore. Nella revisione delle sue novelle – sia compiuta per tappe graduali, che consumata a due altezze cronologiche divaricate tra loro – l'autore pare, infatti, inclinare verso una disposizione più alla sceneggiatura che alla descrizione. L'esigenza di catturare l'attenzione dello spettatore che sulla scena richiede accorgimenti dialogici di immediato effetto e risalto, si traspone infatti all'interno del tessuto narrativo della novella già nella diversa sistemazione tipografica della pagina, frantumata grazie all'introduzione di un maggior numero di capoversi. È, questa, una delle costanti più rilevate e frequenti nelle abitudini correttive di Pirandello. La volontà di scandire il narrato, dandogli maggior risalto visuale e affaticando meno l'occhio e l'attenzione del lettore, produce un maggior impiego degli spazi bianchi, ampliati non solo con il più frequente uso degli "a capo", ma anche con l'introduzione di doppie spaziature. Un ricorso allo spazio bianco che potrebbe trovare corrispettivo, in linguaggio drammaturgico, nell'inserzione della "pausa": e proprio sull'importanza della "pausa" come significante nel dialogo teatrale (e Pirandello teneva molto, come ci dicono anche le sue didascalie-note di regia, all'interpretazione del "silenzio" da parte degli attori) si è soffermata Maria Luisa Altieri Biagi analizzando il passaggio dalla scrittura narrativa a quella scenica in due testi fortemente affini come *La morte addosso* e *L'uomo dal fiore in bocca*.

Il confronto tra le varie stesure delle novelle ha dunque come rilievo costante una maggior frantumazione prosastica, indotta dal più alto numero dei capoversi e da un impiego diverso della punteggiatura. Il risultato ultimo è, allora, quella «disposizione "ideografica" del discorso» che Terracini tangenzialmente notava nella pagina novellistica di Pirandello. Mentre le oscillazioni d'uso della virgola, introdotta o espunta che sia, rispondono appunto a un gusto melodico dell'inciso o dell'onda lunga enunciativa, fissa è la tendenza a spezzare, o addirittura segmentare il periodo inserendovi più marcati segni d'interpunzione e, soprattutto, il punto fermo. In linea con queste scansioni più ferme del narrato, si pone anche l'espunzione di molti puntini di sospensione, lasciati cadere con larghezza forse eccessiva nelle prime stesure. E la forte riduzione nell'impiego dei puntini, prima proliferanti, poi calibrati con maggior senso della misura e della reale funzionalità, rientra certo in quella volontà di ridurre l'enfasi narrativa che comporta, anche, la più vigile attenzione alle iterazioni e agli esclamativi. In questa revisione di tipo lineare e semplificatorio, l'originaria struttura ipotattica – propria della nostra lingua – viene dunque sistematicamente violentata in favore di una struttura paratattica.

La tensione a muovere il tessuto narrativo si protrae nella tendenza a passare dall'enunciato discorsivo alla tecnica dialogica. E dove dialogo già c'era, questo si rende più serrato, incisivo, mimetico di un dialogo reale, eliminando talora anche giunture di transizione da un discorso all'altro tipiche delle strutture narrative (tipo: «disse», «aggiunse», «rispose», ecc.). Inoltre, a concitare ulteriormente il ritmo, si interviene sul dialogo stesso, con spezzature, interruzioni, riprese: una battuta originariamente riferita a un personaggio può dunque essere frammentata in più spezzoni riferiti a più voci, conseguendo un effetto corale. E il monologo di un personaggio tende a pausarsi, con l'inserzione di battute di altri personaggi che evitano uno stile troppo monologante, sul tipo di quel soliloquio che Guglielminetti ha analizzato come struttura tipica del romanzo pirandelliano.

In questo atteggiarsi teatrale del dialogato, rientra l'inserzione, nel corso delle revisioni, di interiezioni, vocazioni, allocuzioni: tutti elementi messi già in rilievo da Nencioni per la loro rilevata funzione nell'originale struttura del dialogo teatrale pirandelliano. Ed è importante notare come questi elementi siano anche introdotti all'interno dell'indiretto libero, a renderlo più affine alla vivacità drammatica del discorso diretto. D'altra parte, questa varia ricerca sperimentale sul piano sintattico – ricerca di cui proprio l'indiretto libero è uno, se non il massimo punto di forza – è preliminare agli esiti poi del cosiddetto "linguaggio dell'evasione", dal ritmo spezzato ma sorretto da una stessa modulazione, affidato com'è a infiniti e a periodi nominali.

La "teatralizzazione delle forme" in atto nel processo creativo pirandelliano pare dunque influire sulle direttive di revisione delle novelle: altra prova può esserne l'espunzione di interi brani avvertiti quali indugi narrativi che incidono negativamente sul ritmo del racconto. Vengono così cancellati interi episodi secondari e accessori, non strettamente pertinenti alla linea principale della vicenda, ma divagativi rispetto a questa e comunque non necessari alla comprensione evenemenziale né a quella psicologica del personaggio. Si ottiene, allora, una maggior concentrazione drammatica, più compatta omogeneità strutturale, in un ritmo narrativo più serrato. Sotto la luce dei riflettori è la linea portante della vicenda da cui vengono espunte le frange accessorie, mentre ci si concentra sui personaggi-protagonisti a scapito delle comparse che avranno diritto a un indugio descrittivo quando non sia gratuita coloritura di stampo bozzettistico (come talora capitava per le prime stesure), ma sia in vista di una loro significante emblematica in rapporto o all'ambiente che rappresentano o al messaggio da consegnare al lettore.

Proprio a chiarificare il messaggio di cui il testo narrativo si fa latore, Pirandello interviene a inserire o ampliare brani giudicati, evidentemente, punti-chiave per l'esatta decodificazione dei significati essenziali del testo. Sono così ampliate sia descrizioni dei personaggi – in una connotazione di valenza psicologica –, sia brani di tenuta ideologica, ovviamente inerenti a racconti che più si atteggiano a filosofica discussione: racconti a tesi, insomma.

Anche se, ad attenuare tale predisposizione didascalica, si tende contemporaneamente a intervenire sulla pagina facendola slittare dal piano referenziale a quello simbolico: l'enunciazione di un concetto verrà cioè risolta in corrispondente allusione figurativa, ovvero la mirata descrizione di un personaggio riassorbirà, nelle sue valenze psicologico-simboliche, un passo di stampo didascalico-espositivo.

Così, anche nelle parti descrittive – di esterni o interni che siano –, la tendenza è a passare da un livello descrittivo-connotativo esteriore a un livello di più profonde e intime risonanze. Si ha, allora, l'espunzione di quanto risultava puramente decorativo e, invece, l'inserzione di elementi correlati alla psicologia delle figure che in questi interni vivono, o in questi esterni – e in sintonia con la loro campagna, la loro luna, i loro grilli, ecc. – si muovono. Un altro incunabolo, questo, verso le atmosfere poi dell'evazione e della sovrarealtà.

Resta da vedere quali interventi subisca, in questa rete di correzioni, il personaggio in particolare. Subito, da rilevare, è la costante tendenza all'intervento onomastico. Si sa l'importanza che Pirandello dava al nome quale parte intimamente significante del personaggio, cui si lega in modo direttamente esplicativo e oppositivo. Fra l'altro, proprio sulla collocazione del nome entro la struttura del periodo, lo scrittore aveva elaborato una sua personale e significante strategia. Questa centralità del nome quale primaria connotazione psicologica del personaggio è indirettamente comprovata dall'insoddisfazione maturata dallo scrittore nel corso del tempo verso le primitive scelte, modificate, revisionate anche solo minimamente, o completamente mutate.

Se, come già si accennava, c'è la tendenza a "ripulire" le figure da quel tanto di gratuitamente descrittivo la penna vi avesse fatto cadere in prima istanza, ciò non impedisce, d'altra parte, l'accentuazione espressionistica dei personaggi secondo un gusto caricaturale e deformante, o addirittura una distorsione grottesca, che ha fatto parlare Debenedetti di un «repertorio del detestabile». Tramite questa accentuazione ironico-caricaturale, e fin repulsiva, della descrizione fisica del personaggio, si crea un patto di complicità narratore-destinatario nei confronti del terzo, il personaggio appunto, che viene in tal modo smascherato e consegnato nudo al lettore. E ci saranno, poi, i personaggi-portavoce, quelli a cui lo scrittore affida il messaggio, quelli cui presta la propria voce: e l'intervento su di loro sarà, allora, in direzione di una più minuta, commossa partecipazione che li renda più vicini a entrambi, narratore e lettore.

A emergere, netta, da questa perlustrazione delle varie costanti di intervento sulle novelle, è la volontà di muovere il testo narrativo verso forme più drammatiche e figurate, operando nel contempo sul linguaggio nella ricerca di una forma parlata. La tensione, come per il versante teatrale, è a raggiungere il destinatario – lettore o spettatore o lettore-spettatore che sia – con moduli espressivi di immediata e efficace comunicatività (appunto il «parlato-narrato» e il «parlato-recitato»). Del resto, Pirandello si era posto, per esempio, il problema della congruenza del dialogo all'interno del tessuto narrativo. Coerentemente alla sua ricerca di spontaneità nell'arte («nessuna formula, dunque, nessun sistema, nessuna finzione e, sopra tutto, nessun metodo prestabilito nell'arte», *Soggettivismo e oggettivismo*, in *Saggi*, p. 186), e al suo attacco contro la retorica e le codificazioni fra generi letterari, dava a tale questione una risposta positiva in nome di una coerenza estetica e non logica. Così il Pirandello teorico affermava la sua indifferenza alle barriere fra i generi e ai codici normativi a questi inerenti.

In questa direzione, lo scrittore portava avanti, per continue, meditate approssimazioni, la sua operazione innovativa e trasgressiva, puntando su un codice espressivo la cui base fosse una lingua immediatamente riconoscibile e comunicativa a livello nazionale, senza possibilità di equivoci interpretativi. Era questa la lingua che la sua operazione intendeva contribuire a formare: una lingua sfrondata del peso aulico della tradizione letteraria – veicolo di noia al lettore, come a lui lettore era accaduto per i *Dialo-*

ghi del Tasso –, e modellata su un parlato quotidiano fin banale, ma risemantizzato in un contesto che gli facesse riacquistare pregnanza e fin valenza simbolica. E non ultimo, certo, veniva il suo sperimentalismo sintattico, in realtà punto forza dell'intera operazione.

A uno scrittore, tra l'altro, che aveva presente l'imminente pericolo di una "perdita d'aureola" della scrittura nel mondo contemporaneo, dato il prepotere di una civiltà industrializzata che asseconda il prevaricante imporsi dell'immagine (si pensi ai *Quaderni di Serafino Gubbio* o a un articolo come *Se il film parlante abolirà il teatro*), si deve dunque riconoscere la volontà di preservare il teatro scritto dalla morte sicura, la noia dell'eventuale, ipotizzato, sperato lettore, senza cui il testo non può continuare il suo viaggio di generazione in generazione. E per esorcizzare questa noia, spettro incombente, ecco allora il testo muoversi, disporsi scenicamente, ecco i personaggi venirci incontro dalla pagina, esprimersi nel dialogo, abbandonare il narrato espositivo per una figurazione simbolica: eccoli recitare per noi, insieme a noi, lettori, nel nostro parlato quotidiano che loro ci sanno risemantizzare, la commedia dei loro casi che sono, anche, i nostri casi.

VARIANTI

A esemplificazione del discorso su come correggeva Pirandello, diamo una campionatura tratta dalle novelle della presente raccolta, *La giara*. Si prendono qui in esame, generalmente, solo la prima stampa e l'ultima stesura rivista dall'autore per l'edizione Bemporad di *La giara* del 1928. A tale lezione ci atteniamo per il testo pubblicato nel presente volume, accogliendo gli emendamenti proposti da Mario Costanzo nell'edizione di *La giara* pubblicata nei «Meridiani» di Mondadori.

All'apparato dello stesso Costanzo si rimanda per un più completo ed esaustivo esame delle varianti, anche nelle stesure intermedie fra la prima e la definitiva.

Con il segno / indichiamo l'*a capo*, mentre con il doppio segno ‖ indichiamo la doppia spaziatura.

Fra parentesi quadra sono inseriti alcuni nostri interventi esplicativi.

Quando si indica il mutamento di nome di un personaggio, ne diamo solo un esempio, il primo che si incontra nel testo, ma, ovviamente, si tratta di un intervento esteso all'intera novella.

Gli esempi di varianti sono qui schematicamente ricondotti, a fine esemplificativo, sotto specifiche direttive d'intervento (varianti lessicali, d'interpunzione, etc.). In vari casi, tuttavia, possono essere inseriti in più di una categoria qui descritta.

Varianti e interventi lessicali

La giara, 1909

E con chi non litigava, don Lollò Zirafa?

stanco di vederselo comparir dinanzi

gestiva al solito furiosamente,

gli altri potessero capire e apprezzar giustamente il suo merito d'inventore non ancor patentato.

badare a' suoi uomini.

il frullo de la saettella

gli occhi vieppiù aguzzi

ma s'arrestò; la afferrò invece con ambo le mani

presi per mano, danzavano attorno alla giara.

La cattura, 1918

cenere di crepuscolo, così, tutta la vita.

I rami degli alberi sporgenti dalle muricce screpolate,

– Testa! corpo di Dio, un po' di testa, prima

La giara, 1928

E con chi non la attaccava don Lollò Zirafa?

stanco di vederselo comparire davanti

gesticolava al solito furiosamente,

nessuno potesse capire e apprezzare giustamente il suo merito d'inventore non ancora patentato.

badare ai suoi uomini.

il frullo della saettella

gli occhi più aguzzi

ma si trattenne; la abbrancò invece con ambo le mani

presisi per mano, ballavano attorno alla giara.

La cattura, 1928

e di cenere come quell'aria della prima sera, la sua vita.

I rami degli alberi sporgenti senza foglie dai muretti di cinta screpolati,

– Corpo di Dio, riflettere un poco almeno, prima

Conosceva tutta la contadinanza.

Conosceva tutta la cittadinanza.

a patto di far silenzio. Ho sete anch'io e son digiuno

a patto di non fiatare. Ho sete anch'io e sono digiuno

La lega disciolta, 1910

La Lega disciolta, 1928

(e *presentava il berrettino rosso*)

(e presentava il *fez*)

ricchi *borgesi* del circondario, *borgesi* buoni, di quelli all'antica, che avevan terre

ricchi massari del circondario, massari buoni, di quelli all'antica, che avevano terre

l'opera ch'egli metteva per essi.

l'opera ch'egli metteva per loro.

La morta e la viva, 1910

La morta e la viva, 1928

della rada barbetta a punta, serio placido e duro, disse: – *Va' jiti, cci niscì!* (Via! sono impazziti!). / E, voltosi brusco al mozzo

della raba barbetta a punta, si voltò brusco al mozzo

come per chieder soccorso o esser trattenuto;

come per chiedere soccorso o essere trattenuto.

s'arrestarono innanzi all'uscio

s'arrestarono davanti all'uscio

acceso il lume su la tavola

acceso il lume sulla tavola

vennero a seder su l'uscio, a seguitar la conversazione

vennero a sedere su l'uscio, a seguitare la conversazione

tutt'e due innanzi a Dio e innanzi alla legge –

tutt'e due davanti a Dio e davanti alla legge –

Richiamo all'obbligo, 1906

su uno sgabello innanzi alla farmacia

appoggiò i gomiti su i ginocchi, il mento su le mani

– Sii risolente, cara! –

Pensaci, Giacomino!, 1910

e non si lusinga affatto perciò,

– religiosissima   com'ella è –

Non è una cosa seria, 1910

la prova maggiore della pazzia di Perazzetti.

quello de le stelle fisse della cognatina,

Ma il guaio era qua,

Tirocinio, 1905

a le spalle, sul petto, su le braccia, su la nuca,

mi son sempre guardato bene dal turbar la pace,

d'una illibatezza da far trasecolare. / Egli si vendica stando ai patti,

per iscrupolo di coscienza.

in questa sua provvidenziale opera di salvamento.

Richiamo all'obbligo, 1928

su uno sgabello davanti la farmacia

appoggiò i gomiti sui ginocchi, il mento sulle mani

– Sii sorridente, cara! –

Pensaci, Giacomino!, 1928

e non si fa la minima illusione, perciò,

– religiosissima com'è –

Non è una cosa seria, 1928

la prova più lampante della pazzia di Perazzetti.

quello delle stelle fisse della cognatina,

Ma il guajo era questo,

Tirocinio, 1928

alle spalle, sul petto, sulle braccia, sulla nuca,

mi sono sempre guardato bene dal turbare la pace,

d'una illibatezza da fare spavento. Si vendica, stando ai patti,

per scrupolo di coscienza.

in questa sua provvidenziale opera di salvataggio.

L'illustre estinto, 1909

alle relazioni ch'egli poteva avere

Ecco, ad uno ad uno, i suoi più fedeli ed affezionati amici,

le conversazioni gaie e le risate cadevano; e avvertivaɴ tutti quasi uno smarrimento, un disagio impiccioso, segnatamente coloro che non avevan proprio alcuna ragione di trovarsi lì, tranne quella di fare una gita in larga compagnia, notoriamente avversari del Ramberti o denigratori di lui in segreto. Avvertivan costoro

L'illustre estinto, 1928

alle relazioni che poteva avere

Ecco, a uno a uno, i suoi più fedeli e affezionati amici,

le conversazioni gaje e le risate cadevano; e avvertivano tutti quasi uno smarrimento, un disagio impiccioso, segnatamente coloro che non avevano proprio alcuna ragione di trovarsi lì, tranne quella di fare una gita in larga compagnia, notoriamente avversarii del Ramberti o denigratori di lui in segreto. Avvertivano costoro

[Frequente, rispetto alla prima stesura, la correzione della *i* intervocalica in *j*; il ripristino della vocale finale nelle forme verbali prima tronche; l'uso, al plurale delle parole in-io, della doppia *i*, come in *avversarii*. Il brano sopra riportato contiene un'esemplificazione di tutt'e tre queste tendenze correttive.]

Il guardaroba dell'eloquenza, 1908

Bisognava saper cogliere il momento per agganciarli.

non c'era più alcuno che volesse pagare

Il guardaroba dell'eloquenza, 1928

Bisognava saper cogliere questo momento per prenderli all'amo.

non c'era più nessuno che volesse pagare

alla fine levò il volto risolente verso Geremia.

Perdersi, no: egli non era
uomo da perdersi così facilmente, massime di fronte a
quei venticinque fantaccini
con un Pascotti per capi-
tano.

si vide all'improvviso comparir dinanzi Geremia, come una larva, che anche il
fiato se la portava via:

Si leggeva chiaramente negli occhi dei più bestialotti;

Il guardaroba, volevo dire,
signori, il guardaroba del-
l'eloquenza.

io non ho nemmeno uno
straccio, nemmeno un cen-
cio, per vestire le mie
ideghe;

Pallottoline, 1898

un pajo d'occhiali insellato
su quel gran naso con la
punta per aria, ch'è il
Monte Cavi.

a spesseggiare i dì in cui la
nebbia umida e densa to-
glie lo spettacolo incantevole de' due laghi gemelli
or vaporosi ora morbidi

alla fine levò il volto sorridente verso Geremia.

Perdersi, no: non era uomo
da perdersi così facilmente,
massime di fronte a quei
venticinque firmatarii con
un Pascotti per capitano.

si vide all'improvviso comparire davanti Geremia,
più che mai come una lar-
va, che un soffio sospin-
gesse:

Si leggeva chiaramente negli occhi dei più stupidi,

La guardaroba, volevo di-
re, signori, la guardaroba
dell'eloquenza.

io non ho nemmanco uno
straccio, nemmanco un
cencio, per vestire le mie
ideghe:

Pallottoline, 1928

un paio d'occhiali insellato
su quel gran naso con la
punta all'insù, ch'è il Monte Cave.

a spesseggiare i giorni di
nebbia: quella nebbia umida e densa che toglie lo
spettacolo incantevole dei
due laghi gemelli ora vaporosi ora morbidi

aveva fatto la speculazione di ridurre a miseri camerini d'albergo

aveva avuto la cattiva ispirazione di ridurre a miseri camerini d'albergo

egli si lasciava distrarre dalla propria fantasia, rapir quasi a volo da ogni frase su per le plaghe infinite dello spazio, dalle quali poi non sapeva ridiscendere più, come la moglie avrebbe desiderato. Sì, ma perché poi? Per mostrar lì alla gente che veniva a seccarlo e da cui una così sterminata altezza lo allontanava,

egli si lasciava distrarre dalla fantasia, rapire da ogni frase per le infinite plaghe dello spazio, da cui non sapeva poi ridiscendere più, come la moglie avrebbe desiderato. Ma ridiscendere perché? Per mostrare lì alla gente che veniva a frastonarlo, a seccarlo, e da cui una così sterminata distanza lo allontanava.

Zitto e quatto discese su la spianata.

Zitto zitto, quatto quatto, scese su la spianata.

All'urto, indietreggiò, balbettando:

All'inciampone, indietreggiò, balbettando:

al cospetto del cielo che da ogni parte lo abbracciava d'immenso abbracciamento, e nel quale egli d'ora in poi poteva tornare a immergersi,

al cospetto del cielo che da ogni parte lo abbracciava e nel quale d'ora in poi poteva tornare a immergersi,

della stima ch'egli s'era ridotto a fare delle cose umane, considerandole da un così alto punto di vista,

della stima che si era ridotto a far delle cose umane, considerandole da tanta altezza,

il frascheggiamento confuso dei boschi sottoposti,

il frascheggiare confuso dei boschi sottoposti,

Interventi sull'interpunzione e la spaziatura;
passaggio da periodi verbali a nominali

La giara, 1909

di coccio smaltato, che aveva in cantina, non

Era mutria, quella taciturnità, era tristezza che aveva radice in quel suo corpo deforme, era anche sconfidenza che gli altri potessero capire

Su, provate, fuori un braccio, così! e la testa, su... no, piano! ma che! Come avete fatto?

La cattura, 1918

l'affrettato zoccolare della sua asinella. Ah!... Trascinavano

squallore della prima luce del giorno che s'insinuava livida,

lo avrebbero assassinato. / Attese, attese fino a tanto che nella grotta si fece bujo. Allora,

si mise a parlare, a farneticare senza fine, della bella luna che ora, addio, sarebbe tramontata, delle belle

La giara, 1928

di coccio smaltato che aveva in cantina, non

Mutria, o tristezza radicate in quel suo corpo deforme; o anche sconfidenza che nessuno potesse capire

Su, provate: fuori un braccio... così! e la testa... su... no, piano!... Che! giù... aspettate! così no! giù, giù... Ma come avete fatto?

La cattura, 1928

l'affrettato zoccolare della sua asinella. / – Ah! / Trascinavano

squallore della prima luce del giorno. / S'insinuava livida,

lo avrebbero assassinato. ‖ Attese, fino a tanto che nella grotta non si fece bujo. / Allora,

si mise allora a parlare, a farneticare senza fine. Parlò della bella luna che ora, addio, sarebbe tramontata;

stelle che Dio aveva fatto e messe così lontane perché le bestie non sapessero ch'erano tanti mondi più grandi assai della terra, e della terra

parlò delle stelle che Dio aveva fatto e messo così lontane perché le bestie non sapessero ch'erano tanti mondi più grandi assai della terra; e parlò della terra

E si ritrasse. / Ma non fu così.

E si ritrasse. ‖ Ma non lo uccisero.

e anche un loro vecchio cappotto d'albagio gli avevano portato perché si riparasse dal freddo; pane e anche companatico, che si toglievano di bocca loro, e alle loro creature e alle loro mogli lo toglievano di bocca per darlo a lui; e pane, ohè, faticato col sudore della fronte, perché uno, a turno, restava lì di guardia alla grotta e gli altri due andavano a lavorare; e là in quello ziretto di terracotta c'era acqua da bere, che Dio solo sapeva che pena a trovarla per quelle terre assetate; e quanto poi a far lì per terra i suoi bisogni,

e anche un loro vecchio cappotto d'albagio, perché si riparasse dal freddo. Poi, pane e companatico ogni giorno. Se lo levavano di bocca, lo levavano di bocca alle loro creature e alle loro mogli per darlo a lui. E pane faticato col sudore della fronte, perché uno, a turno, restava lì di guardia, e gli altri due andavano a lavorare. E in quello ziretto là di terracotta c'era acqua da bere, che Dio solo sapeva che pena a trovarla per quelle terre assetate. Quanto poi a far lì per terra i suoi bisogni,

La lega disciolta, 1910

La Lega disciolta, 1928

Al Nigrelli erano spariti dalla costa quattro capi di bestiame, otto al Ragona dall'addiaccio, cinque al Tavella da la stalla; e uno

Al Nigrelli erano spariti dalla costa quattro capi di bestiame; otto al Ragona dall'addiaccio; cinque al Tavella dalla stalla. E uno

veniva a dire che gli avevano legato a un albero il garzone che li badava, e un altro che

veniva a dire che gli avevano legato all'albero il garzone che li badava; e un altro, che

La morta e la viva, 1910

La morta e la viva, 1928

Rispondono da terra a quel
delirio delle acque il razzar
dei vetri delle case variopinte del borgo addossato
allo scoscendimento dell'altipiano, che brilla anch'esso con la sua marna argen-
tea, e il fulgor d'oro dello
zolfo accatastato su la lunga spiaggia; e solo contrasta l'ombra dell'antico castello a mare quadrato e fosco in capo al Molo,

Razzano i vetri delle case
variopinte; brilla la marna
dell'altipiano a cui il grosso
borgo è addossato; risplende come oro lo zolfo accatastato su la lunga spiaggia;
e solo contrasta l'ombra
dell'antico castello a mare,
quadrato e fosco, in capo al
molo.

La morta e la viva, 1910

La morta e la viva, 1928

E la ciurma si tendeva curiosa ansiosa meravigliata
dalla prua verso quelle barche accorrenti,

E la ciurma si tendeva dalla prua, curiosa, ansiosa
verso quelle barche accorrenti

quelli delle barche, che lo
accolsero

quelli che de le barche che
lo accolsero

quelli dell'altre barchette
accorse perché raccogliessero il canapo e rimorchiassero loro almeno la tartana al
molo; ma nessuno si volse a
dar retta a quelle grida:
tutti i caichi

quelli dell'altre barchette
accorse, perché raccogliessero il canapo e rimorchiassero loro almeno la tartana
al molo. Nessuno si voltò a
dar retta a quelle grida.
Tutti i caichi.

ritornava stanco dal mare. Tutte buone ragioni

irritarono. E padron Nino Mo,

non era permessa dalla legge. Egli aveva poco prima parlato

Richiamo all'obbligo, 1906

Oh, dura da due anni, sai, questa storia!

riparte; e chi s'è visto s'è visto... Da due anni!

Non c'è da perder tempo... O subito, o tutto è perduto...

Tirocinio, 1905

finse di mostrarsene seriamente impensierito; disse che senza dubbio Carlino era in pericolo e che noi ad ogni costo dovevamo salvarlo da quel mostro, che, evidentemente, lo aveva rapito

Il guardaroba dell'eloquenza, 1908

Bisogna considerare innanzi tutto le temperature. In Germania fa freddo; e, naturalmente, il rigore del tempo tiene sveglie le men-

---

ritornava stanco dal mare. / Tutte buone ragioni

irritarono. / E padron Nino Mo,

non era permessa dalla legge. / Aveva parlato poco prima

Richiamo all'obbligo, 1928

(Oh, dura da due anni, sai, questa storia!)

riparte, e chi s'è visto s'è visto. Da due anni così!

Non c'è tempo da perdere! O subito, o tutto è perduto.

Tirocinio, 1928

finse di mostrarsene seriamente impensierito. Senza dubbio Carlino era in pericolo; dovevamo salvarlo a ogni costo da quel mostro che lo aveva rapito

Il guardaroba dell'eloquenza, 1928

Bisogna considerare prima di tutto la temperatura. / In Germania fa freddo. / Ora, naturalmente, il freddo, come congela l'acqua, ti, rinsalda i caratteri; nello stesso tempo però, come l'acqua si congela, così gli spiriti s'irrigidiscono: formule precise, precetti e norme assolute: non c'è elasticità. Qui da noi fa caldo invece e il sole se da un canto addormenta gl'ingegni

così irrigidisce gli spiriti. Formule precise. Precetti e norme assolute. Non c'è elasticità. / In Italia fa caldo. / Il sole, se da un canto addormenta gl'ingegni

che avrebbe detto quel povero Geremia? / Da un giorno all'altro

che avrebbe detto quel povero Geremia? ‖ Da un giorno all'altro

Pallottoline, 1898

Pallottoline, 1928

– Ventotto agosto... Benone! Pochi giorni ancora, meno che un mese... Benone!

Ventotto agosto. Benone! Pochi giorni ancora: meno che un mese. Benone!

– Il professore studia... – rispondeva con gli occhi bassi, ⸱ invariabilmente. / Studiava davvero il Maraventano,

– Il professore studia, – rispondeva con gli occhi bassi, invariabilmente. ‖ Studiava davvero il Maraventano,

[Nella prima stesura in rivista mancano tutte le doppie spaziature presenti nell'ultima stesura e già introdotte sin dalla redazione del 1902 per la raccolta *Quand'ero matto...*, pubblicata a Torino da Streglio. Ne riportiamo qui un solo esempio.]

Ma ora io debbo partire... Ti giuro però che tornerò tra poco... / – Non tornerai, ne son certa...

Ma ora io debbo partire. Ti giuro però che tornerò tra poco. / – Non tornerai, ne sono certa.

corse con le mani avanti come un cieco in direzione

corse con le mani avanti, come un cieco, in direzione

del convento per tagliar la via al giovanotto che, udendo il colpo di tosse, se la svignava radendo muro.

del convento, per tagliar la via al giovanotto che se la svignava radendo il muro.

Due letti a due, 1909

Due letti a due, 1928

Le menzogne inutili stavano bene lì, incise sui morti; ma qua, nella vita, no; qua le utili si era costretti a usare, o a subir le necessarie. E lei, donna onesta, ne aveva – Dio sa con che pena – subita una per tre anni,

Le menzogne inutili stavano bene lì, incise sui morti. Qua nella vita, no. Qua le utili si era costretti a usare, o a subir le necessarie. E lei, donna onesta, ne aveva (Dio sa con che pena!) subita una per tre anni,

Espansioni interiettive e vocativo-allocutorie

La giara, 1909

La giara, 1928

Te... tene... tenerlo là dentro... ah ah ah... tenerlo là dentro per non perderci la giara?

Te... tene... tenerlo là dentro... ah ah ah... ohi ohi ohi... tenerlo là dentro per non perderci la giara?

– Ma perché era rotta! / – Nossignore! – negò quello. – Ora è sana.

– Ma perché era rotta, oh bella! / – Rotta? Nossignore. Ora è sana.

Richiamo all'obbligo, 1906

Richiamo all'obbligo, 1928

Gigino mio! Si trova

Gigino mio! Tu capisci? Si trova

d'essere "trasparente". E questa trasparenza

d'essere "trasparente". Sicuro! E questa trasparenza

Pensaci, Giacomino!, 1910

Il professor Toti lo sa bene,

Ma son venute troppo tardi quelle duecentomila lire,

e lo mette in berlina.

Pensaci, Giacomino!, 1928

Sì, sì: il professor Toti lo sa bene,

Ma son venute troppo tardi, ahimè! quelle duecentomila lire,

e lo mette in berlina, brutta scema!

Non è una cosa seria, 1910

un'anatra, tal è quale: scoppiava in certe risate,

Non pensava più a nulla, finiva d'esser lui,

Non è una cosa seria, 1928

un'anatra, ecco, tal'e quale! scoppiava in certe risate,

Non pensava più a nulla, s'intende, finiva d'esser lui,

Due letti a due, 1909

Non ci aveva proprio fatto caso.

allora... e non sia mai!

Da vivo, ella non aveva potuto farne a meno;

Senza ragione, proprio senza ragione...

Due letti a due, 1928

Non ci aveva proprio fatto caso, ecco.

allora... e non sia mai, veh:

Da vivo, va bene, ella non aveva potuto farne a meno;

Senza ragione, via, proprio senza ragione.

Posticipazione del soggetto e inversioni sintattiche

La lega disciolta, 1910

Nzulu Bùmmulu aveva un cartolare,

La Lega disciolta, 1928

Aveva un cartolare, Bòmbolo,

*Il guardaroba
dell'eloquenza*, 1908

Camposoldani lo proteggeva,

*Il guardaroba
dell'eloquenza*, 1928

Lo proteggeva Camposoldani

L'albero di fico, 1896

Egli aveva realmente la passione del suo mestiere:

La paura del sonno, 1928

Realmente aveva la passione del suo mestiere,

Interventi sul dialogato e l'indiretto libero

La giara, 1909 ·

Ora, invece, gli dicevano: – Consultate il calepino!

– Muojo! muojo! muojo! – sclamò, quasi senza voce, uno dei tre, battendosi una mano sul petto. / – E chi è stato? – domandò l'altro. / E il terzo: / – Mamma mia! Chi lo sente ora don Lollò? Chi glielo dice? In coscienza, la giara nuova! ah, che peccato!

Scannato miserabile, brutto conciabrocche sei, pezzo d'asino, e devi stare agli ordini! Ci devo metter olio, io, là dentro, e l'olio trasuda, bestione!

si cacciò dentro la pancia aperta della giara. / – Di dentro? – gli domandò il

La giara, 1928

Ora, invece: – Consultate il calepino!

– Guardate! guardate! / – Chi sarà stato? / – Oh mamma mia! E chi lo sente ora don Lollò? La giara nuova, peccato!

Scannato miserabile e pezzo d'asino, ci devo metter olio, io, là dentro, e l'olio trasuda!

Si cacciò dentro la pancia aperta della giara, ordinando al contadino d'applicare contadino, a cui aveva dato a reggere il lembo. / Non rispose. Col gesto gli ordinò d'applicar quel lembo alla giara, come aveva fatto lui poc'anzi, e rimase dentro.

Io non mi fido. Vado e torno,

fremendo e gridando al vecchio: / – Pezzo da galera, chi l'ha fatto il male, io o tu?

il lembo alla giara, così come aveva fatto lui poc'anzi.

Io non mi fido. La mula! la mula! Vado e torno,

fremendo. / – Vede che mastice? – gli disse Zi' Dima. / – Pezzo da galera – ruggì allora lo Zirafa. – Chi l'ha fatto il male, io a tu?

L'albero di fico, 1896

– «Cristo! ho uno spasimo qui...» – si lamenta questi a tarda notte, tastandosi con la mano la guancia sinistra – «Come se ci avessi un cane addentato!...» / – «Scherzi del dolore» – gli risponde compunto uno degli amici. / E un altro gli propone, con esitanza: / – «Per stordirlo un mezzo sigaro!...» / Il terzo gliel'offre. / «No... no...» – si schermisce don Saverio, quasi offeso – «Vi pare che possa fumare?» / E il quarto dice: / – «Scusate, e perché no, se soffrite?» / – «Ecco, tenete, don Save-

La paura del sonno, 1928

– Ah, che spasimo qua... – si lamenta questi a tarda notte. / – Nel cuore? Eh, poveretto! / – No. – Don Saverio accenna alla guancia. – Come se ci avessi un cane addentato. / – Scherzi del dolore... – gli risponde uno degli amici. / E un altro gli propone, con esitanza: / – Per stordirlo, una fumatina... / Il terzo gli offre un sigaro. / – Ma che! No! – si schermisce il *Mago*, quasi offeso: – Fana è lì, morta; come faccio a fumare io qua? / Un quarto si stringe nelle spalle e osserva: / – Non vedo che male

rio! Perché no?» – rifà il terzo offrendo il mezzo sigaro... / – «Grazie, no.. se mai, fumo la pipa...» – dice don Saverio, cavando, esitante, dalla tasca una vecchia pipetta intartarita. Poco dopo la carica e l'accende. / I quattro amici lo imitano. / – «Come vi sentite adesso?» – gli domanda uno, da lì a poco. / – «Ma che! lo stesso...» – risponde don Saverio – «A momenti arrabbio dallo spasimo...» / – Forse è meglio, date ascolto a me, un goccetto di vino...» – suggerisce il primo, rattristato e premuroso. / E gli altri tre gli fan tenore: / – «Certo, meglio! Stordisce di più! La notte è così fredda!» /

ci sarebbe, se non fumate per piacere... / E quell'altro gli offre di nuovo il sigaro (tentazione). / – Grazie, no... se mai, la pipa... – dice don Saverio, cavando, esitante, dalla tasca una vecchia pipa intartarita. / I quattro amici lo imitano. / – Come vi sentite adesso? – gli domanda uno, di lì a poco. / – Ma che! lo stesso... – risponde il *Mago*. – Arrabbio dal dolore. / – Forse, date ascolto a me, un goccetto di vino... – suggerisce il primo, rattristato e premuroso. / E gli altri: / – Certo! / – Meglio! / – Stordisce di più! La notte è così fredda! /

Richiamo all'obbligo, 1906

– Niente, perché? – disse Saro. / – E allora andiamo via! –

– Certo, – disse il Pulejo. – Abbiamo anche noi il segreto professionale. / – Va bene, – approvò Lovico. – Ti parlo allora

– Non lo conosci? E allora tanto meglio! – esclamò

Richiamo all'obbligo, 1928

– Niente, perché? / – E allora andiamo via! –

– Certo. Abbiamo anche noi il segreto professionale. / – Va bene. Ti parlo allora

– Non lo conosci? Tanto meglio! Ma, tomba lo stes-

Lovico. – Ma tomba lo stesso, oh! Due case, – ripeté con la stess'aria cupa e grave. – Una qua, una a Napoli. / – Ebbene? – fece Gigi Pulejo. / – Ah!

so, oh! Due case, – ripeté con la stess'aria cupa e grave. – Una qua, una a Napoli. / – Ebbene? / – Ah!

tutti allegri questa sera, Ninì! Viva Papirio! / Le pasterelle...

tutti allegri questa sera, Nonò! Viene papà! Allegro e buono! pulito, composto! Fa' vedere le unghie... Sono pulite? Bravo. Attento a non sporcartele! Viva Papirio, Nonò, viva Papirio! / Le pasterelle...

– E i calzoni? – gemette Paolino. – Mi sono anche macchiato i calzoni? / Cavò di tasca il fazzoletto,

– E i calzoni? – gemette Paolino, guardandosi addosso. / Cavò di tasca il fazzoletto,

Pensaci, Giacomino!, 1910

Pensaci, Giacomino!, 1928

Ridano, ridano pure di lui tutti i maligni! Che gliene importa? Egli è felice. / Ma da tre giorni..

Ridano, ridano pure di lui tutti i maligni! Che risate facili! che risate sciocche! Perché non capiscono... Perché non si mettono al suo posto... Avvertono soltanto il comico, anzi il grottesco, della sua situazione, senza saper penetrare nel suo sentimento!... Ebbene, che glie n'importa? Egli è felice. / Se non che, da tre giorni...

*Il guardaroba
dell'eloquenza*, 1908

– E giusto al Pascotti ti sei
rivolto? E che ti figuri che
ci guadagnerai adesso? Vogliono i conti? Comincerai
dal risponderne tu intanto,
tu per il primo, caro!

*Il guardaroba
dell'eloquenza*, 1928

– E giusto al Pascotti ti sei
rivolto? / – Io? /– Che ti figuri che ci guadagnerai
adesso? Vogliono i conti?
Ma subito! Comincerai dal
risponderne tu, intanto! /
– Io? / – Tu, tu per il primo, caro!

Pallottoline, 1898

– Come dice? – domandò
tutto confuso il timido giovanotto. / – Non dico a lei,
non dico a lei; dico a mia
figlia...

Pallottoline, 1928

– Come dice? / – Non dico
a lei, dico a mia figlia.

quattrocento milioni di
chilometri – dico poco!
Pensare che la luce,

quattrocento milioni di
chilometri. Pensare che la
luce,

al minuto secondo – una
bagattella! – (dico *se-
condo*),

al minuto secondo (dico *secondo*),

settant'anni e qualche mese – beato chi ci campa! E,
se si tien conto dei calcoli
di certi astronomi, la luce
emessa da certi remoti ammassi, sapete quanto deve
impiegare per venire a noi?
Cinque milioni d'anni. Eh
via, eh via, eh via... come
mi fate ridere! Asini, imbecilli! Eh già, capite?
L'uomo,

settant'anni e qualche mese, e se si tien conto dei
calcoli di certi astronomi,
la luce emessa da certi remoti ammassi ci mette cinque milioni d'anni, come
mi fate ridere, asini!
L'uomo,

o, almeno, della ferrovia da Frascati a Roma, temendo, d'estate, non avesse egli a prendere un'insolazione. / – Il sole, mia cara, non è neanche buono da regolar gli orologi! – gli rispondeva il Maraventano.

o, almeno, della ferrovia da Frascati a Roma: / – Prenderai un'insolazione! / – Il sole, mia cara, ti serva: non è neanche buono da regolare gli orologi! – le rispondeva il Maraventano.

Interventi e ampliamenti simbolico-espressivi

La cattura, 1918

i mucchi di brecciale gli parevano nella loro immortalità e in quel silenzio e in quell'abbandono, come gravati dalla sua stessa pena infinita: la pena di vivere così...

La cattura, 1928

i mucchi di brecciale che nessuno pensava di stendere su quello stradone tutto solchi e fosse, se il Guarnotta li guardava, in quella loro immobilità e in quel silenzio e in quell'abbandono, gli parevano oppressi come lui da una vana pena infinita. E a crescere questo senso di vanità, come se il silenzio si fosse fatto polvere, non si sentiva neanche il rumore dei quattro zoccoli dell'asinella.

L'albero di fico, 1896

e i piccoli Pasquini, dalle folte sopracciglia dipinte, conservano la smorfia del sorriso che scontorce loro la faccia,

La paura del sonno, 1928

e i piccoli Pasquini, dalle folte sopracciglia dipinte e il codino arguto sulla nuca, conservano la smorfia furbesca del sorriso che scontorce loro la faccia,

Era quest'albero di fico, guardiano della via del cimitero, così caratteristico pel popolo, che quando si voleva augurar male a qualche persona, solevasi esclamare: "E mai ti lascia passare l'albero di fico". / Giunto presso all'albero

Quest'albero di fico, guardiano della via del cimitero, non era stato abbattuto, perché, rendendo così, coi suoi rami, difficile il transito ai morti, pareva ai vivi di buon augurio. / Giunto presso all'albero,

Per volere di Dio o per mano del demonio, la signora Fana era risuscitata, tanto risuscitata che, spezzato il nastro che le legava i polsi,

Per volere di Dio o per mano del diavolo, la piccola signora Fana era risuscitata; e forse il merito spettava più al diavolo, a giudicare almeno dalla prova che della sua resurrezione volle subito dare spezzando il nastro che le legava i polsi

L'illustre estinto, 1909

L'illustre estinto, 1928

superiori a quanto il Ramberti aveva immaginato. Ma non immaginò che da Castel Gandolfo a Valdana non s'andava d'un sol tratto; che c'era la sosta d'un'intera notte alla stazione di Roma. / Quando qui il cav. Spigula-Nonnis vide con infinita tristezza allontanarsi tutti

[si confronti, a raffronto, la più ampia stesura definitiva, da "superiori a quanto il Ramberti aveva immaginato." fino a "vide con infinita tristezza allontanarsi tutti". L'intero episodio della *digestio post mortem* era, in realtà, già scritto in prima stesura, ma fu censurato per la pubblicazione, nel 1909, sulla rivista "La lettura", come testimonia la lettera, in data 1 ottobre 1909, inviata da Pirandello al direttore della rivista, Renato Simoni. Qui, appunto, lo scrittore si riferisce al taglio da lui stesso operato sulle bozze per rispetto "dello stomaco dei lettori della rivista", ma prega anche Simoni di ripensare alla necessità della censura, dato il rilievo centrale e simbolico di questo episodio nel testo. Già la redazione del 1912, nella raccolta *Terzetti* pubblicata da Treves, ripristina del resto l'episodio. Si veda, in proposito, A. Barbina, *La biblioteca di Luigi Pirandello*, Bulzoni, Roma 1980, pp. 164-169: *Una novella di Pirandello censurata da Renato Simoni*, con il testo della lettera a Simoni e tre foglietti autografi della novella. L'intervento censorio sollecitato da Simoni è anche ricordato nell'apparato curato da Mario Costanzo per l'edizione nei "Meridiani", vol. III, t. II, pp. 1276-1277, dove sono, inoltre, riportati nuovamente i tre foglietti autografi.]

Il guardaroba dell'eloquenza, 1908

diffondere per via di letture e di conferenze la cultu-

Il guardaroba dell'eloquenza, 1928

diffondere per via di letture e conferenze il gusto

ra nel popolo. / In meno d'un anno s'erano formate settantacinque sezioni, della cultura nel popolo italiano. / Nel fondo dell'anima Bonaventura Camposoldani stimava pregio inestimabile del popolo italiano la costante avversione a ogni genere di cultura e d'educazione, come quelle che, appena conquistate, rendono necessarie tante cose di cui, per esser saggi veramente, si dovrebbe fare a meno. Ma non osava più dirselo neanche *in tacito sinu*, ora che ben settantacinque sezioni contro l'analfabetismo s'erano formate in meno d'un anno,

Interventi su descrizioni paesaggistiche

La cattura, 1918

Quelli della cittaduzza?

La cattura, 1928

Quelli di Girgenti?

L'albero di fico, 1896

da una parete all'altra della camera, chiamarono la moglie del fabbricante di burattini

La paura del sonno, 1928

da una parete all'altra nella penombra della stanzaccia, che aveva sì due finestroni, ma più con impannate che con vetri, chiamavano la moglie del fabbricante di burattini,

La via che conduceva al camposanto situato in bas-

La via che conduceva al camposanto, situato in also, nella vallata che s'apriva a piè della cittaduzza fino al mare, in cui terminava in ispiaggia, scendeva e svoltava bruscamente in fondo a un lungo viale. All'angolo delle due vie sorgeva un vecchio albero di fico

to, in cima al colle che sovrasta la cittaduzza, svoltava bruscamente al cominciare dell'erta, fuori dell'abitato. Proprio al gomito sorgeva un vecchio albero di fico

La morta e la viva, 1910

come in un delirio di luci e di colori, da Punta Bianca, che s'allunga su l'aspro azzurro come il capo d'un niveo enorme cetaceo dormente, a Monte Rossello. Rispondono da terra a quel delirio delle acque il razzar dei vetri delle case variopinte

La morta e la viva, 1928

come in un delirio di luci e di colori. Razzano i vetri delle case variopinte;

l'ombra dell'antico castello a mare quadrato e fosco in capo al Molo, già luogo di pena, detto il Rastiglio. / Virando

l'ombra dell'antico castello a mare, quadrato e fresco, in capo al molo. / Virando

dietro al Rastiglio, alle *Cannelle*,

dietro al Castello, alle "Balàte",

su la spiaggia, sotto le stelle, nel bujo dell'alta notte vibrante a tratti di qualche rapido strido pungente di pipistrelli invisibili.

sulla spiaggia, sotto le stelle, nel bujo della notte già alta.

Richiamo all'obbligo, 1906

gli operai che si recavano di buon'ora alle fabbriche, alle officine.

Richiamo all'obbligo, 1928

gli operai che si recavano di buon'ora all'Arsenale lì presso.

Pallottoline, 1898

tra le folte ciglia dei boschi d'ippocastani diritti sui cinerei steli; occhi dell'immensa pianura laziale,

l'attigua chiesetta sulla cima del monte coronata d'aceri e faggi,

Pallottoline, 1928

tra le folte ciglia dei boschi di ippocastani; occhi della pianura laziale,

l'attigua chiesetta su la cima del monte;

Espunzione di indugi descrittivi o narrativi, e di inserti dialogici

La giara, 1909

faceva pena. Qualche grosso dispiacere doveva prendersi per essa, glielo dicevano tutti. Ma don Lollò, all'avvertimento, dava una spallata. / Da due giorni era cominciata l'abbacchiatura delle olive, ed egli era su tutte le furie, perché non sapeva dove spartirsi prima, essendo venuti con le mule cariche anche quelli del concime da depositare a mucchi qua e là per la favata della nuova stagione. Da un canto, avrebbe voluto assistere allo scarico di quella continua processione di bestie; dall'altro, non voleva lasciar gli uomini che abbacchiavano; e

La giara, 1928

faceva pena. / Da due giorni era cominciata l'abbacchiatura delle olive, e don Lollò era su tutte le furie perché, tra gli abbacchiatori e i mulattieri venuti con le mule cariche di concime da depositare a mucchi su la costa per la favata della nuova stagione, non sapeva più come spartirsi, a chi badar prima. E bestemmiava come un turco bestemmiava come un turco

La cattura, 1918

d'improvviso, a una brusca svoltata dello stradone, prima che avesse tempo di raccapezzarsi e d'interromper la preghiera ch'era solito recitare: / – Faccia a terra!

La cattura, 1928

d'improvviso, a una brusca svoltata dello stradone: / – Faccia a terra!

L'albero di fico, 1896

non avesse imposto fin da principio un limite alla vedova vicina. Egli la stimava, sì, e tutti e due si stimavano e commiseravano a vicenda; ma confortarsi l'un l'altra, mentre la moglie dormiva nella casa a canto – no, ecco! Fino a quel punto, no! don Saverio non voleva arrivarci. / "Badate se è malattia!" –

si inginocchiava, come se, impaurita dagl'irosi gesti dell'altra volesse chiederle perdono. / – "Io ti schiaffeggio, vigliacco saraceno!" – tonava allora don Saverio. La signora Fana si destava alla voce del marito, e rimetteva in piedi la sua marionetta. / – "Ah, va

La paura del sonno, 1928

non avesse imposto fin da principio un limite alla vedova vicina. / – Badate se quel sonno non provenga da qualche malattia che cova! –

s'inginocchiava, come se, impaurita dagl'irosi gesti dell'altra, volesse chiederle misericordia. / – Fana! Perdio! / – Sì, parla... parla: ti sento! / – Non mi senti! Cava il brando! / – Cavo... cavo... / – Non cavi un corno! Stai dormendo! / – No... / Come no?

bene così! Dell'offesa ti do pronta soddisfazione! Cava fuori il tuo brando e vieni meco a singolar tenzone!" / Ma da lì a poco, ecco l'avversario di nuovo inginocchiarsi, e la marionetta di don Saverio restar goffa nel bel meglio, e quasi, mortificata d'aver da fare con un avversario così vigliacco. / – Fana! Non mi ascolti più? / – Sì, parla, parla... Ti sento!... / – Non mi senti!... Stai dormendo!... / – Ti dico di no. / Come no?

Richiamo all'obbligo, 1906	*Richiamo all'obbligo*, 1928
Seguiti a scherzare? – domandò Lovico, facendogli gli occhiacci. / – No no, dico sul serio adesso. Dimmi un po': Mangia dolci Petella? / – Dolci? Perché? Li mangia sì, – rispose, stordito, Lovico. – Quella poveretta l'ultima volta glieli fece trovare. Ma che! non giovarono a nulla! / – Ebbene, – disse il dottor Pulejo. – Faremo in modo che giovino, questa volta. Senti: io vado su; tu scappa e portami in farmacia, da Saro, una dozzina di... una	Seguiti a scherzare? / – No no, dico sul serio adesso. Senti: io vado su; tu ritorna in farmacia, da Saro, e aspettami lì. Vengo subito. / – Ma che vuoi fare? /– Lascia fare a me! – lo assicurò il dottore. – Va' da Saro, e aspettami. / – Fa' presto, oh! – gli gridò dietro Lovico a mani giunte. ‖ Sul tramonto,

dozzina di pasterelle... /
– Ma sei sicuro che?... /
– Non ci pensare! – lo interruppe il dottore. / – Una
dozzina? / – Dico per dire:
tre, quattro... / – Meglio,
meglio una dozzina! Sì...
scappo! E... t'aspetto in
farmacia, hai detto? Fa'
presto, oh! / Sul tramonto,

Ma che! Recato l'involto
delle paste alla signora Petella e sceso dalla casa di
lei, aveva avuto lui stesso
l'impressione d'esser come
una mosca senza capo. Gira di qua, gira di là; e l'orgasmo di punto in punto
gli era cresciuto. / E ora?
Ecco venuta la sera. Petella
se n'era andato a casa. In
quella casa, incombente, il
fato. In quella casa soltanto? Ma su tutta la città, su
tutta la terra parve a Paolino Lovico che incombesse
il fato quella sera: un terribile fato. Guardò le stelle:
ecco, tremavano anch'esse;
aspettavano... / Egli avrebbe voluto andare a letto
quanto più tardi gli fosse
possibile, prevedendo che
sarebbe stato un pruneto
per lui. Ma si stancò presto
di girovagare per la città,

Ma che! Recato un certo
involtino misterioso di pasterelle con la crema alla signora Petella (poiché al capitano piacevano tanto i
dolci), e sceso dalla casa di
lei, s'era messo a girare di
qua e di là, e l'orgasmo gli
era cresciuto di punto in
punto. / E ora? Ecco venuta la sera. Avrebbe voluto
andare a letto quanto più
tardi gli fosse possibile. Ma
si stancò presto di girovagare per la città,

tutti gl'ipocriti foderati di menzogna. Non per nulla in greco ipocrita... eh già, che vuol dire ipocrita in greco? Commediante? Pareva che la vista chiara,

tutti gl'ipocriti foderati di menzogna. Pareva che la vista chiara,

Si rintanò in casa; si provò a leggere il *De Officiis* di Cicerone, per ricetta del sonno. Dapprima non comprese nulla; poi, sforzandosi a comprendere, s'accese di tale stizza per la magniloquente rettorica di quel tremendo seccatore di genio, che scaraventò il libro per terra e ci alzò sopra il piede per schiacciarlo come un rospo. / Si buttò vestito sul letto.

Si rintanò in casa; si buttò vestito sul letto.

fammelo trovare! / – Ma sì! – smaniava ora, voltandosi e rivoltandosi per il letto. – Come se dipendesse da lei! / Prima d'andar via

fammelo trovare! / E prima d'andar via

se il rimedio non fosse efficace come gli aveva assicurato? Ah quanto si pentiva adesso di non aver preso due almeno di quelle pasterelle per farne in sé l'esperimento! Così... senzàaa... tanto per vedere, insomma, ecco! / Ci aveva pensato, per dir la verità; ma aveva

se il rimedio non fosse efficace come gli aveva assicurato? / La noncuranza, voluto lasciare intatto l'involto per non diminuire l'effetto, scemando la quantità. Già gli parevano poche per quel bestione! / La noncuranza,

Pensaci, Giacomino!, 1910

Ma dice sul serio? che sono io? sono il marito di sua moglie? e lei chi è? mio suocero? Ma scusi! / Il professor Toti

Pensaci, Giacomino!, 1928

Ma dice sul serio? / Il professor Toti

Il guardaroba dell'eloquenza, 1908

Era il quinto circolo fondato dal benemerito Bonaventura Camposoldani. / Fin da quando, per il suicidio dell'insigne patriota Francesco Paolo Camposoldani (suo padre) – suicidio per dissesti finanziarii – egli era stato costretto a interrompere gli studii di legge e a dimettersi da presidente del *Circolo giuridico universitario*, aveva compreso che poteva viver tranquillo: c'era una professione per lui, nella vita: – fondatore di circoli. / Bonaventura Camposoldani seguiva l'andazzo dei tempi. / – Come si svolge, –

Il guardaroba dell'eloquenza, 1928

Ascoltando per via o nelle case dei conoscenti o nei pubblici ritrovi le chiacchiere della gente sugli avvenimenti del giorno, Bonaventura Camposoldani aveva intuito che sopra i comuni bisogni materiali e i casi quotidiani della vita e le ordinarie occupazioni, gravita una certa atmosfera ideale, fatta di concetti più o meno grossolani, domandava a tutti, – oggi come oggi, la lotta per la vita? / Rispondeva lui per tutti: / – Medievalmente. Cioè per corporazioni. Signori miei, non c'illudiamo. Crediamo di essere nel secolo ventesimo? Siamo, non dico di no; ma chi porta, oggi come oggi, la battuta? Signori miei, la Germania. Capisco bene, questo non solletica il nostro orgoglio di razza; ma ripeto, non c'illudiamo! Ora, che cos'è la Germania? Il paese più medievale del mondo. Tale, anche nel progresso. Perché la mentalità della Germania, signori miei, voltatela come volete, è medievale. – *Lavoratori di tutto il mondo, unitevi!* – Chi l'ha detto? Marx, un tedesco. Del resto il proverbio è antichissimo; credo sia anche latino: – "*L'unione fa la forza*". Se poi non è latino, peggio per noi. / Camposoldani sapeva bene a chi doveva tenere siffatti discorsi. Ascoltando per via, nelle case dei conoscenti, nei pubblici ritrovi, le chiacchiere della gente su gli avvenimenti del giorno, Bo-

naventura Camposoldani
aveva intuito che sopra la
piatta realtà, sopra le comuni contingenze quotidiane, sopra le materialità pra-
tiche della vita e le ordinarie occupazioni – governo
della casa, doveri d'ufficio
– gravitava una certa atmosfera ideale, fatta di concetti generali più o men
grossolani,

Bonavenuta Camposoldani
s'era addestrato meravi-
gliosamente. / Del resto,
via, non ci voleva mica una
bravura straordinaria. Capace di ben altro, Campo-
soldani! / Avere un'idea
"unificatrice";

Quest'ultimo, propriamen-
te, non era un circolo, era,
nientemeno, un'associazione nazionale, che gli costa-
va – di pensiero e di cure –
molto più che tutti gli altri
quattro circoli precedenti
messi insieme. Ma che bella vittoria era riuscito ad
ottenere! / Una tombola telegrafica, e (pazienza!) anche la croce di cavaliere. /
Perché la nuova associazione aveva uno scopo emi-
nentemente patriottico e

Bonaventura Camposolda-
ni s'era addestrato meravigliosamente. / Avere un'i-
dea "unificatrice";

Quest'ultimo non era pro-
priamente un circolo, ma
un'associazione nazionale
con un intento eminente-
mente patriottico e civile. /
Si proponeva di raccogliere
in esercito operoso,

civile: si proponeva di raccogliere in esercito ope-
roso,

Ti do la chiave: mi accuso
per salvarti. La camicia è
tarlata; ma buona ancora a
servir di stoffa per un magnifico discorso. In com-
penso, non ti chiedo altro
che questo: Rendi l'onore
alla mia povera figliuola".

Mi accuso, mi uccido per
salvarti, e ti do la stoffa
per un magnifico discorso.
In compenso ti chiedo solamente di rendere l'onore
alla mia povera figliuola!"

Interventi macrostrutturali

La cattura, 1908

– Ma come? davanti a te? /
– Fate. Non vi guardo. / Si
provò a dimostrare che bestemmiavano come peggio
non si sarebbe potuto be-
stemmiare chiamando Dio
a decidere, perché se essi
avevano commesso il male
e credevano di scontarlo
non uccidendolo e aspet-
tando così la sua morte,
che tuttavia non sarebbe
stata mai naturale, ma sempre procurata da loro, per
quanto si sforzassero d'alleviargli il martirio che gli
davano; tutto questo, a
ogni modo, poteva riguar-
dar loro; ma lui? che c'entrava lui? che male aveva

La cattura, 1928

[Si veda, a raffronto, il testo, molto più ampio, del-
l'ultima stesura, da « – Ma
come? davanti a te?», fino
a «Ma speriamo che non ci
arrivi...»]

commesso lui, corpo di Dio? Era la vittima del loro sbaglio! Lo avevano riconosciuto e lo scontavano? Grazie tanto! Ma non lo facevano scontare anche a lui che non c'entrava? alla loro vittima? Doveva patir così, lui, perché essi avevano sbagliato? Ah, per diventare lo strumento della loro punizione? Così ragionavano? Ragionavano bene! E lo mantenevano, ecco. La paglia... il cappotto... il pane col sudore della fronte... e si sacrificavano anche, uno per volta, a stare lì di guardia, ma anche a tenergli compagnia, è vero? e farlo parlar di Dio e della scienza e delle cose della città e della campagna, delle buone annate d'altri tempi, quando c'era più religione, e di certe malattie delle piante che prima, quando c'era più religione, non si conoscevano; e gli altri due, poverini? ah, quelli lavoravano, sicuro, anche per lui. / Eppure, alla fin fine, se voleva ragionare non più con la sua testa soltanto, ma un po' anche con la loro, il loro sbaglio non era in lui? non consisteva cioè nell'aver catturato lui? E dunque per forza lui doveva entrarci. Come c'entrava? Vittima, sì; ma vittima anche loro, del loro sbaglio. Egli doveva vedere questo soltanto: che potevano ucciderlo e non l'uccidevano. Più di questo? E lo mantenevano, e lo rispettavano anche. Doveva ringraziarli. Per ingannare l'ozio, non gli portarono un giorno finanche un vecchio *Barbanera* trovato chi sa dove? E una domenica sera, uno dei tre, Fillicò, non gli condusse su alla grotta la moglie col bambinello al petto e la ragazzetta per mano, la moglie che gli aveva preparato con le sue mani una bella corona di pan buccellato? / – Ma grazie! Oh, grazie... È troppo! Una galanteria... / Senza pensare, la buona donna, che già penavano tanto quei poveretti a farlo morir di fame a poco a poco. / Con che occhi lo guardava quella buona donna! Dovevano esser passati già circa due mesi dalla cattura, e chi sa come s'era ridotto, con la barba a cespugli sulle gote e sul

mento, sudicio, strappa-
to... Però rideva, ecco, di
contentezza. Ma forse era
appunto il riso in quella
sua faccia da svanito, che
faceva tanto spavento alla
buona donna e anche alla
ragazzetta. / – No, carinella, vieni qua... Tieni, mangia... Buono! l'ha fatto
mamma... Fratellini, ne
hai? Eh, tre, lo so... Povero Fillicò, già quattro...
Portameli, i maschietti: voglio conoscerli. La settimana ventura, bravo. Ma speriamo che non ci arrivi!

Allegri!, 1905-1906

[Diamo qui per intero la prima stesura, dal titolo *Allegri!*,
della novella *Guardando una stampa*, poiché si tratta di
una redazione molto diversa dalla definitiva. Del tutto
nuova è, infatti, nella stesura del 1928, la cornice meta-
narrativa posta alla novella, nella figura del narratore inteso a «far spreco di fantasia» su una vecchia stampa di maniera. Molte, inoltre, sono le espunzioni operate sulla primitiva redazione: la più ampia riguarda tutto l'episodio
dello spettacolo tenuto dai tre mendichi sulla piazza di
Sampiero. Muta, fra l'altro anche il nome di uno dei mendicanti (*Brogio* diventerà infatti *Alfreduccio*), e sparisce il
cognome di un altro (*Marco Yanni* sarà semplicemente
Marco): quest'ultimo, inoltre, sarà tratto dal quotidiano
stesso del narratore. Diverso, inoltre, il finale: truculento
in prima stesura, lasciato in sospeso nella seconda, dove
l'attenzione si sposta dalla storia – giudicata non interes-
sante – al procedimento metanarrativo.]

I. ‖ Confabulavano nel viale che conduceva al Ricovero notturno su in cima al poggio, addossati entrambi alla spalletta sotto gli alti eucalipti allineati di qua e di là a breve distanza l'uno dall'altro. / Per fare da sentinelle alla miseria che andava ogni notte a rifugiarsi lassù, più bella figura avrebbero fatto certamente in quel viale alberetti gobbi, alberetti nani, dai tronchi ginocchiuti e pieni di giunture storpie e nodose. / Quegli eucalipti là non volevano saperne: s'eran levati giganteschi per non vedere, per non sentire, amando meglio di specular nel cielo, di conversare con la luna e con le stelle. / Ma la luna, lei sì, voleva vedere. / E già tre volte, scoperti da essa che saliva man mano dietro gli alberi, i due mendicanti s'eran tratti più giù, nell'ombra, lasciando al posto di prima, appoggiati alla spalletta, una bisaccia e una stampella. / Sfumava dalla città un chiaror lieve ed ampio nella sera, ed arrivava fin là il rombar sordo della vita cittadina. Qua, tra gli sterpi del poggio, qualche grillo strideva di tratto in tratto; e, se la romba lontana cessava per un istante, s'udiva il borboglìo sommesso dall'acqua giù per la prossima zanella, sotto la palàncola, e il lievissimo stormire degli alti alberi foschi. / La luna, quella bisaccia e quella stampella, il grillo, l'acqua scorrente sotto la palàncola e quegli eucalipti sdegnosi formavano per conto loro un concerto, a cui i due mendicanti restavano estranei. / Come se l'avvertissero, parlavano basso. Ma uno dei due, il Rosso, aveva il respiro catarroso e una voce da caverna. Pareva che ronzasse un calabrone. S'era sollevati su la fronte gli occhiali affumicati, le cui staffe e il sellino erano attorti di spago; e, parlando, faceva girar per aria e poi si raccoglieva attorno a un dito la corona del rosario. / – A Sampiero, a Valdrana, a Sopri, a Migliarino, – borbottava, scotendo il testone fasciato, – chi qua chi là, insomma, tutti via, tutti via! / – Ma noi due soli... – ripeté per la terza o la quarta volta, con voce umile, piagnucolosa, l'altro mendicante, Brogio, palpando con le mani giro giro le tese del cappelluccio roccioso e tenendo il capo basso. / Era cieco da tutt'e due gli occhi, ma poteva consolarsi almeno di questo, che non vedeva né se stesso, quanto fosse brutto, ancor giovine e già calvo, squallido e macilento, con quella faccia gialliccia, rugosa, che pareva ammuffita, come tagliata in un popone; né vedeva quel ceffo patibolare del suo compagno, il quale, lì nell'ombra sembrava enorme, tutto affagottato com'era di cenci, fasciate le gambe, le braccia, la testa. Per lo studio e la lunga abitudine di fingersi zoppo, il Rosso zoppicava ormai davvero; si fingeva anche cieco, ma aveva gli occhi scerpellati soltanto e con qualche maglia che gli annebbiava la vista, poco poco. / – Noi due soli... – miagolò, rifacendo il verso al compagno. – Non te l'ho detto? Bisogna che tu vada da Marco domattina. / – E se Marco non viene? / – Viene, se glielo dici tu. È una bella pensata. Tutto sta a sapergliela esporre, là, come se venisse in mente a te: – «Marco, che facciamo? Tutti i signori sono andati via, in villeggiatura...» / – *Marco, che facciamo? Tutti i signori sono andati via, in villeggiatura...* – prese a recitar sotto sotto Brogio, come un ragazzo che impari a mente la lezione. / Il Rosso si voltò a guardarlo, stese una mano e gli strinse le gote col pollice e il medio, schiacciandogli con l'indice la punta del naso: / – Bello! – gli gridò. – Ti cacci a mente le parole? Io ti dico il senso, bietolone! Bisogna che tu gli faccia intendere che la meglio è d'andare in villeggiatura anche noi. / – Allegri! – fece l'altro, scotendosi come per un brivido alla schiena. / E il Rosso: / – Allegri, mannaggia a Maometto! Chi ti fa la limosina? La gente allegra, per levarti di torno. Chi soffre, caro mio, non compatisce: pensa alla sua sventura, alla sua miseria, pensa, e crede che non se ne possa dare un'altra maggiore; e se tu lo vuoi far capace, s'indispettisce e ti volta le spalle. Là, là, in villeggiatura... Va' da Marco, domattina. Se Marco ti domanda, come tu mi hai domandato: – «*Ma noi due soli?*» – tu perché non ti fidi di me, lui perché non si fida di te, e tu allora glielo dici: / «C'è anche il Rosso che ha tre piedi e sa le vie della campagna.» – Benché lui, Marco, ci veda un tantino meglio di te, no? / – Meglio di me? – disse Brogio, voltandosi di scatto. – Se io non ci vedo niente... / – Niente proprio niente non ci credo. / – Niente, ti giuro! / – E allora tanto meglio! Ti guido io. / – Ma neanche lui, Marco, ci vede. / – Niente proprio niente? Ma allora siete ciechi per davvero! – sghignazzò il Rosso. / – Allegri! / – Allegri, mannaggia a Maometto! Sto pensando che ci vorrà un quarto, allora, che guidi Marco. Perché io ho un braccio solo: di quest'altro qua, dovendo reggere la stampella, poco mi posso ajutare. Oh di', Masetto, il tuo nipotino, non potrebbe? / – Se mia sorella me l'affida... – disse Brogio. / – Te l'affiderà. Si divertirà in campagna il ragazzo, darà la scalata a qualche albero (l'ajuto io), acchiapperà qualche uccello... E allora, Marco e Masetto avanti; noi due, dietro. / – E che si fa? / – Capirai che se non mi fossero morte le cavie ammaestrate, non starei ora a confondermi con te. Cerco una bertuccia e non la trovo. Se tu non fossi tanto stupido, potresti almeno far le veci della cavia. A bertuccia non ci arrivi. Ho più di trecento pianete stampate, per militari, ragazze da marito, giovani spose, vedove e vecchie. Tutto sta a sapere pescar giusto, nelle caselline. Potresti imparare a trovare a tasto la casella, ch'io t'indicherei per qualche malizia combinata fra noi. T'addottoro io. Essendo tu cieco bene, farebbe effetto. Ma sempre Marco ci vuole. Tu invece della cavia, Marco invece della bertuccia. Marco è poeta; si mette a predicare al suo solito il vangelo di San Giovanni, che finanche i cani gli s'acculano davanti a sentire; noi mungiamo i signori villeggianti e sorteggiamo le pianete ai borghigiani. Più di questo non possiamo fare. Ti va? / – Eh, – fece Brogio, alzando le spalle e sorridendo. – Se Marco viene... / – Mi secchi, – concluse il Rosso, levandosi e grattandosi con una manaccia la corta, ispida e folta barba rossigna. – Basta. Vedremo domani... Oh guarda, per piacere: va' a prendermi la stampella che ho lasciato là. / – Dove? – domandò il cieco, senza volgere il capo. / – Va' su, rasente alla spalletta, e cerca a tasto, così impari. Guarda che c'è pure la bisaccia. / Brogio si mosse, col capo basso e una mano su la spalletta. A men d'un passo dalla stampella si fermò per domandare: / – Ancora? / – Ma costà, non vedi? ci sei! – gli gridò il Rosso; poi, scoppiò a ridere; si diede una rincalcata sul cappello e, balzelloni, con due sgambate lo raggiunse, gli prese la faccia tra le mani, gliel'alzò verso la luna e gli osservò davvicino gli occhi tumidi, orribili, sghignandogli sul muso: – Tu ci vedi, mala carne! / Brogio non si ribellò: attese un momento, con la faccia volta alla luna, che quegli esaminasse ben bene, poi domandò: / – Ci vedo? / – Mah, sai? – disse il Rosso, lasciandolo, – dovendo fare il cieco, è una fortuna. / E salirono a braccetto al Ricovero. / (Tra gli sterpi il grillo mise un zigo acuto; gli eucalipti a un alito di vento svettarono appena appena, e la luna poté accendere un bagliore subitaneo nell'acqua scorrente sotto la palàncola). ‖ II. ‖ Due giorni dopo, pertempo, i tre lasciarono la città. / Brogio non poté ottenere da la sorella che il nipotino l'accompagnasse. Andavano, il Rosso in mezzo, Brogio a sinistra e Marco Janni a destra; quegli a braccetto e questi reggendo un lembo della giacca del Rosso; e tutti e tre, per lo stradone polveroso, formavano una bella comitiva. / Marco Janni, il Poeta, era alto di statura, magro, cereo; ma aveva una serena e dignitosa aria d'apostolo, col petto inondato da un'ampia e fluente barba nera, un po' brizzolata. La sua cecità non era orribile a vedere come quella di Brogio. Gli occhi gli si erano del tutto disseccati; le pàlpebre, quasi murate, pulitamente; e Marco andava nel suo perfetto bujo con la testa alta e con austera maestà. / Era cosciente de' suoi meriti. Sapeva d'avere il dono prezioso della parola, l'arte di commuovere e d'atterrire con le sue visioni apocalittiche. La vanità di far conoscere questi suoi meriti anche ne' paesi vicini lo aveva forse indotto ad accompagnarsi con quei due, ch'egli stimava, giustamente, inferiori a lui, di molto. Il Rosso, scaltro, per entrargli in grazia, a un certo punto gli domandò: / – Sei andato a scuola, tu Marco, no? / Marco accennò di sì col capo. / – Anch'io, per questo! – esclamò Brogio. – Fino alla terza elementare... / – Zitto, tu, bestia! – gli diede su la voce il Rosso. – Qua il nostro Marco mi figuro che deve sapere anche il latino, no? / Marco accennò di sì,

novamente; poi si stropicciò la fronte e disse con gravità: /
– Latino, italiano, storia e geografia, storia naturale e matematica. Arrivai fino alla seconda del ginnasio. / – Uh, –
fece il Rosso. – E quasi quasi ti potevi far prete! / Marco
Janni diede una spallata. / – Sì, prete! Avrò avuto tredici
anni quando m'ammalai d'occhi e i miei mi tolsero dalla
scuola per mandarmi in città, a curarmi. / – Eh già, –
esclamò il Rosso. – Perché tu nasci bene, lo so. Ma è vero
che tuo padre era scrivano in un botteghino del Lotto e
che – non te n'aver per male, veh! l'ho sentito dire – si
metteva in tasca, dice, le poste dei gonzi che andavano a
giocare? Io non ci credo. / – Tu no, io sì, – rispose, secco
secco, Marco Janni. / – Ah sì? – riprese il Rosso. – Ma faceva bene, sai? Benone! Vedendo tutto quel denaro sprecato, povero galantuomo... lui forse n'avrà avuto bisogno,
e... perché no? Io lo capisco. Sicché dunque accecasti in
città? / – Vuoi farmi parlare? – disse Marco. – In città,
presso una mia zia, monaca di casa. / – Che t'insegnò la
bibbia, è vero? / – M'insegnò... Lei la leggeva, io l'imparai. / – Sorella di tuo padre? / – Sì. Non me la ricordo più;
mi ricordo la voce, e mi ricordo che tirava calci. / – Calci?
/ – Sì. Perché sapeva compitare appena e, nello stento del
leggere, s'arrabbiava. Io che – figuratevi! – avrei letto in
mezza giornata un librone... così, mi sentivo torcere la vi-
scere. Le suggerivo le parole, come se le avessi vedute lì
stampate; ma lei no, lei voleva metterle insieme da sé, sillaba per sillaba; e quando alla fine le aveva messe insieme,
s'accaniva a ripeterle tre e quattro volte, come per mor-
derle. Durò più d'un anno questa storia. Ero già bell'e accecato; ma mi davano a intendere che avrei riacquistato la
vista per un'operazione che un bravo medico m'avrebbe
fatta, appena l'infermità, che mi curavano ancora per finta, si fosse maturata. Ci credevo, io; ma lì in casa della zia
m'annojavo, e avrei voluto aspettare questa maturazione
al mio paese, in casa mia, capite? presso la mamma, san-
t'anima, e mio padre e la mia sorellina. Mia zia alla fine si
seccò de' miei pianti e mi disse chiaro e tondo ch'io non

avevo più casa; che mio padre, cacciato via dall'impiego, era partito per l'America con la mamma e la sorellina. Per l'America? E come! Mi avevano lasciato solo? abbandonato? Ma seppi dipoi che significava quell'America. L'altro mondo. Me lo disse la serva, quando pure mia zia morì. Avevano fatto una bella pensata i miei parenti: un bel braciere in camera da letto, e felicissima notte. / – Oh guarda! – esclamò il Rosso. – E perché non pensarono anche a te? / – Ma perché forse, sapendomi cieco, mi stimarono più fortunato di loro, – rispose Marco. – Infatti la miseria non potevo più *vederla*. Già due volte, stando con la zia, avevo cambiato casa, e non sapevo dove mi fossi ridotto ad abitare. Nel mio bujo, vedevo ancora la casetta mia, modesta sì, ma pulita; e mi credevo ancora vestito bene, come quando il babbo m'accompagnava a scuola. Ma la serva, due giorni dopo la morte della zia, mi prese per mano, mi fece scendere una scala lunga e mi condusse per istrada. Lì si mise a dir forte, mica a me, certe parole che io dapprima non compresi: – «Fate la carità, signori, a questo povero orfanello cieco, abbandonato, solo al mondo!» – Mi sentii gelare e le gridai: – Che dici? – E lei: – «Zitto, bello mio. Dici con me. E stendi la manina, così...» – La manina? Me la cacciai subito dietro la schiena... / – Abbada, oh! non inciampare, – gli raccomandò il Rosso, vedendolo sovreccitato. / – ... dietro la schiena, – seguitò Marco, – come se quella avesse voluto farmi toccare il fuoco. / A questo punto, Brogio, commosso, si mise a frignare. / – Sta' zitto, scemo! – gli gridò il Rosso, dandogli un pugno sulla schiena. / E quello, subito: / – Allegri! / – Allegri, mannaggia a Maometto! A Marco, dopo tutto, la professione gli è andata sempre bene, no? / – Benone, figùrati! – esclamò Marco. – Ma sai che potevo essere accolto in un ospizio, io, dove potevo imparare qualche arte o mestiere da guadagnar bene, a sonare il violino, per esempio, o il flauto?... Quanto mi sarebbe piaciuto il flauto! Ma avrei potuto anche seguitare gli studii... Quella invece mi sfruttò, ecco, mi tenne schiavo più di dieci anni:

lì, a sedere su uno sgabello innanzi alla porta d'una chiesa, col rosario in una mano e una ciotoletta nell'altra... Quando ci penso! / – Via, non ci pensare più! – gli consigliò il Rosso. – Pensa piuttosto a svagarti, in questi giorni, che ne hai bisogno. Mi sembri un Cristo di cera. Staremo allegri! Vorrei potessi vedere che bella giornata e che belle campagne! / – Ormai! – sospirò Marco, scrollando le spalle. – Del resto, non t'illudere, sai? Non c'è niente di niente. / – Come, niente? / – Ma sì! Tu vedi azzurro e verde? Non c'è né azzurro né verde. Apparenze, caro mio! Finzione! Qua siamo due ciechi e mezzo. Poni che anche tu sia cieco tutto, come Brogio e me, e dove se ne va il tuo verde e il tuo azzurro? / Il Rosso si fermò un pezzetto a guardarlo, come per vedere se dicesse sul serio; poi scoppiò a ridere. / – Oh, non ti sciupare! – gli disse. – Con noi non serve, sai? Quando sarà tempo di fare il poeta, te lo dirò io. / – Ignorante! – esclamò Marco. – Che c'entra il poeta qua? È fisica, questa. Se tutti gli uomini fossero ciechi, chi sa come sarebbero per conto loro tutte le cose. Così mi consolo io. Dico: – Qua attorno a me ci sono tante cose, che non so come siano. Ma mica quelli che le vedono lo sanno meglio di me! – E te lo spiego. Che vedi là? / – Una croce, che ci ammazzarono padron Dodo, l'altr'anno. / – Volta; lo so. Di qua che vedi? / – Un pagliaio, con un pentolino in cima per cappello. / – E ti par giallo? / – Color di paglia, direi. / – Ebbene, la paglia, caro mio, è paglia per te. / – Che son asino? / – No; intendo che per sé, per conto suo, chi sa cos'è la paglia; e non è gialla né verde né rossa. Sai dove sono i colori? Tu credi, nelle cose? Falso! Negli occhi nostri, sono, quando vedono la luce. Io non la vedo, e posso dire benissimo che qua tutt'intorno non ci sono colori. Ne vedi tu forse, di notte, stando al bujo? Sicché gli occhi, caro mio, vedono falso o meglio vedono finto. La verità che è di fuori, la verità vera, non la vedono. Tal quale come non la vedo io. Apparenze, ecco! Tu vedi un'apparenza colorata, una finzione che ti si colora; io la tocco buja, e pari e patta. / – Aspetta, – disse

il Rosso. – Ora mi cavo gli occhi. Tanto, sono per finta! /
– Ignorante! – gli gridò di nuovo Marco Janni. – Non dico
questo; io dico rispetto alla verità, alla sostanza. Tu la vedi, ma non come è, la vedi come gli occhi te la fingono; io
la tocco, e me la fingo anch'io, con le dita... Siamo nel
vuoto, tu ed io e tutti quanti. Per me è nero, per te no,
perché tu hai ancora il senso che t'illude. Ma pensa un po'
a un altro vuoto, che non è men vero di questo che chiami
vita, pensa alla morte, e sei più cieco di me. Tutti ciechi!
Tutti ciechi! / – E ora incomincia la predica, oh! – esclamò il Rosso. – Sta' zitto che qua non c'è nessuno! / Così,
difatti, quasi sempre, cominciava le sue prediche Marco,
quelle più solenni e più terribili: – *Tutti ciechi! Tutti ciechi!* – e levava le braccia, agitando le mani per aria, mentre il volto, oppresso dall'enorme barba nera, gli diventava più cereo. La gente si fermava stupita a mirarlo. La voce era bella come la persona. Un cieco, che diceva ciechi a
gli altri, era da godersi, via! Ma poi tutti rimanevano inca-
tenati dalla strana, fosca, impetuosa eloquenza del predi-
catore. In altri tempi, egli avrebbe certo trascinato dietro
a sé le folle in delirio, litaniando. Ora, invece, per ottener
la carità, doveva discendere dai fieri squilli di tromba del
Giudizio Universale a note più tènere, di flauto patetico.
Allora diceva: – «O voi che vedete la luce, voi che vedete
le cose, anch'io le ho vedute, anch'io! anch'io! Quando?
Jeri. Io dico jeri: quand'ero bambino... Son vecchio ora?
Ma il sole per me, da allora, non s'è più levato, il sole per
me non è riapparso più! Dura ancora la notte? Da quanto
dura? Io dico jeri perché per me non sarà mai domani!» /
Il Rosso apprezzava queste doti di Marco, perché sapeva
che gli fruttavano bene; non per le doti in sé, che stimava
insulse fatuità. Come dire ch'egli era convinto della scioc-
chezza di tutti coloro che facevano a Marco Janni la carità. Vivendo per le campagne come un animale forastico,
anch'egli s'era formata una sua particolar filosofia, di cui,
via facendo, per non restare indietro a nessuno, volle dare
un saggio ai due soci. Li piantò lì in mezzo allo stradone,

dicendo loro d'attendere un pochino, perché aveva riflettuto che Sampiero era di molto lontano e non avrebbero potuto arrivarci se non dopo il tocco. / – Ragionate fra voi dei colori che non ci sono. Faccio fagotto e me li porto via con me per un tantino. / – Dove vai? - chiesero i ciechi. / – Qua presso. Non temete, penso per tutti. / Brogio stese una mano per toccare il compagno e stringersi a lui; ma non gli venne fatto, perché gli stava dietro, e allora chiamò: / – Marco! / – Eh, – fece questi, levando anche lui una mano e toccando il compagno. / Si confortarono al contatto; anzi Brogio ebbe uno de' suoi soliti brividi alla schiena, che gli facevano ripetere, sorridendo: / – Allegri! / – Bell'aria, – disse Marco, gravemente. / S'ingannavano a vicenda: erano in fondo tutti e due costernati di quel subitaneo allontanamento del Rosso; ma non se lo vollero dire. Trassero un profondo sospiro di sollievo quando, di lì a poco, udirono il rumor cupo e duro de la stampella. / – Rosso! - chiamò Brogio. / – Eccomi. Zitti! - disse il Rosso, ansimando e accostandosi ai due. - Toccate bujo, qua! / E guidò le loro mani a palpar qualcosa boffice e tepida dentro la bisaccia. / – Gallina? – disse Brogio. / E Marco, ritraendo subito la mano: / – L'hai rubata? / – No. Me la son presa, – rispose il Rosso tranquillamente. / Marco si rivoltò con rabbiosa fierezza: / – Via subito a lasciarla, dove l'hai rubata! / – Perché se la mangino i cani? - rispose il Rosso. – È già morta! / – Non so niente! – riprese Marco. – Buttala via! Se dobbiamo stare insieme, rubare niente! Te lo pongo per patto: rubare niente! Buttala via! / – Ma chi ruba? – disse il Rosso, sghignando. – Tu lo chiami rubare! Caro mio, la volpe sì, se le vien fatto, se la prende una gallina, ed io che son uomo no? Allarga le idee, all'aria aperta! / – Non allargo niente, io! – ribatté Marco, pestando un piede. – Me ne torno indietro, bada, a costo di rompermi l'osso del collo. Coi ladri non fo lega. / E si strappò da Brogio che lo teneva ancora per il braccio. / Il Rosso lo trattenne: / – Eh via! Quanta furia! Vuol dire che non ne mangerai, tu che sei tanto dabbene. Sono stato uno sciocco a fartela toccare! Ragiona con me. La paglia, tu dici, è paglia per me, è vero? Ebbene, e la volpe è ladra? È ladra per te che hai comprato la gallina. Ma la volpe ha fame, caro mio, non è ladra. Vede una gallina? Se la prende. / – E tu che sei? volpe? – gli domandò Marco. / – No, – disse il Rosso. – Peggio! Uomo. Esser uomo per te che vuol dire? Morir di fame? / Marco scrollò le spalle sdegnosamente. / – Lavorare, è vero? – rispose il Rosso. – E se non puoi? / – Faccio così! / E Marco stese una mano, in atto di chiedere. / – Bravo, caro! – esclamò il Rosso. – Questa è, difatti, la mia professione, com'è la tua; e sta bene. Ma quando sono per le campagne e ho fame e nessuno mi vede; se vedo una gallina, che debbo dirle? – «Fammi un ovetto, cocca bella, per carità?» – Non me lo fa. E io allora me la prendo, me l'arrosto e me la mangio. Tu dici che rubo; io dico che ho fame. Qua siamo in campagna, caro mio! E gli uccellini fanno così, e i topi fanno così, e le formiche fanno così... Creaturine di Dio, innocenti! Allarga, allarga le idee... E sta' pur sicuro ch'io non prendo per arricchire, ché allora sì sarei ladro svergognato: prendo per mangiare, e chi muore muore. Sazio, non tocco neppure una mosca. Prova ne sia, guarda, che ho una pulce adesso, che mi sta a succhiare una gamba. La lascio succhiare. Quantunque, dimmi un po': ci può esser bestia più stupida di questa pulce? Succhiare il sangue a me, il sangue mio che non può esser dolce, né puro, né nutritivo, e lasciare in pace le gambe dei signori! / Brogio scoppiò a ridere e fece ridere anche Marco che non avrebbe voluto. Incoraggiato da questa risata, il Rosso, per ingannare il tempo e il lungo cammino, si mise a narrare alcune avventure della sua vita randagia. Voleva dimostrare a Marco che tutto ciò che si fa e si dice nelle città non ha alcun senso, alcun valore nelle campagne, all'aria aperta. Là parlano gli uomini, che si mettono insieme per incatenarsi a vicenda con le loro leggi, riconoscendosi fra loro bestie feroci; qua, nella libertà, parlano le cose. / – Vedete la campagna, – diceva. – Là gli olivi, per l'olio; qua la vigna, per il vino; più là il granturco per la polenta e il grano per il pane; poi l'orto, per le verdure; le legna secche, per il fuoco; e qualche gallinella per le uova; e il porcellino, per le feste: tutto è qua, e ogni cosa ha il sapore della terra che ve la dà. Andate a trovarlo in città questo sapore! Se tu qua lavori per il pane, lavori il grano che te lo deve dare; se lavori per il pane in città, prima d'arrivarci, devi passare per la trafila del soldo, con cui lo comperi; se sei mendico, mendicare; se hai un'altra professione, metterla in opera; e il pane, per questa via lunga, ti sa di tanti odoracci, che ti levano l'appetito. A me, il soldo mi fa saper ramato il pane, di rame sudicio; se me lo dànno in elemosina, mi sa di cera di chiesa. A me, il pane, che ci ho da fare? mi sa meglio quando lo rubo. Come questa gallina qua. Ora vi farò sentire. / Trasse i due ciechi in un burrato; li pose a sedere; diede a Brogio la gallina perché la spennasse, e lui andò in cerca di legna per arrostirla: lo spiedo, lo aveva con sé, nel bastone. / Marco, poco dopo, cominciò a sentir l'odore, diventò più pallido e non poté più star fermo. / – Ti commuovi, eh? – gli domandò il Rosso, tutto intento alla bisogna e gongolante. / Quegli allora gli mostrò la faccia spenta, con aria di sdegno: / – Non ne mangio! – disse. – Ci ho il mio pane. / – Senza salee! – cantarellò il Rosso. – Il pane, veh! Un ubbriaco diceva: – «Non m'ubbriaco io; m'ubbriaca il vino: io me lo bevo solamente.» – Anche tu, così. La gallina l'ho rubata io; tu te la mangi solamente. Su, via! su! / Ma per quanto lui e Brogio lo pregassero, Marco tenne duro: non ne mangiò. ‖ III. ‖ A Sampiero fecero furore. / Si divertivano tanto i signori villeggianti in quel borgo alpestre, che alla comparsa di quei tre mendichi scasarono tutti. / Lo spettacolo avvenne nella piazza della chiesa. / C'era davvero, la chiesa; brutta, ma c'era; la piazza, per modo di dire. Un campanile a cuspide ottagonale, che pareva un terribile dito di Dio appuntato al cielo per minaccia ai borghigiani; e, su la porta, un'immagine che voleva essere di Maria fra le stelle, come spiegava la leggenda: / D.O.M. ET. B.M.V. SIDERA SCANDENTI. / Nella piazza, tra l'erba e gli sterpi sassàtili, qualche vestigio d'acciottolato; una decrepita cisterna in mezzo; e tre o quattro logori sedili di pietra. / Che lisci, intanto, che gale, quelle signorine! Ma se non si vestivano a dir poco tre volte al giorno, che sugo c'era a villeggiare? / Accorsero, tutte fruscianti, con gli ombrellini aperti, rossi, bianchi, ranciati, azzurri, gialli e violetti; e vollero prender tutte, come le donne del popolo, le pianete, ma sicuro! le pianete dalle mani tremolanti del cieco: del povero Brogio, che nella fretta, nella confusione, non riuscendo più a tener dietro ai segni e a gli avvertimenti del Rosso, impiccato se ne indovinò una! / Meglio così, però. / Che risate, che risate, quelle signorine a cui toccò la ventura del caporale o della maritata! Peccato veramente che, tranne queste pianete, quei tre poveri diavolacci non avessero saputo concertare altro. Un grancassa coi piatti e la zampogna, per esempio! Che ci voleva? / Ma ancora Marco Janni non aveva aperto bocca. Quando cominciò a tonare, con aria ispirata, fu uno stralunamento generale. Urtò, dapprima; ma poi... Altro che padre Agostino da Montefeltro! Parve un portento, un miracolo d'eloquenza. E i soldi fioccarono d'ogni parte. Il Rosso, arrangolando per la contentezza, non faceva a tempo a raccoglierli. / I villeggianti, muti ora, in cerchio, osservavano ammirati e con profonda commiserazione quel cieco dalla gran barba nera, ansimante e pallido, appoggiato al parapetto della cisterna. / Marco, infatti, si reggeva a stento in piedi. Avrebbe forse sopportato senza danno il lungo cammino, a cui non era avvezzo; ma, appena giunto, senza riposarsi, aveva dovuto predicare e, per farsi onore, in quella prima predica del giro, s'era malamente sforzato, ecco. Quando il Rosso gli si accostò per prenderlo sotto il braccio, egli temette di cascare lasciando il sostegno della cisterna. Tremava tutto. Stese una mano e s'aggrappò al parapetto. / – Che fai? – gli domandò il Rosso. / – Aspetta... Le gambe... / – Ti reggo io... / – No... le gambe... che so?... me l'hanno legate? / Un vecchio signore, della colonia villeggiante, dal volto color di carota, bitorzoluto,

s'appressò incuriosito, e domandò al Rosso: / – Che ha? /
– Niente! – s'affrettò a rispondere il Rosso. – Cieco, capi-
rà... / – Cieco e non cieco, – disse Marco, fieramente.
– Secondo... / Quel signore stette un po' a mirarlo, poi
domandò di nuovo al Rosso: / – E ora dove andate? /
– Eh, – fece il Rosso. – Si gira per questi paesetti qua. /
– Ma codesto pover'uomo, badate, – riprese il signore,
– dev'esser malato. / – Nossignore! – negò di nuovo il
Rosso. È proprio così... / – Cecità! – esclamò Marco. / Il
Rosso si voltò a guardarlo, colpito dalla stranezza della voce. / – Già, – disse poi al signore. – Siamo poveretti. Si
gira per questo... / – Capisco, – insistette quel signore,
– ma costui non si regge su le gambe. Deve aver la febbre... badate. / – Il cavallo, il cavallo, – fece allora Marco,
enfaticamente. – Il cavallo della morte! Il cavallo di San
Giovanni... Viene, galoppa, tremate... / – Stà zitto! – gli
gridò il Rosso. – Di' franco a questo signore chi t'ha fatto
venire. Sei voluto venire tu, coi tuoi piedi, è vero, di'? /
– Poveri ciechi... Il bisogno... Fate la carità! – disse Marco, tendendo le mani. / Quel signore scrollò le spalle e
s'allontanò. / – Oh! Non mi far codeste commedie in piazza! – gridò tra i denti il Rosso, scotendo Marco, forte, per
il braccio. / – Oh Dio di misericordia! Il tuo servo fedele... – prese a dir Marco, ad alta voce, levando il volto, levando le braccia. / Il Rosso gli diede un nuovo scrollone. /
– Ti vuoi star zitto? Sei impazzito? / Brogio fu colto da
uno de' suoi brividi alla schiena: / – Allegri! / – Gli s'è
guastata la macchinetta, oh! – sghignò il Rosso, rivolto a
Brogio. – Non ha voluto mangiare con noi la gallina, capisci? perché lui è dabbene, e ora sparla! Su, su, andiamo...
Mangerai, ti riposerai, e vedrai che starai bene. Andiamo!
/ Lo prese sotto il braccio e lo trasse con sé. Attraverso la
strada erta del paesello, pian piano. Marco pareva ubbriaco. Il Rosso di tratto in tratto si fermava, guardava in giro, guardava alle finestre delle case e cantilenava: / – Due
poveri ciechi, un povero zoppo... Fate la carità! / Giunto
al viale, all'uscita del paese, fece montare i due ciechi, pri-

ma l'uno e poi l'altro, sul ciglio, li pose a sedere all'ombra d'un castagno, e disse loro: / – State lì, a godervi l'ombra. Come siete belli! Fermi, eh? Da dipingere, siete! Io corro a far provvista per Marco e torno subito. Allegri, su, che diamine! Va benone! Brogio, su: Allegri! / – Allegri! – ripeté questi, sotto voce, per ubbidire. Poi, quando il Rosso si fu allontanato, chiamò: – Marco! / La voce di Marco gli rispose, ma non così da presso com'egli s'aspettava. Alzò il capo e domandò: / – Che fai? / – Mi sono steso. / – Male assai? / Marco non rispose, e allora Brogio allungò una mano e toccò una gamba del compagno disteso; cercò più su, tastando la mano di lui e glie la prese. / – Scotti, – disse. / E Marco: / – Passa un carro... Bùttamici sopra... / – Un carro? – fece Brogio, tendendo l'orecchio. – No, sai? Vorresti forse tornare indietro? Ora che viene il Rosso gli si dice. Siamo nelle sue mani... Il denaro però l'ho io con me. L'ha lasciato a me, sai? E abbiamo raccolto bene. / Marco dimenò la testa su la terra. L'altro attese ancora un poco; poi, non sentendosi dir nulla, rimase zitto anche lui. Tutt'intorno era un gran silenzio. Non si moveva foglia. / Da un pezzo, né l'uno né l'altro non si domandavano più dove fossero: ovunque, per loro, era lo stesso. Bastava che si rendessero conto della realtà più vicina: che fosse tronco d'albero quello a cui l'uno teneva appoggiate le spalle, e fosse terra quella su cui l'altro giaceva. Che terra? Terra, e basta: qua o là, chiusa o aperta – tutt'uno. Non ci pensavano più. / Brogio si provò a contare in tasca il denaro raccolto. A un tratto Marco ebbe un sussulto e tolse di scatto la mano dalla mano del compagno. / – Che è stato? / – Non so... M'è passata qualche cosa su la faccia... / – Foglia? / – Non so... Dormivo. / – Dormi, dormi: ti farà bene. / E Brogio riprese a contare. Smise poco dopo, udendo una voce lontana, di donna che stornellava. Il vuoto gli s'allargò intorno, di quanto era lontana quella voce. Stette in orecchi; ma la voce, ivi a poco, si tacque; e lui rimase costernato, non potendo più indovinare se quella donna si avvicinasse o si allontanasse. Era sola? / Tornò il Rosso. Vide che Marco dormiva e impose a Brogio di non fiatare. S'appressò, cauto, al giacente, piegò un ginocchio e si chinò a osservarlo da vicino, sollevando gli occhiali su la fronte. / Il corpo, la testa di Marco, lì su la nuda terra, erano in un abbandono di morte; ma nel pallor cadaverico, tra il nero dei capelli sparsi e della barba, i pomelli erano accesi. / Il Rosso fece una smusata; si levò e venne a dir piano a Brogio: / – Se ci s'affioca, stiamo freschi! Ha la febbre... / – Che facciamo? – domandò Brogio. / E il Rosso, urtato: / – Che vuoi fare? / – Io direi... / – Di tornare indietro, è vero? Te l'ha detto lui, e tu, mammalucco, me lo ripeti. Che bel negozio ho fatto io a mettermi con vojaltri due! Meritereste... lo so io! Lascialo riposare, e vedrai che gli passerà tutto! Ma che ci state a fare su la faccia della terra, me lo dite? Non siete buoni neanche a far due miglia a piedi? E ammazzatevi! Che vita è la vostra? Non ci penserei due volte, io, se mi riducessi come voi... Guarda che faccia, vah! guarda che occhi! Fortuna che non ti vedi, caro mio... / Rimase un pezzo a contemplarlo, poi ruppe in un ghigno e scrollò le spalle. / – Sei brutto, sai? Ci si spassa con gli uomini la naturaccia buffona! Ci dà le cose, capisci? e poi ce le toglie: i denti, e ce li toglie; la vista, e ce la toglie; i capelli, e ce li toglie... A te poi, che t'ha dato, a te? Che sei, tu? Uomo sei? Né uomo, né bestia: niente! Una bocca che mangia; due gambe che camminano. / Brogio ascoltava con un sorriso di scemo su le labbra, appoggiato al tronco dell'albero. / – Ci ridi? / – Eh! – fece Brogio, alzando le spalle. / – Ti vorrei mettere un fiore in bocca, – seguitò il Rosso, – lavare, pettinare e vestire come un signore e poi condurti per le fiere: – «Guardate, signori, che belle cose fa il buon Dio!» – Chiudi codesta bocca, mannaggia! o ti ci ficco un pugno di terra... Non te la posso vedere così aperta! / Brogio chiuse subito la bocca, e allora il Rosso riprese con altro tono: / – Su, dà' qua! Vediamo un po' quanto s'è fatto. / Contò il denaro e, lira per lira, lo rimise a Brogio. Avevano fatto più di sette lire. / – E se arriviamo a Sopri, – disse, – ne faremo una trentina là solamente. A Valdrana, poco più di qua. A Migliarino, più di Sopri. Fra quattro, cinque giorni, potremmo insomma tornarcene con un centinajetto di lire, e passa. Avendo poi qualche cosa da parte, non saremo mica forzati a trottar sempre. Potremmo prendercela anche comoda e far davvero la villeggiatura anche noi. Sopri è un bel paese, sai?, grande, e ci conosco parecchia gente, uomini e anche... anche donne, sì. / Sghignazzò, e riprese: / – Donne, tu... niente? / Brogio gli mostrò la faccia squallida, dagli occhi tumidi, orribili, con la bocca di nuovo aperta a un ineffabile sorriso: / – Mai, – disse. – E come hai fatto? Non ci hai mai pensato? / – Sì, sempre, anzi... Ma... / – Capisco... Ma i ciechi, sai? (chiudi la bocca!) i ciechi, con le donne oneste, possono aver fortuna. Guarda, scommetterei che Marco, bell'uomo, avrà avuto le sue avventure. La donna, capisci? non è veduta, e specialmente se conosce di non esser bella e di non essere più tanto fresca, se si trova in tèmpera, e può farlo di nascosto... perché no? ne approfitta... ci sta! So di tanti ciechi che sono ricercati... Ma non brutti come te, badiamo. Di', ti piacerebbe? / – Eh, – fece di nuovo Brogio, alzando le spalle. / – Ebbene, a Sopri, se ci arriviamo... – promise il Rosso. – Ma tu persuadi Marco a non tornare indietro. / – Sì sì sì, non dubitare, – s'affrettò a dir Brogio, con tale impegno, che il Rosso scoppiò a rider forte. / – Viziosaccio! / Alla risata, Marco si destò. Disse che si sentiva meglio; si provò a mangiare, ma non poté. / – E mangia, mannaggia! / – Non mi va... / – Allora andiamo? / – Sì, a casa, – disse Marco. – Vedo che non è per me... Se tu e Brogio volete seguitare, seguitate pure. / – Ma noi due soli... – fece Brogio, col solito verso piagnucoloso. / – Sta' zitto! – gli gridò il Rosso. – Lascialo dire! / – Ho poco da dire, – riprese Marco. – Dammi la mia parte; oppure non mi dar nulla; cercami un ragazzo che m'accompagni, e me ne tornerò indietro io solo. / – Tu sei matto! – esclamò il Rosso. – Solo non ti lascio andare. Vorresti rifar tutta quella via, in codesto stato, con questo caldo? La coscienza non me l'approva. / – Qua non posso rimanere, – rispose Marco. / E il Rosso: / – Dà' ascolto a me. Ti sei riposato, hai dormito un po'... Proviamoci ad arrivare pian piano fino a Valdrana, che è qui vicino. Andando, vedrai che il male ti passerà... / – Non mi passa... – disse Marco. / – Se non ti passa, torneremo indietro tutt'e tre, – concluse il Rosso. – Guarda, da Valdrana, la via non è più lunga che da Sampiero, lo so sicuro; è anzi più agevole, e sarà più facile trovare un carro. Su, andiamo! / Così s'accordarono; e si rimisero in via. / Il Rosso però, strada facendo, senza dirne nulla ai compagni che non vedevano, fece un'altra pensata. Lasciar Valdrana da parte, dove c'era poco da fare, e dirigersi a Sopri. Dovendo fare un'altra tappa soltanto, meglio far quella. La via sarebbe stata più lunga del doppio; ma, traversando con un po' di pazienza il bosco degli ippocastani, prima di sera sarebbero arrivati. Se Marco si fosse lamentato, egli avrebbe detto che aveva presa la via più lunga per godere un po' d'ombra, ecco! con quel caldaccio .. Del resto, ora che eran lontani dall'abitato, il padrone di quei due era lui, e dovevano camminare. / Camminarono, camminarono; e Valdrana non arrivava mai. / – Ora; c'è poco... – L'ombra... – Riposatevi qua... – Vi conto della vecchia che mi prese per cieco davvero, e in un pagliaio... – Vi conto di quando mi misi a fare il pastore... / Non sapeva più che dire e che inventare il Rosso. Marco dapprima arrancò alla meglio; poi cominciò a sentirsi di nuovo un gran fuoco alla testa e un grave abbandonamento di tutte le membra, delle gambe segnatamente. / – Ancora? Ma quando? / Il Rosso sbuffò; si cacciò due dita in bocca e trasse un fischio acutissimo. / – Chi chiami? / – Le case, – disse. – Adesso vengono qua, e tu sei giunto. Se non cammini! / – Non posso più! – gridò Marco, scotendo le pugna rabbiosamente. / – E vuoi che ti porti in collo? / – Volevo che mi lasciassi ritornare subito a casa! / Ma se stiamo ritornando a casa! / – Per qual via? / – Per la più breve. Su, cammina! Ora viene il bosco. / Ma, venuto il bosco, ch'era piuttosto una fitta macchia dirupata, fonda che non si vedeva la fine da nessuna parte, l'impresa di trascinarsi dietro quei due ciechi cadenti diventò disperata. Era imminente la sera. Il Rosso, anziché incolpare la propria ostinazione s'inferocì contro i due compagni. Agguantati per il petto, se li tirava su, a scossoni, sacrando. A ogni sdrucciolone, Brogio: – *Allegri!* – mentre il Rosso, tenendolo su col polso poderoso, lo scrollava furiosamente. / – Ahu! – urlò a un tratto, a un nuovo sdrucciolone. / Il Rosso gli aveva dato un morso in una guancia. E i pantaloni, povero Brogio, i pantaloni gli scivolavano, perché quello, a furia di scuoterlo e di tirarlo su, gli aveva tratto fuori tutta la camicia dalla cintola. Così sbracato, ruzzolava peggio. / – Vi lascio qua! – ruggì alla fine il Rosso, non potendone più. / Marco gli s'era accosciato per terra, e non voleva più rialzarsi. Ronfiavano tutt'e tre, rifiniti. Brogio, invaso da un terror pazzo, tremando a verga a verga, si teneva con ambo le mani aggrappato alla giacca del Rosso. / – Lasciami! – gli gridò questi, strappandogli la giacca dalle mani. – V'abbandono qua, a crepare soli! Lasciami! / – No, sai? – disse allora Brogio, curvandosi, restringendosi in sé, e cacciandosi frettolosamente una mano in tasca. – Maledetto! / Il Rosso gliel'aguuantò subito quella mano. / – Che fai? – disse. – Fuori, questa mano! Tu... il coltello? Ah ah ah! Miserabile! Mi cavi il coltello? Tu? Ma aspetta... Te lo metto io, in mano, aperto!... Su, qua, tira! / Brogio gli s'inginocchiò davanti, gemendo: / – Per carità! Per carità! / Il Rosso lo prese per un orecchio: / – Questo te lo mozzo, sai? – gli disse. – Te lo mozzo com'è vero Dio! / – No! – gridò Brogio, abbracciandogli le gambe. – Perdono! Perdono! / – Sai che è fuori di misura, questo coltello? – riprese il Rosso. – Potrei schiaffarti come niente in prigione... L'ho detto che sei mala carne! Bravo, rospo! E com'è affilato! Coltello nuovo... L'hai comperato per l'impresa, eh? Via, via, lasciami le gambe! M'hai fatto ridere... Marco! / Marco, abbandonato per terra, non dava segno di vita. / – Non vuoi lasciarmi? – gridò il Rosso a Brogio, alzando una gamba e buttandolo indietro. / S'accostò a Marco, si chinò a guardarlo, gli sollevò il capo inerte: il volto era paonazzo, come per congestione. / – Marco, – chiamò di nuovo, scotendolo. – Vuoi che ti cavi sangue? / Attese un po' la risposta. Poi: / – So farlo, sai? Me lo son cavato io, tante volte, da me. Me lo voleva cavare Brogio, sai? adesso... per ridere... Su, su, Marco, un tagliettino! Ti farà bene... Vuoi? / Marco fece un atto appena appena con la mano. / – Aspetta! – disse allora il Rosso. / Si svolse la fascia dalla testa, poi s'inginocchiò accanto a Marco e gli tirò su la manica della giacca e della camicia. / – Incigneremo questo bel coltellino di Brogio... Vieni qua, galantuomo! Reggigli questo braccio. Così! / Ci si vedeva appena. Curvo, il Rosso cercò nel cereo braccio teso la vena cefalica. / – Qua, – disse. / Incise; il sangue zampillò. Quando gli parve che ne fosse uscito a bastanza, premette un dito su l'incisione. / – Ti senti meglio? / Marco non rispose. / Il sangue, intanto, seguitava ad urgere contro il dito, fervidamente. Il Rosso provò a farlo zampillare ancora; poi gli parve troppo e tornò a premere il dito su la ferita. / – Qua, – disse a Brogio. – Dammi una mano. Premi così sul taglio. Bada di non muoverti, sai! Vado a cercare qualche foglia di ruta. Si mastica, s'applica, e poi si fascia. Attento veh! / Brogio non si mosse; ma si mosse invece, poco poco, Marco scivolando per il peso stesso del corpo in pendìo. Il taglio rimase scoperto, e il sangue riprese a spiccar forte. / Con quale attenzione, intanto, premeva Brogio il dito sul braccio, ma un po' più su, santo Dio! poco poco più su... / Aspettando, mentre Marco, svenato, si abbandonava di punto in punto, uno dei soliti brividi corse a Brogio la schiena, e gli fece dire ancora una volta, sotto sotto: / – Allegri! / Nella macchia – di sera – quei due mendicanti ciechi – uno morente – e quell'altro zoppo che andava cercando, al bujo, la ruta e s'allontanava sempre più... sempre più. .

Un'altra allodola, 1897

[Trascriviamo questa parte della novella (poi espunta nel 1928) da «La Tribuna» del 17 luglio 1897, nelle cui colonne apparve per la prima volta. Poiché il testo presenta vari evidenti refusi, li correggiamo tacitamente nella trascrizione, come nel caso, che qui segnaliamo, del cognome *Turrao* che occorre ben tre volte al posto del *Currao* sempre usato nelle restanti occasioni.]

Mimì Pignolo afferrò con una mano per il petto il sensale Vito Currao, in mezzo alla piazza, e con l'altra gli mise sotto il naso una lettera, gridando: /
– Sapete leggere, boia ladro? Asino calzato e vestito, sapete leggere? / Il povero sensale, così soprappreso, magro e corto, un dito d'uomo, tutto tremante sotto la stretta poderosa, fece per tirar le lenti dalla tasca: / – Piano, don Mimì!... / Ma il Pignolo gli schiaffò la lettera in faccia e gliela stropicciò sul muso furiosamente, gridando alla gente accorsa da ogni ango-

Un'altra allodola, 1928

[Tutta la prima parte "siciliana" della novella nella stesura 1897 – e poi anche nella stesura del 1902 per la raccolta *Quand'ero matto...* – viene espunta nella redazione definitiva del 1928, dove l'avvio narrativo è direttamente sull'arrivo di Luca Pignolo – divenuto Luca Pelletta – alla stazione di Roma.]

lo della piazza: / – Questo ladro m'ha rovinato! / Tre grossi imbarchi d'agrumi, uno dopo l'altro, andati a male, per giunteria del Currao; e tal jattura seguiva a una serie di male annate nel raccolto degli aranci e dei limoni, cosicché la discreta fortuna del Pignolo (da parecchio tempo alquanto scossa) poteva ormai dirsi seriamente in pericolo. / Le tre sorelle del Pignolo, le quali di nascosto, nella penombra perenne del loro vecchio casone, facevan mercato a credenza e con usura di tele e d'altre stoffe con la povera gente e vendevan le uova delle loro galline e i piccioni della colombaia nel giardino, incolpando il fratello dei danni subiti e prevedendo la completa rovina della casa, si eran messe d'accordo per ottenere la divisione di quel po' che restava. Mariantonia, la maggiore delle tre sorelle, volle parlarne al fratello Luca, l'ultimo della famiglia, per averlo dalla loro. Ma Luca non volle immischiarcisi... / – Fate voi! Fate voi! / – Tu lasci fare? / – Lascio fare. / Egli non apparteneva quasi alla famiglia, con la quale, del resto, conviveva da quattro anni soltanto, dalla morte, cioè, dello zio prete, che se l'era cresciuto in casa, inculcandogli, col beato ozio, il suo fervore per la lingua latina. / Luca pareva vivesse tra le nuvole: se ne stava appartato, chiuso sempre in camera sua, ove "*bestemmiava, passeggiando, ad altissima voce*". Così dicevano le tre sorelle; ma in verità Luca declamava con molta espressione versi di Catullo: ‖ *Quaeris quot mihi basiationes / tuae, Lesbia, sint satis superque...* ‖ e terminava con la lenta dizione, a lunghe pause, quasi in un bisbiglio appassionato, intercalando in fine il suo nome al posto di quello del poeta latino, così: ‖ *Tam... te... basia multa... basiare / vesano satis... et supra... Pignolost / quae... nec pernumerare... curiosi possint / nec mala... fascinare lingua...* ‖ Mimì intanto era addivenuto alla proposta delle sorelle. Si fece tra violenti litigi la divisione; e, tirati i conti, al povero Luca restava soltanto il misero reddito d'una lira al giorno, sì e no, e un tugurio in pessime condizioni, dato in affitto a infima gente. / – T'ha rubato! t'ha rubato! – gli gridarono a coro le tre sorelle furibonde, sperando di metterlo su contro il fratello maggiore. / – No, perché? – rispose invece Luca con un sorriso benevolo, stringendosi nelle spalle. – Mi basta... Io, per me, purché possa vivere da signore... / – Con una lira al giorno? / – Eh sì, mi basta: non fumo, non bevo, mangio quanto un uccellino... / – Stupido! pazzo! imbecille! – gli urlarono in faccia le tre sorelle. / – No, perché? – ripeté Luca, rifacendo il sorrisetto benevolo. / Il domani, Mimì se lo chiamò in camera per esporgli il miserando stato finanziario. / – Adesso, bisogna che tu ti metta a lavorare... / – No, perché? Mi resta sì o no questa liretta al giorno? / – E che te ne fai? – gli domandò il fratello. / – Mi basta, mi basta... Non ho pure quel casalino in via del Serpente? / – Ah, già! me ne scordavo!... quelle quattro mura, che non si reggono in piedi, più deboli di te... / – Io, debole? – fece Luca meravigliato. – Ma ti prego, Mimì, tocca! / E piegato il braccio costrinse il fratello a tastargli il bicipite. / – Non mangio molto, è vero, e non bevo, per mantenermi mingherlino ah, ma debole poi, no! / – Sta bene; intanto ti avverto – rispose il fratello – che il tuo matrimonio con la signorina Botta è sconcluso. Già lo prevedevo. / – Anch'io... – affermò Luca col solito risolino; ma, questa volta, malizioso. – Da un mese non mi vuol più ricevere in casa. So perché... È gelosa. / – Gelosa di te? / – Gelosissima, poverina! *Zelotypia, zelotypiae...* Povera fanciulla! La comprendo e la compiango. Per altro, meglio così. Io, or che son libero e padrone del mio... sì, ho... altre idee per la mente... Sai? *Ibo Romam.* / – Che farai? / – Andrò a Roma. / – Ah, dunque sei matto davvero? matto da legare? / – No, perché? / – Che vuoi fare a Roma? / – Affari miei – sospirò Luca, sollevando il petto e posandovi ambo le mani. – Vedi questa cassa? È solida! La testa non è brutta: me lo dice lo specchio, e me lo ripeton gli occhi delle donne... Così, conto – senza vendermi, beninteso oh! – conto di ristorar le mie finanze... / Il fratello stette un po' a guardarlo, stordito; poi scoppiò in una nuova risata. / – Ah, sì, scappa, scappa, non perder tempo, caro! Tutte le principesse romane ti attendono lassù a braccia aperte! / – Tu che ne sai? – fece Luca con aria di sdegnosa commiserazione verso il fratello, che seguitava a ridere. – Tu nella vita non vedi altro che il danaro... / – E tu che ci vedi? / – Io, l'amore! – esclamò Luca con un sospiro, alzando gli occhi al cielo. / – Escimi dai piedi! Va via! Vuoi fare ammattire anche me? Vattene al manicomio piuttosto! – gli gridò Mimì spingendolo per le spalle fuori dell'uscio, mentre egli col sorriso benevolo ripeteva: / – No, perché? ‖ Due giorni dopo, Mimì, rincasando, lo trovò in camera sua vestito del

suo abito nuovo, quasi perduto in un'ampia finanziera, di cui aveva rimboccate
le maniche sui polsi. / Luca
porgeva saluti con un enorme cappello a staio, reli-
quia del nonno, avanzan-
dosi con striscianti inchini
verso lo specchio dell'armadio. / – Che fai lì? Chi
ti ha dato il permesso di
trar dall'armadio il mio
abito nuovo? Spogliati subito! / – Aspetta, Mimì...
Come mi sta? / – Ti dico,
spogliati subito! / – Oh
Dio, Mimì, speravo che volessi regalarmelo... / – Regalo un corno! Pazzo! Vuoi
spogliarti? No? Ti spoglio
io! / Lo afferrò, e cominciò
a spogliarlo. Luca non op-
pose resistenza: Mimì lo
spogliava, e lui diceva: /
– A tuo fratello che se ne
va... per sempre, forse, Mimì! / – Ma non t'accorgi
che c'entri per lo meno tre
volte qua entro? E poi,
scherzi? La finanziera nuova! / – Non è per te la finanziera, Mimì, non è abito per te. Io debbo andar-
mene a Roma, invece... /
– Al manicomio! / – La farei stringere un po' dal sar-
to... / – Alza i piedi!... /

– Attagliare al mio agile corpo... / – Alza i piedi, ti dico! Guarda che mi hai fatto... Non potevi rimboccare anche i calzoni? Qua, l'altro piede! / Luca restò in mutande e camicia con l'enorme cappello a staio sprofondato fin su la nuca. / – Questo almeno me lo regali? – sospirò, accennando con l'indice teso il cappello sul capo. / – Prendilo pure! Era del nonno... – rispose Mimì spazzolando la finanziera. / – Del nonno? Ah, e allora è roba mia! – affermò Luca. / – Di tutti, se mai! / – No, roba mia; perché nessuno di voi, scusa se te lo dico, ha testa da cilindro. / – Sì, va bene; sentirai, caro, che torzi di cavolo ti pioveranno addosso. / – No, perché? – fece Luca esaminando il cappello. – Di' che mi manca l'abito piuttosto!... Mimì, regalami la finanziera... Tuo fratello parte, tuo fratello se ne va per sempre... / – A proposito, di' un po': te ne vai a piedi fino a Roma? E lo stretto di Messina, lo passerai come Mosè? / – Che c'entra Mosè? Vapore o ferrovia. /

– Treno speciale? Il danaro te lo mandano le principesse? / – No – rispose Luca semplicemente – vendo il casalino in via del Serpente. È o non è roba mia? Io... / Qui Luca sternutò due volte, e scattò in piedi furiosamente. / – *Ercle!* Mi raffreddo... E adesso il naso, per causa tua, mi verrà grosso così... Maledizione! / Scappò dalla camera del fratello e andò a chiudersi a chiave nella sua. / Poco dopo, Mimì venne a dirgli dietro l'uscio: / – Sai quanto te lo pagheranno il casalino? Un baiocco e mezzo! / Luca aprì l'uscio, vestito de' suoi soliti panni e col cappello a staio ancora in capo. / – Come sto così? Ti par che possa andare? / – A Roma? / – No, dico: sto bene? / – Benone, caro! Hai inteso? Un baiocco e mezzo. / – Compramelo tu! – propose Luca. / – Pel costo del viaggio in terza classe, sì! Ti conviene? – rispose il fratello. / Luca si tirò indietro d'un passo, e appuntando l'indice della mano destra sul petto: / – In terza classe, io? Caro mio, ci ho fatto sempre viaggiare i miei servi. Dico per dire: Luca Pignolo, caro mio, viaggia in seconda classe. / – Aspetta: otto e venticinque? / – Trentatré. / Trentatré e ventidue? / – Cinquantacinque. / – Mettiamo sessanta. Resta fatto! / – Lo compri tu? Seconda classe? / – Contratto! E il casalino resta mio. Quando parti? / – Fra tre giorni. / – Contratto. ‖ La valigetta con la poca biancheria era pronta e, accanto alla valigetta, una cassettina coi libri latini dello zio prete in antiche scorrette edizioni. Luca Pignolo s'aggirava per le stanze in penombra del vecchio casone, che la sera stessa doveva abbandonar per sempre, sperando di poter ghermire qualche oggetto di nascosto dalle sorelle. Marantonia lo sorprese, che si cacciava in tasca un paio di forbici! / – Rimetti a posto le forbici! / – No... dicevo... – fece Luca confuso. / – Non dicevi nulla: rubavi! – lo interruppe la sorella. / Luca si avanzò incontro a lei, minaccioso: / – Io, rubare? Un paio di forbici! Come mi conosci

poco, sorella Marantonia!
Volevo invece pregarti...
giacché ho il denaro conta-
to... di farmi risparmiare
una mezza liretta che do-
vrei dare al barbiere... /
– E che vuoi da me? /
– Ecco... se tu... un po' qui
ai lati la barba, e un po' su
la nuca, i capelli... / E con
l'indice e il medio della
mano destra fe' il gesto: tagliare... / – Io? – fece Marantonia, ritraendosi con
ribrezzo. – Non metto ma-
ni nelle barbe degli uomini,
io! / – Son tuo fratello! –
gemette Luca. – Permetti
almeno che me li faccia da
me? / – E poi le forbici, a
posto! / – Non dubitare. /
Sedé innanzi alla specchie-
ra, e prima di mettersi a tagliare, si contemplò un pezzo, come per misurar nello
specchio le sue forze contro l'ignoto destino. Provò
prima la forza degli sguardi, ora atteggiando gli occhi di profonda passione,
or d'amoroso giubilo, or di
concentrata brama; e di
questo primo esperimento
rimase molto soddisfatto. /
Si rialzò le punte dei baffi
ruvidi; ma notò che la barba era troppo ingombrante;

le sopracciglia troppo cespugliute; i baffi troppo folti e lunghi in proporzione del naso piccolissimo e delle guance di carne. Accorciare i baffi, dunque, e scemar la barba ai lati e, un tantino, le sopracciglia. Tartassò barba, baffi e sopracciglia: volle rimediare, fu peggio; esasperato, scaraventò a terra le forbici, e dalla rabbia si mise a piangere. Al rumore, accorsero le tre sorelle, furibonde; ma, nel vederlo conciato a quel modo, ruppero in una fragorosa risata; e Luca, per non inveire contro le donne, andò a chiudersi in camera sua. / La sera stessa di quel giorno partì, così malconcio, col cappello a staio in capo, la cassetta dei libri in una mano, la valigetta nell'altra, diritto come un palo telegrafico, senza salutar nessuno. ‖ Sul vapore c'era un'inglesina. L'inglesina leggeva in un libretto dalla stampa minuscola e di tratto in tratto guardava Luca Pignolo. Perché lo guardava? / Il vapore non si era messo ancor bene in moto, e Luca, riparando con una mano sotto il naso i baffi e la barba tartassati, passava e ripassava innanzi all'inglesina, passeggiando sul cassero del battello. Teneva per vezzo il capo inclinato da una parte, e l'espressione dolce e fatale degli occhi era completata sotto la mano dall'atteggiamento delle labbra. Egli pensava: / – Ho capito! Addio Roma! Questa volta vado a finire a Londra, senz'altro. / E passava a ripassava innanzi all'inglesina. Ma non conosceva neppur di vista la lingua inglese: chi sa, forse col latino... Le sedette da presso, e cominciò a sospirare: ‖ *Tinguitur oceano custos Erymanthidos ursae / aequoreasque suo sidere turbat aquas.* ‖ L'inglesina si voltò a guardarlo sdegnosamente; chiuse il libro, e si alzò. Luca Pignolo restò un po' male. E in quella il piroscafo raddoppiò la velocità e cominciò a rullar leggermente, essendo quel giorno il mare un po' agitato. Luca volle alzarsi anche lui, per stringer vieppiù d'assedio la bella; ma tosto ricadde a sedere, stringendo gli occhi e la bocca e impallidendo. Oh dio, la saliva gli abbondava in bocca, sudava freddo... Volle provarsi a schiudere un po' gli occhi; la inglesina lo guardava da lontano e sorrideva. Luca Pignolo richiuse gli occhi, trafitto. / – Oh brezza marina, aiutami tu! / Durante la notte il mare imperversò. Rannicchiato nella cabina, Luca, tutto sudato, si contorceva senza requie. La carcassa del vapore, ripiegandosi or da un lato or dall'altro, pareva gemesse con lui. A un urto più violento del mare quattro o cinque passeggeri fecero contemporaneamente la stessa cosa, e Luca, come se gli avessero gridato: – Imitaci! – li imitò subito per quel poco che poteva, ormai. / Gli parve, tra i conati, di sentir la voce della inglesina, che chiamava aiuto anche lei; udì la rispostaccia sgarbata d'un cameriere, e: – Porco! – si provò a gridare; ma lo disse quasi a sé stesso, tanto la voce gli s'era affiochita. / – Me la faranno morire senz'aiuto! – sospirò poi, rimanendo tuttavia impalato, supino, come conserva-

to in un palchetto d'armadio a muro. Sul finir della
notte prese sonno, e dormì
fino all'arrivo a Napoli.
Quando salì in coperta,
cercò invano tra i passeggeri l'inglesina, ch'era già di-
scesa a terra, tra i primi. /
– Forse è meglio così! –
pensò Luca, sospirando.
– Mi sarebbe stato duro
espatriare. Benché ogni
paese della terra possa con-
siderarsi comune patria
d'Amore. ‖ Del mondo
ogni paese / patria è d'A-
mor comune. ‖ Faccio versi
senza volerlo! Eppure mi
sento maluccio... / Prima
di lasciar Napoli, spedì a
Roma un telegramma all'a-
mico Santi Currao, pregan-
dolo di trovarsi alla stazione per riceverlo al suo arrivo. Santi Currao era fratello di quel Vito che Mimì
aveva schiaffeggiato. Ma
Luca sapeva che tra i due
fratelli non correvano da
un pezzo buoni rapporti.
Santi Currao era, per altro,
un artista, un professore di
musica, anzi un maestrone,
attratto molto tempo prima
di lui dal miraggio della capitale; non avrebbe badato
a simili inezie, e a Roma,

nella città dei secoli, si sarebbero intesi subito, loro
due! Un solo sospetto tuttavia turbava l'anima di
Luca: la moglie del Currao,
la moglie dell'amico... /
– Se s'innamorasse di me!
‖ Non avrebbe riconosciu-
to Santi Currao, se questi
non gli si fosse fatto avanti
chiamandolo ripetutamen-
te: / – Amico Pignolo!
Amico Pignolo!

[Di qui in poi la prima stesura si ricollega, pur con le
varianti poi inseritevi nelle
correzioni d'autore, alla
stesura definitiva che, mutato il nome del protagonista, così esordisce: «Luca
Pelletta non avrebbe riconosciuto alla stazione di
Roma Santi Currao, se
questi non gli si fosse fatto
avanti chiamandolo ripetutamente: / – Amico Pelletta! Amico Pelletta!»]

Richiamo all'obbligo, 1906

e scappò via. / Nel cordino
davanti alla finestra... oh
giubilo! oh sollievo! oh felicità... ma come? iiih! – tre
fazzoletti.

Richiamo all'obbligo, 1928

[Si veda, a raffronto, tutto
il lungo finale aggiunto, da
«e scappò via», fino alla
chiusa: «mostrando le cinque dita della mano a tutti
quelli che incontrava».]

[Così finiva, nella prima stesura, la novella. Il finale appare largamente ampliato, con scarse varianti rispetto alla redazione ultima, già nella stesura intermedia del 1912 per la raccolta *Terzetti* pubblicata da Treves.]

Il guardaroba dell'eloquenza, 1908

Povero Geremia! Aveva finalmente una retribuzione fissa, sul fondo della tombola telegrafica, e casa franca: una fortuna. / Vero è che, un bel giorno, il povero Geremia s'era accorto che quell'alloggio gratuito s'era alquanto complicato; che cioè se Bonaventura Camposoldani aveva concesso gratis l'alloggio nella sede dell'Associazione a lui e alla figliuola, questa, forse per sdebitarsi... / La natura è incoerente, ecco. Non ci si può scherzare. Lei magari, sì, fa tante volte la buffona, si spassa a crear certe cose inverosimili, a metter su uomini e donne con certi nasi, per esempio, con certi occhi, con certi orecchi, che... lasciamo andare; e a conciar

Il guardaroba dell'eloquenza, 1928

[Si vedano, a raffronto, le pagine dell'ultima stesura, da «Povero Geremia! Aveva finalmente una retribuzione fissa» fino a «E che avrebbe fatto, ora, che avrebbe detto quel povero Geremia?». La lunghissima inserzione, relativa al personaggio di Tudina, appare già, con lievi varianti rispetto alla stesura definitiva, nella redazione della novella per la raccolta *Erba del nostro orto*, pubblicata a Milano, nel 1915, dallo Studio Editoriale Lombardo.]

per le feste la povera umanità, nella vecchiaja: senza denti, senza capelli... lasciamo andare! Se poi un pover'uomo, una povera donna vogliono distrarsi un pochino dalle tante noje, dalle tante afflizioni – per un piccolo scherzo, sùbito una tragedia: un figliuolo. Che c'entra? Quando si fa sul serio, va bene; quando però si scherza per un momentino solo, via! dar tanto peso a uno scherzo, gravar così la mano, portare una conseguenza così esagerata... Certo non casca il mondo; tutto alla fine si accomoda; ma, a ogni modo, responsabilità, pensieri, seccature, quando già Bonaventura Camposoldani ne aveva tanti come presidente dell'Associazione nazionale per la coltura del popolo. / Che avrebbe fatto, ora, che avrebbe detto quel povero Geremia?

Due letti a due, 1909

– Bisogna invece pensarci, a tempo, – brontolò egli, cupo, lanciandole di traverso sguardi odiosi. / – Non ci voglio pensare! – protestò ella, rompendo in lagri-

Due letti a due, 1928

[Si veda, a raffronto, tutto il finale fortemente ampliato, da «Bisogna invece pensarci a tempo,», fino alla chiusa: «In questo, almeno, la simmetria era salva e me. / Ma ci dovette pensare, pochi giorni dopo. / Tutta smarrita e sconvolta, nella furia delle disposizioni da dare per i funerali, rimestando in un cassetto, trovò l'epigrafe ch'egli, quattr'anni addietro, aveva preparato per sé. – Ah, là, accanto alla prima moglie, no! là, no! Era stato suo marito adesso. Lei piuttosto, se mai, accanto a quella. E ordinò che fosse sepolto nell'altra gentilizia. Tutti e due insieme, i mariti: l'uno e l'altro per lei sola. Avrebbe poi pensato a correggere l'epigrafe. / Ancora Margherita Gàttica-Mei, moglie esemplare, nella nicchia del suo letto a due ‖ ASPETTA IN PACE / LO SPOSO ‖ La lampada è spenta, e tutti i fiori appassiti.

[Così finiva, nella prima stesura, la novella. Il finale appare ampliato, con una sola variante minima rispetto alla stesura definitiva, già nella redazione intermedia della novella, per la raccolta *Terzetti* del 1912].

il Gàttica-Mei poteva esserne contento.»]

Interventi sui personaggi

a) *interventi onomastici*

L'albero di fico, 1896

– soleva ripetere don Sa-
verio –

Da giovanotto don Save-
rio, sì, era stato un po' focoso,

La paura del sonno, 1928

soleva infatti ripetere il
Mago. –

Da giovanotto, il Càrzara,
sì, era stato un po' focoso,

[Sin dalla pubblicazione del 1900 su «Roma letteraria», è
frequente la sostituzione, rispetto alla prima stesura, del
nome, don Saverio, con l'appellativo di *Mago* o, altrimenti, con il solo cognome del personaggio.]

Questi non si rompono
neanche a sbatterli sulle
corna di don Filippo il mio
rivale.

– «Sasà! Sasà! Sasà mio!» –
lo chiama la moglie, abbracciandolo.

Questi non si rompono
neanche se li sbatte su le
corna del Tubba, che osa
dirsi mio rivale!

– Saverio! Saverio! Saverio
mio! – lo chiama la moglie,
abbracciandolo.

La lega disciolta, 1910

Là al caffè, dove Nzulu
Bùmmulu stava tutto il
giorno,

La Lega disciolta, 1928

Al caffè, dove Bòmbolo
stava tutto il giorno,

Un'altra allodola, 1897

– Amico Pignolo! Amico
Pignolo!

Un'altra allodola, 1928

– Amico Pelletta! Amico
Pelletta!

Richiamo all'obbligo, 1906

– Ninì, faglielo vedere a
papà...

Richiamo all'obbligo, 1928

– Nonò, faglielo vedere a
papà...

Pensaci, Giacomino!, 1910

Giacomino Pugliese era sfaccendato,

Pensaci, Giacomino!, 1928

Giacomino Delisi era sfaccendato,

Non è una cosa seria, 1910

Ehi, Cecchino! Cecchino! / Cecchino era il suo vecchio servo fidato. / – Di' Cecchino.

Non è una cosa seria, 1928

Ehi, Celestino! Celestino! / Celestino era il suo vecchio servo fidato. / – Di', Celestino.

– E sono sempre lo stesso Celestino? / – Sempre lo stesso, sissignore.

– E sono sempre lo stesso Perazzetti? / – Sempre lo stesso, sissignore.

Sicuro! Maddalena: quella del cane; sposando Maddalena, sicuro, quella povera scema

Sicuro! Filomena: quella del cane. Sposando Filomena, quella povera scema

Tirocinio, 1905

Casa Balduino-Montroni, signori,

Tirocinio, 1928

Casa Castiglione Montroni, signori,

Si chiama Michelangelo. Di casato Balduino, nientemeno.

Si chiama Michelangelo. Di casato Castiglione, nientemeno.

[Nella commedia *Il piacere dell'onestà*, tratta dalla novella *Tirocinio*, il nome del protagonista sarà Angelo Baldovino, richiamando, dunque, il *Balduino* della prima stesura novellistica.]

Il marchese Colli – Cosimo Colli –

E il marchese Colli – Mino Colli –

Il guardaroba *dell'eloquenza*, 1908	*Il guardaroba* *dell'eloquenza*, 1928
Romeggi, Casamassima... Toh!	Romeggi... Toh!

b) *espunzione di connotati descrittivi*

L'albero di fico, 1896	*La paura del sonno*, 1928
Leggeva ad alta voce, magnificamente spropositando, pronunziando, per esempio, come piane tutte le parole sdrucciole: *Mettetévi in ordìne... Aurèo, fulgìdo paladìno...* E spesso rileggeva tre, quattro volte di seguito	E leggeva ad alta voce, magnificamente spropositando. Spesso rileggeva tre o quattro volte di seguito.
Da giovanotto don Saverio, sì, era stato un po' focoso, un po' animato, ecco, specie nelle frasi, nei gesti, nella foggia del vestire e del pettinarsi, da cotale spirito d'avventura, che poi man mano cogli anni, erasi venuto sbaldanzando. Portava tuttavia, è vero, i pantaloni tagliati a campana; forse	Da giovanotto il Càrzara, sì, era stato un po' focoso, tanto che portava ancora i calzoni a campana a modo dei guappi: e forse
Costei, piccola di statura, stecchita, come di legno, pare insuscettibile delle più lievi, spontanee curiosità, delle più lievi, spontanee meraviglie. Aveva lo spiri-	Piccola di statura, stecchita, come di legno, la signora Fana pareva avesse lo spirito avvelenato di sonno;

to come avvelenato di
sonno;

Costei con gli occhi bassi e con le labbra strette, parlava sospirando a don Saverio

Con gli occhi bassi questa vicina parlava sospirando al Càrzara

E non lavorava più, non creava più, non dormiva più, aveva perduto completamente l'appetito e il buon umore. / E le schiere dei burattini e delle marionette s'assottigliavano

E non lavorava più: le schiere dei burattini e delle marionette s'assottigliavano

La lega disciolta, 1910

La Lega disciolta, 1928

su le labbra appuntite e si dimenava di qua e di là, andando, come un bandista sonator di flauto,

sulle labbra appuntite, come se sonasse il flauto),

La morta e la viva, 1910

La morta e la viva, 1928

Solo padron Nino Mo, rosso come un gambero, tozzo e solido, se ne stava in disparte senza curiosità, con la berretta a barca di pelo calcata fin su gli occhi piccoli, strabi e sanguigni, dei quali teneva sempre chiuso il manco. A un certo punto

Padron Nino Mo se ne stava in disparte, lui solo senza curiosità, col berretto di pelo calcato fin su gli occhi, dei quali teneva sempre chiuso il manco. Quando lo apriva, era strabo. A un certo punto

Avendo navigato tutta la vita, triste e taciturno, profondamente compreso

Aveva navigato tutta la vita, profondamente compreso

Richiamo all'obbligo, 1906

con quegli occhi smarriti nella pena, che pareva cercassero le lagrime col frequente battere delle pàlpebre, non era bella davvero...

Il guardaroba dell'eloquenza, 1908

Ma non piangeva affatto Geremia. Calunnia! Perché tutti dovevano credere ch'egli piangesse? forse perché andava sempre con un pezzolone in mano? Ma se era linfatico di natura, santo Dio!

Arrivava stanco morto Geremia nelle case de' socii, perduto il corpo gracile in quei vecchi abiti grevi, troppo lunghi, troppo larghi, avuti in elemosina o acquistati per pochi bajocchi di combinazione da rivenduglioli ebrei; coi poveri piedi imbarcati in certe scarpacce logore, legate con lo spago, che facevan pietà; ed entrava sempre parlando, sottovoce, quasi tra sé, con un tono un po' nasale, piagnucoloso, ma anche con garbo, sì, con

Richiamo all'obbligo, 1928

con quegli occhi smarriti nella pena, non era bella davvero...

Il guardaroba dell'eloquenza, 1928

Ma non piangeva nient'affatto Geremia. Pareva che piangesse; non piangeva. Linfatico di natura, andava facilmente soggetto ai raffreddori.

Il quale, andando in giro tutto il giorno, arrivava sempre stanco morto nelle case dei socii. Perduto in vecchi abiti sempre fuor di stagione, avuti in elemosina o comperati di combinazione, coi poveri piedi imbarcati in certe scarpacce legate con lo spago, entrava parlando sottovoce, quasi tra sé, con una larva di sorriso su le labbra, sorriso ragionevole e pur mesto.

una larva di sorriso su le
labbra smunte – sorriso ragionevole e pur mesto.

bell'uomo, tutto rotondo: bell'uomo, tutto rotondo,
di testa, di guance, di naso,   anche nella voce: rotondo e
di mento, di pappagorgia,   pastoso.
di mani, di ventre; rotondo
anche nella voce – rotondo
e pastoso.

c) *accentuazione espressionistica e simbolica*

La cattura, 1918   *La cattura*, 1928

pur così con le gambe an-   pur così con le mani e i pie-
cora legate, a uscir fuori   di ancora legati, a uscir
della grotta a forza di go-   fuori della grotta a forza di
miti, strisciando per terra;   gomiti, strisciando come
                                      un verme per terra;

Tra i ragazzi morì, mentre   Tra i ragazzi morì, mentre
scherzava con loro, come   scherzava con loro, come
un ragazzino anche lui,   un ragazzino anche lui, ma-
perché ormai non pareva   scherato con un fazzoletto
soltanto, ma era proprio   rosso sui capelli lanosi.
svanito di cervello, pove-
rino.

La morta e la viva, 1910   *La morta e la viva*, 1928

e a forza di braccia scese   e come una scimmia a forza
lungo l'alzaja,   di braccia scese lungo l'al-
                                      zaja,

Pallottoline, 1898   *Pallottoline*, 1928

l'età cioè del nostro buon   l'età cioè del nostro buon
Franceschino...   Franceschino che sta a
                                      sfruconarsi il naso col dito,
                                      e non mi piace...

e talvolta la guancia gli si gonfiava sotto il barbone per la furia del dolore:

e talvolta la guancia per la furia del dolore gli si gonfiava sotto il barbone come un'anca di padre abate:

d) *espansioni descrittivo-psicologiche*

La giara, 1909

La giara, 1928

Zi' Dima posò a terra la cesta, ne cavò un fazzoletto di cotone logoro, stinto, tutto avvoltolato; lo svolse; ne trasse fuori religiosamente un pajo d'occhiali col sellino e le stanghe rotti e legati con lo spago; se li inforcò, e si mise a esaminare attentamente la giara tratta fuori, all'aperto, sull'aja.

Zi' Dima posò a terra la cesta; ne cavò un grosso fazzoletto di cotone rosso, logoro e tutto avvoltolato; prese a svolgerlo pian piano, tra l'attenzione e la curiosità di tutti, e quando alla fine venne fuori un pajo d'occhiali col sellino e le stanghe rotti e legati con lo spago, lui sospirò e gli altri risero. Zi' Dima non se ne curò; si pulì le dita prima di pigliare gli occhiali; se li inforcò; poi si mise a esaminare con molta gravità la giara tratta su l'aja.

tanto... Ma com'era? Oh Dio, era solo? possibile? / Allungò lo sguardo intorno. Nero, immobile,

tanto... / Allungò lo sguardo intorno, quasi gl'incutesse paura la speranza che quelli lo avessero lasciato lì e se ne fossero andati. / Nero, immobile,

L'albero di fico, 1896

La paura del sonno, 1928

come se volesse, un po' tardi veramente, dir di sì ai Florindi e ai Lindori:

come se volesse, un po' tardi veramente e con molto languore, dir di sì ai Florindi e ai Lindori:

chiudeva furiosamente il libro, e ripeteva ad altissima voce, accompagnandola con un largo gesto:

"Piano!... Piano!...". Arriva il medico,

Un sacerdote benedisse il cadavere

Pensaci, Giacomino!, 1910

Giacomino, già tra i più bravi alunni suoi al liceo, giovane timido, onesto, garbatissimo, bello come un cherubino.

Pallottoline, 1898

Poi riprendeva:

Le due donne si turavano gli orecchi;

chiudeva furiosamente il libro, balzava in piedi e ripeteva la frase ad altissima voce, accompagnandola con un largo ed energico gesto:

– Piano! Piano – come se la piccola buona signora Fana si possa ancora far male. Arriva il medico,

Un sacerdote, labbreggiando con gli occhi socchiusi un'orazione, benedisse il cadavere,

Pensaci, Giacomino!, 1928

Giacomino, già tra i più valenti alunni suoi al liceo, giovane timido, onesto, garbatissimo, biondo, bello e ricciuto come un angelo.

Pallottoline, 1928

Poi riprendeva, con gli occhi immobili e invagati:

Le due donne si turavano gli orecchi, chiudevano gli occhi;

INDICE